# 买在起涨点

刘堂鑫◎著

MAIZAI

QIZHANGDIAN

中国铁道出版社有限公司
CHINA RAILWAY PUBLISHING HOUSE CO., LTD.

**图书在版编目（CIP）数据**

买在起涨点 / 刘堂鑫著 .—北京：中国铁道出版社有限公司，2022.10
ISBN 978-7-113-29386-4

Ⅰ.①买… Ⅱ.①刘… Ⅲ.①股票价格 – 研究 Ⅳ.① F830.91

中国版本图书馆 CIP 数据核字（2022）第 116013 号

书　　名：买在起涨点
　　　　　 **MAI ZAI QI ZHANG DIAN**

作　　者：刘堂鑫

责任编辑：王　佩　编辑部电话：（010）51873022　电子邮箱：505733396@qq.com
封面设计：仙　境
责任校对：焦桂荣
责任印制：赵星辰

出版发行：中国铁道出版社有限公司（100054，北京市西城区右安门西街 8 号）
印　　刷：中煤（北京）印务有限公司
版　　次：2022 年 10 月第 1 版　2022 年 10 月第 1 次印刷
开　　本：710 mm×1 000 mm 1/16　印张：13　字数：226 千
书　　号：ISBN 978-7-113-29386-4
定　　价：88.00 元

# 前　言

在交易过程中买到行情的起涨点，是多数投资者竭力追求的一件事。对于技术投资者来说，买在行情的起涨点甚至是决定成败的关键。就像利弗莫尔所说的一样，"真正从投机买卖中赚得的利润，其实都是来自那些从开始就一直盈利的头寸"。而只有买到行情的起涨点才能从一开始就一直盈利。利弗莫尔在他的书中写道，一旦自己一开始没有获利，往往没有勇气和耐心赚到更多的利润。可见利弗莫尔作为华尔街天才交易员，其心态也会受到入场点不好的影响，而普通投资者自不用说，一入场就开始浮亏，几乎每一次都可能导致失败。因为在面对浮亏的时候，风险厌恶情绪往往导致投资者做出不理性的行为，从而导致投资重大的失败。

根据凯恩斯的观点，人们大多数是风险厌恶者，所以在面对浮亏时，投资者往往想到的第一件事是挽救损失，通过补仓、摊均成本，以图更快地回本。然而市场最大的特点是具有趋势性，所以一旦头寸出现亏损，如果持续补仓，往往会扩大亏损，很快让自己陷入困境；当浮亏时间过长时，总是会摧毁投资者的意志，让他们心理崩溃，丧失理性，从而导致他们在最不应该离场的时候，割掉"手臂"；哪怕是短时间浮亏，也会让很多投资者慌不择路、自乱阵脚，锚定自己的成本价，一旦回本或小有盈利就迅速平仓，然而刚卖出就有可能大涨。

因此对于一般投资者来说，只要头寸出现浮亏，无论该笔交易预测的方向是对还是错，往往最后都不能盈利。资本市场是人性的集中体现，可以说人性决定股票市场的变化，人性决定着投资的成败。人性往往是相同的，所以投资者的盈亏原因往往都是一样的，并且盈亏同源，钱是如何亏的，那么将其反过来，往往就能这样赚钱。

既然浮亏会恶化投资者的心态，那么浮盈自然能提升投资者的心态，这样看来买在起涨点对于心态差的投资者就格外重要了。多数投资者一定有利弗莫尔一样的感悟，当你买到行情的起涨点后，你往往会感到非常轻松愉悦，心态极好，就好像是主力抬着轿子帮自己一路登顶，省心省力。你赚的最多的一笔交易，绝对不是扛了很久的，而一定是买进就开始赚钱的，因为没有经受浮亏，心态不会被破坏，你更有勇气持仓，等待更多的利润。

因此，研究起涨点是非常有必要的，在交易过程中，尽可能地买在行情的起涨点，那么成功的预期也会更大。一旦频繁地进场就开始亏损，要不了多久，你可能就会在市场中消失。

本书就是重点研究重大行情的起涨点，让交易可以高概率一买就赚。需要注意的是，我们并不关注市场的短期杂波，根据市场不可测定理，想抓住市场所有杂波的最低点，这显然是人力无法企及的。一个成功的投资者往往不会追逐市场短期随机报酬，而会关注重大行情真正的起涨点，去赚取市场不可避免的上升趋势的大额利润。

全书共分为五部分。第一部分是简述笔者受到利弗莫尔的启发，得出起涨点对交易的强大作用以及起涨点时机因素的不可或缺性。

第二部分是详细介绍四个起涨点，分别为形态起涨点、跳空起涨点、原始控制点和布林带起涨点，其中形态起涨点中选取的是大型K线形态的起涨点，因为形态结构越大的K线形态，成功率往往越高，涨幅往往也越大；跳空起涨点其实属于一种特殊的形态起涨点，行情在跳空的时候，往往都代表市场将快速起爆行情，容易极速赚取更多利润，所以这是一个不可不重视的起涨点；原始控制点反映的是人性，而人性往往是最强大的，所以原始控制点一般是市场内在最强大的支撑阻力，不但可以作为一种起涨点，而且可以作为市场万能的工具，它可以作为任何交易方法的出场点，也可以判断任何市场周期的最强支撑阻力；布林带起涨点最为重要，也是本书的核心起涨点，受原始控制点的启发，结合人性的特点，以布林带的新规律作为核心基础，而形成的强劲起涨点，赚钱效应最强。

第三部分讲解的是起涨点的时机因素。时机因素是起涨点成为起爆点的关键点条件，也就是说当普通起涨点有时机因素加持时，通常不但能在行情的低点附近买进，还能买到行情直接飙升的始点。这部分一共介绍了五个时机因素，分别为止损时机、跳空时机、收敛蓄势时机、成交量时机和指标背离时机，其中止损时机是硬性条件，每一笔交易都必须有止损，当发现行情不对的时候，就要关注止损时机，及时撤离，截断亏损。并且止损时机还有一种意义就是出场时机，在起涨点交易中，如果行情对我们非常有利，那么就不应该主动离场，而应该通过追踪止损，被动出场，这样就能最大限度地抓住行情，让利润奔跑，所以追踪止损时机一样非常重要。

第四部分是系统性地讲解四个起涨点的交易体系。四个起涨点每个都能自成一套完整的交易体系，盈利性最强的当属布林带起涨点交易体系。当然，也可以把四个起涨点结合起来形成一套综合性的交易体系。这部分需要重点注意的是，原始控制点有其强大的功效，它不但可以是起涨点，也可以作为任何交易方法的出场点。

第五部分强调起涨点交易的十大原则，以帮助读者更深刻地理解四个起涨点以及提醒读者在交易过程中易犯的错误，希望投资者能利用本书讲解的内容，使投资变得更稳健，盈利更简单。

刘堂鑫

2022 年 6 月

# 目　录

# 第一章　利弗莫尔的启发

## 1.1　人性永不变

口袋变了，股票变了，华尔街却从来没变，因为人性未变。

——利弗莫尔

技术分析者认为价格是由人的交易行为决定的，而交易行为是由人的心理决定的，而决定人心理的是人性。投资股票无非是一个追求利益的行为，不论是昨天、今天还是明天，这个动机都不会改变。投资者的一些交易理念和交易习惯也很难改变。比如，害怕亏损，急于获利；比如喜欢抗单，喜欢捞便宜等。在这些普遍固有的心理状态下，人类的交易趋于一定的模式，导致行情历史会重演。过去价格的变动方式，在未来可能不断发生，历史会重演也是现代技术分析理论的基础之一。

这与利弗莫尔的思想不谋而合。正因为人性不会变，所以在人们既定的交易心理和交易习惯之下，行情也会表现出既定的运行模式。所以利弗莫尔认为市场虽然看起来是随意波动，但它确实存在一定模式，具有内在的规律性。

利弗莫尔很早就发现，华尔街没有什么新东西，今天在股市发生的一切都在以前发生过，也将在未来不断地重演。市场的投资者过去和今天基本上没有差别，股票的投机游戏不会改变，人性不会改变，所以潜心地学习研究是有意义的，你能找到其中恒定的规律，并借此获利。利弗莫尔就是在对赌的工作中，发现了股价震荡的规律，并因此获利不菲。

图表表现了人们对市场的看法，通过对图表的研究可以找到相似的价格形态，从而找到未来价格运行的方向。因此人性是市场催生出技术分析的底层逻辑之一。

## 1.2　技术分析的强大性

不论何时，只要耐心等待市场到达我所说的"关键点"之后才动手，我的交易就总能获利。

——利弗莫尔

上面一段话中提到的关键点是利弗莫尔重要的技术交易工具。利弗莫尔作为公认的技术分析的鼻祖，几乎从现代的所有技术分析理论中，我们都能找到其思想的影子。在其交易生涯的高峰时刻，利弗莫尔获得了一亿美元的利润，折合现在是超过1 000亿美元，这样的成就哪怕是时下最负盛名的巴菲特、索罗斯也难以望其项背。

从利弗莫尔上面这段话中，我们可以判断出一条重要的线索，那就是利弗莫尔的关键点是高概率事件，他的交易成功概率高，这足可见技术分析对利弗莫尔交易的重要性。

基本面都会反映在价格上，当人们看到时，行情早已经过去了。

——利弗莫尔

利弗莫尔从来不相信"小道"消息，他只相信自己的研究。他认为所有的消息、基本面等都会反映到价格上，并且往往是提前反应。现代技术分析理论的另一个基础是市场行为包容消化一切，我们可以看到这又与利弗莫尔的观点基本一致。

技术分析者认为，能够影响价格的任何因素——经济的、政治的、心理的或其他方面的，不管是利好还是利空，一切都反映在价格之中。市场的力量足够强大，会包容这些消息，消化这些消息。研究影响价格的因素对普通投资者来说是不可能实现的，即使是经济学家，对市场的分析也是不确定的，而研究价格就是间接研究影响价格的经济基础。技术分析通过研究价格图表和大量的辅助技术指标，让市场自己揭示它最未来的走势。

技术分析具有强大的预测性，在对未来一无所知的情况下，它仍然能够帮你找到一条清晰的思路以做出有意义的预测。

如图1-1所示，在2020年11月仁东控股暴雷之前，技术图表就已经提醒我们潜在的风险了，因为股价出现了顶背离形态，告诉我们要谨慎对待，这只股票恐怕随时都会下跌。

图1-1为仁东控股日线级别K线图，行情时间跨度为2020年5月7日至2021年6月8日。

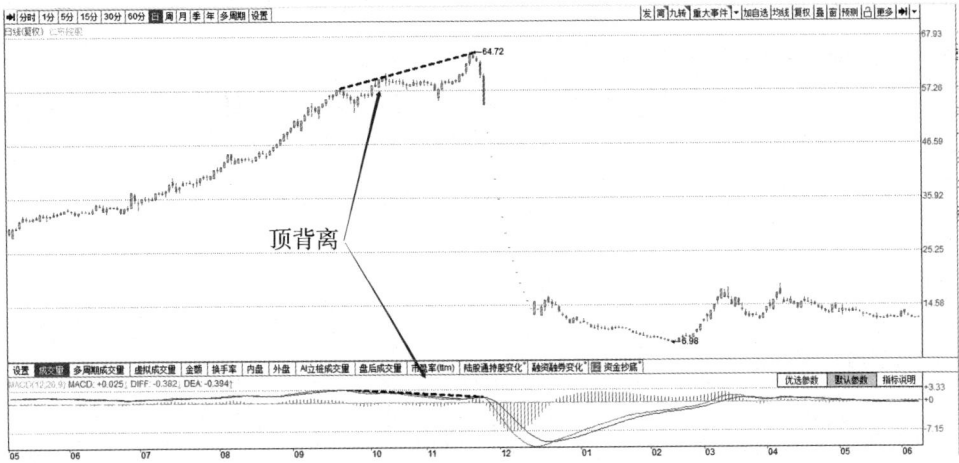

图 1-1

如图 1-2 所示，在 2020 年年初新冠肺炎疫情暴发之前，作为口罩股的阳普医疗在技术上就提前出现了上涨信号。图中可见，2020 年 1 月 23 日，股价直接拉升涨停，突破前期高点，技术上突破了关键点，呈现强烈看涨信号。疫情暴发后，阳普医疗因口罩需求上涨而大幅飙升。

图 1-2 为阳普医疗日线级别 K 线图，行情时间跨度为 2019 年 7 月 23 日至 2020 年 8 月 17 日。

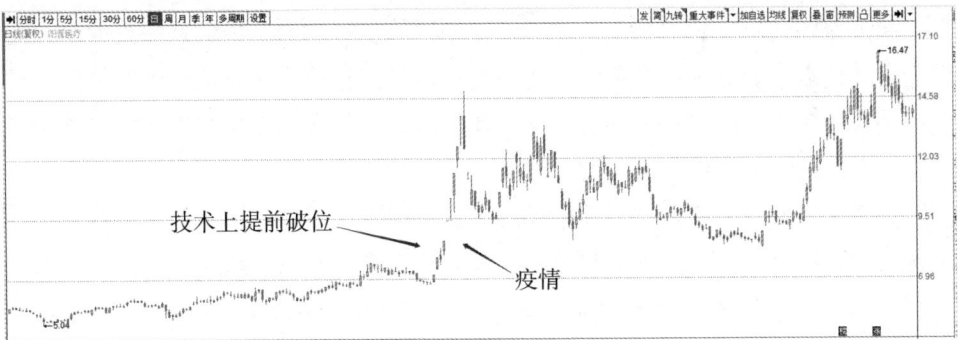

图 1-2

基本面分析大多专注于逻辑的研究，对入场价位的好坏并没有太高的要求；而技术分析不同于基本面分析，它往往具有精准性，甚至使用技术分析往往能捕捉到行情的起涨点。

如图 1-3 所示，箭头所指的是典型的双针探底技术形态，一旦这样的形态出现后，股价多数会出现上涨，且容易形成一波中长线上升行情，机会非常难得，如果及时买进，就能抓住行情的起涨点。图中可见，古鳌科技形态成立后，买进股票，就能一买就开始获利。

图 1-3 为古鳌科技日线级别 K 线图，行情时间跨度为 2018 年 5 月 13 日至 2019 年 5 月 28 日。

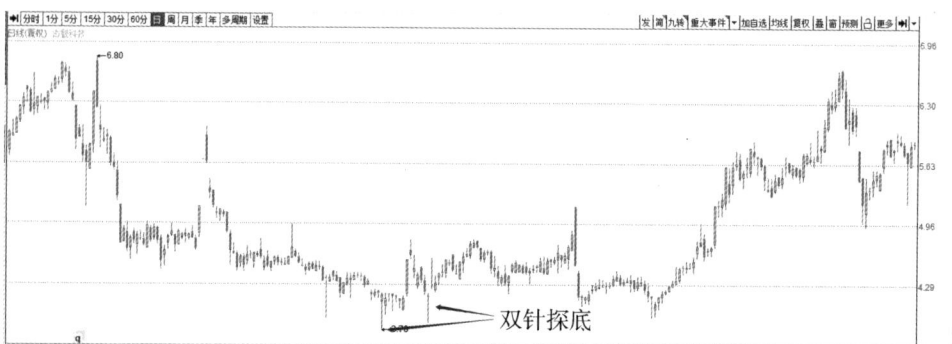

图 1-3

## 1.3 起涨点的概念

### 1.3.1 起涨点的定义

起涨点顾名思义是股票买入之后，立刻开始上涨的点，也就是一买就涨，而不会向下跌多少的意思。利弗莫尔的关键点是具有起涨点的特性，因为他的关键点在买入后一开始就有账面利润。本书我们将为大家介绍四种起涨点，分别为形态起涨点、跳空起涨点、原始控制点和布林带起涨点。

如图 1-4 所示，中信建投在前期跳空缺口附近，形成了小型的破底翻，在二者技术的共振之下，股价精准起飞，一买就赚，成功抓到了起涨点。

图 1-4 为中信建投日线级别 K 线图，行情时间跨度为 2019 年 2 月 11 日至 2020 年 3 月 5 日。

如图 1-5 所示，泸州老窖在原始控制点 188 元附近精准反弹，大涨 50%，技术分析再一次抓到了股价的起涨点，且也是最低点。

图 1-5 为泸州老窖日线级别 K 线图，行情时间跨度为 2020 年 4 月 13 日至 2022 年 1 月 17 日。

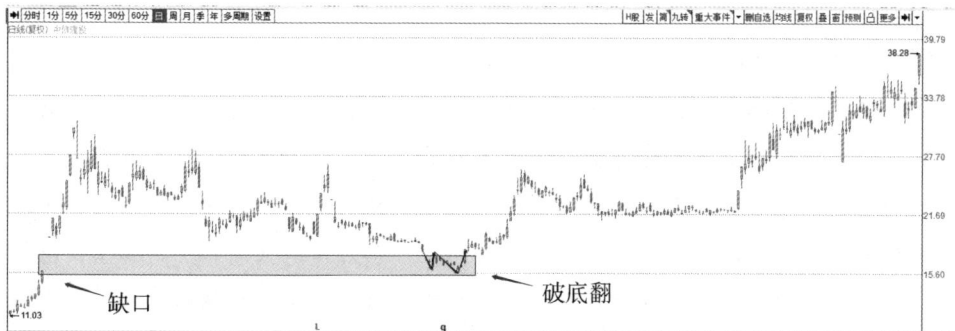

图 1-4

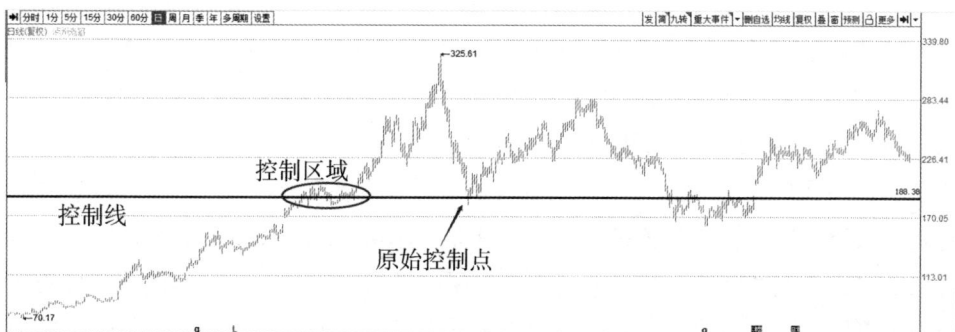

图 1-5

　　如图 1-6 所示，如果隆基股份在箭头所示的布林带下轨或布林带中轨买入，都能极速脱离成本，立刻出现可观的账面利润，成功抓到了起涨点，且也是最低点。注意本书不是简单使用布林带交易法，在第七章中我们将为大家介绍布林带的新规律。

　　图 1-6 为隆基股份日线级别 K 线图，行情时间跨度为 2020 年 5 月 29 日至 2021 年 3 月 4 日。

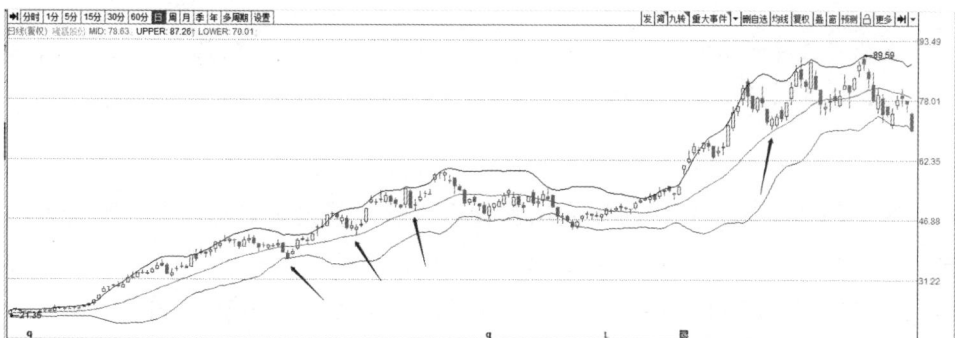

图 1-6

### 1.3.2　起涨点的作用

我的经验始终如一地表明，如果没有在行情开始后不久便入市，我就从来不会从这轮行情中获得太大的收益。原因可能是，如果没有及时入市，就丧失了一大段利润储备，而在后来的行情演变过程中，直至行情终了，这段利润储备都是勇气和耐心的可靠保障，因此是十分必要的——在行情演变过程中，直至行情结束，市场必定会不时出现各种各样的小规模回落行情或者小规模回升行情，这段利润储备正是我不为之所动、顺利通过的可靠保障。

——利弗莫尔

利弗莫尔认为人性是有局限性的，如果进场不好，就容易因为市场小级别的上下波动造成的亏损而焦虑。在《股票大作手·操盘术》中，利弗莫尔提到，"真正从投机买卖中赚得的利润，其实都是来自那些从开始就一直盈利的头寸。"从这句话中我们可以找到另一条线索，那就是利弗莫尔的关键点是非常精准的，这是利弗莫尔成功投资最关键的一步。利弗莫尔认为买入就要有盈利，因为只有现实的账面盈利才能坚定持股的信念。如果一开始没有盈利，不但说明交易的方向很可能错了，更严重的是心态会因为头寸遭受威胁而变得脆弱，容易做出错误的决策，那么无论方向对错，都将很难从这笔交易中获利。

高概率买在起涨点的方法非常重要，如果频频失利或买进后总是亏损很容易削弱信心，从而质疑自己交易方法的可靠性。因此在交易过程中，买在起涨点是非常有助于保持良好心态的，这也是能让利弗莫尔拒绝"小道"消息，坚持独立思考的重要信念来源。

## 1.4　时机因素

在你买入或卖出前，你必须仔细研究，确认是否为进场的最好时机，只有这样，才能保证你的头寸是正确的。

——利弗莫尔

时机因素就是指什么时候入场和什么时候出场是最好的。在《股票大作手·操盘术》一书中，利弗莫尔着重强调了时机因素对于关键点的重要性。他的关键点具有两个方面的特点：第一是一买就涨，也就是我们说的起涨点；第二是买入点往往都是股价开始启动的关键时刻，也就是起爆点。其中第二点正是与时机因素有关，也就表示如果起涨点结合时机因素，那么不但能买进就快速脱离成本，还往往能抓到大行情的起爆点，快速赚取大幅利润。

时机因素不但可以将起涨点强化成起爆点，还有其他很多作用。比如，时机因素可以减少交易者受行情震荡的折磨。利弗莫尔强调一定要有耐心等待时机的到来，等股市活跃起来，等其创新高再介入。如果你过早入市，那么持久的震荡会将你折磨得疲惫不堪，最终你将难以从中获得任何收益，而时机因素恰恰可以解决这一点。再比如，时机因素可以告知我们潜在的风险，让我们及时采取行动，减少损失。利弗莫尔在其书中讲到，一旦行情朝着不利的方向运行，则必须谨慎关注卖出时机。本书将介绍五个新的时机因素，以配合起涨点的操作，这五个时机因素分别为止损时机、跳空时机、收敛蓄势时机、成交量时机和指标背离时机，其中止损时机是起涨点的出场时机，而其他四个是起涨点入场时，需要配合的时机因素。下面我们介绍几个例子简单说明起涨点入场的时机因素（详细的时机因素内容见第六章）。

缺口是最强的时机因素。如图 1-7 所示，迈瑞医疗股价以缺口的方式突破了前期震荡高点，表明此时市场看涨情绪非常强烈，多头不惜以高成本方式，跳空抢夺筹码。图中可见，股价突破后持续上涨，不到半年就上涨近 70%，这就是时机因素对起涨点的影响，将起涨点强化成了行情的起涨点。

图 1-7 为迈瑞医疗日线级别 K 线图，行情时间跨度为 2019 年 10 月 23 日至 2020 年 7 月 27 日。

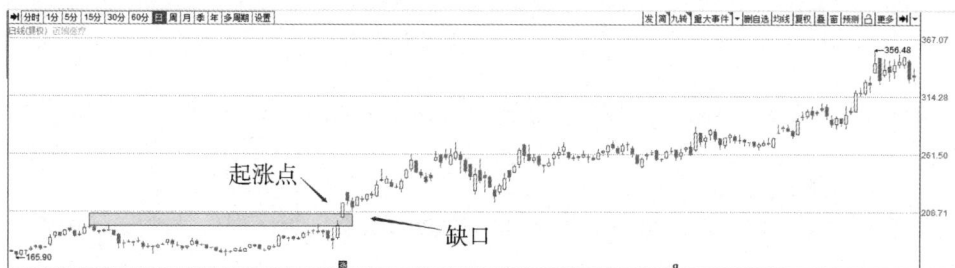

图 1-7

收敛时机是行情起爆的必要条件之一。如图 1-8 所示，金龙鱼股价经过三角形收敛后，最终向上突破，且行情头也不回地上涨。如果在行情突破收敛区间时买进，就成功抓住了行情的起爆点，一个月不到就能获得近一倍的利润。

图 1-8 为金龙鱼日线级别 K 线图，行情时间跨度为 2020 年 10 月 15 日至 2021 年 11 月 09 日。

图 1-8

成交量是典型的时机因素。如图 1-9 所示，爱尔眼科股价直接大阳击穿前期震荡的高点，且伴随成交量放大，表明多头动能充足；行情突破后不但立刻就涨，而且大涨近一倍，妥妥地抓住了行情的起涨点。

图 1-9 为爱尔眼科日线级别 K 线图，行情时间跨度为 2020 年 2 月 18 日至 2021 年 3 月 15 日。

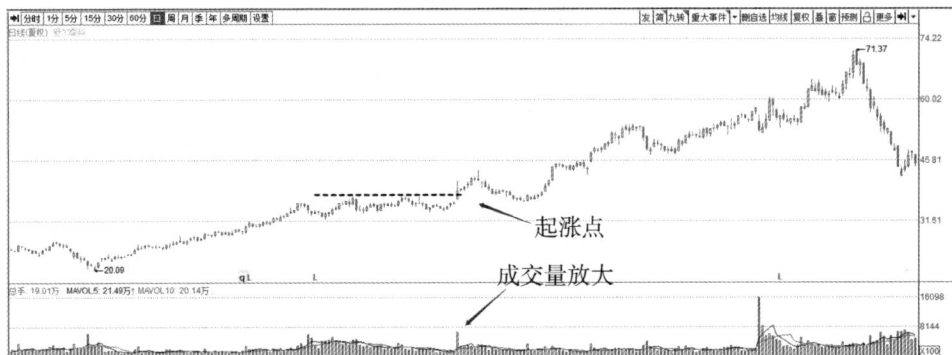

图 1-9

指标背离可以大概告诉我们市场相对所处的状态，当出现底背离时，起涨点的成功率往往会更大。如图 1-10 所示，世嘉科技在市场底部出现了强大的底背离，因此当股价出现突破跳空时，应该果断入场。图中可见，股价随后继续跳空暴涨。

图 1-10 为世嘉科技日线级别 K 线图，行情时间跨度为 2020 年 6 月 17 日至 2021 年 7 月 13 日。

当多个时机因素同时发生时，起涨点的赚钱效应会得到空前的加强。如图 1-11 所示，行情大阳拉升突破前期收敛区间，且伴随成交量的突然放大，此时是买入的最佳良机。图中可见，蓝色光标股价迅速上涨。

图 1–11 为蓝色光标日线级别 K 线图，行情时间跨度为 2021 年 4 月 19 日至 2022 年 1 月 17 日。

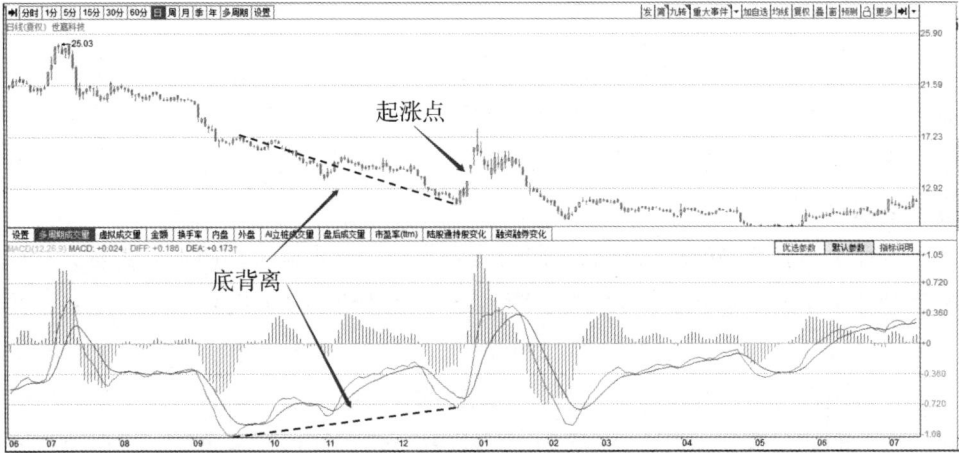

图 1–10

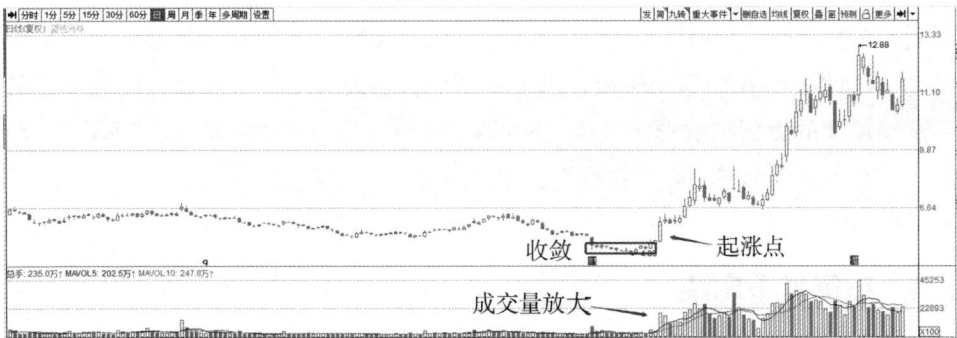

图 1–11

# 第二章　形态起涨点

K线组合形态是判断市场运行趋势与方向的重要参考依据之一，形态起涨点是这一组合形态的突破型起涨点，即股价启动爆发的临界点，属于突破性交易法。本章中的所有形态我们都以上涨形态（下跌形态往往与上涨形态相反）为例寻找起涨点。

利弗莫尔在对赌时的关键点双向短线操作法，实质就是利用矩形交易。并且推崇利弗莫尔的华尔街交易大师欧奈尔指出，在股价创新高时买入十分重要，而且特定的价格形态预示着潜在的巨额利润。

K线组合形态有很多种，而最具有意义的是盘整形态。盘整形态是指股价经过一段时间的快速变动后，多空产生分歧，在一定时间内反复争夺，行情速率开始变慢，趋势暂时停顿，不再前进，表现为在一定区域内上下波动的现象。这些形态有的持续时间短，有的持续时间较长，随后股价会选择一个突破方向，震荡时间越久，突破后趋势就会越强。K线形态结构越大，往往成功率越高，而形态结构较小的K线往往容易失败。因此本章我们主要介绍概率相对较高的、突破后涨幅巨大的大型结构形态，像"N形""V形""旗形""三角形""楔形""孕线"等小型结构形态的都不在我们起涨点交易法的考虑范围之内。

## 2.1　右侧长下影线

### 2.1.1　形态定义

右侧长下影线是由一波小反弹走势和一个较大的长下影线组成，虽然这是一个小型结构形态，但是它的概率很高以及预期上涨幅度也非常大，所以应该被纳入起涨点交易法的范围。如图 2-1 所示，此形态出现在价格底部，表明市场先尝试过一段小反弹，随后立刻被打压下来，但是价格并没有继续下跌，而是以迅雷不及掩耳之势回升，形成很长的下影线。右边的长影线快速下跌，往往容易击退散户，主力可以达到清理市场的效果，随后行情会快速拉升，不再给散户任何上车的机会。

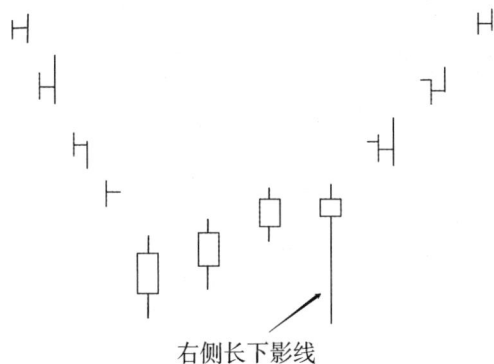

右侧长下影线

图 2-1

### 2.1.2　要点

判断右侧长下影线的要点如下：

（1）影线的实体可以是阳柱，也可以是阴柱。

（2）右侧长下影线出现在市场底部最好。

（3）影线的长度越长越好，至少要与左侧反弹行情的高度相当。

（4）影线的最低点比左侧反弹行情的最低点低一些更好，这样可以形成虚破，创新低可以让投资者误以为行情会继续下跌，导致更多意志不坚定的投资者卖出止损。

（5）影线下跌越快越好，容易造成投资者恐慌性抛售；回升的时候，越快越好，让投资者来不及反应重新入场。

### 2.1.3　起涨点及买入原则

当股价突破右侧影线的最高点时为起涨点，此时也是买入信号。

右侧长下影线的成功率远远高于一般的长下影线，它表明市场低点被第二次确认，且是以极速反转式确认，表明市场在二次底部买入的动力非常强大。如图 2-2 所示，股价在市场底部以长下影线的方式形成二次探底，且影线小幅创了新低，价格越过影线的最高点后，往往就是行情的起涨点。图中可见，股价突破右侧长下影线的最高点后，步步高升。

图 2-2 为长白山日线级别 K 线图，行情时间跨度为 2018 年 7 月 10 日至 2019 年 4 月 15 日。

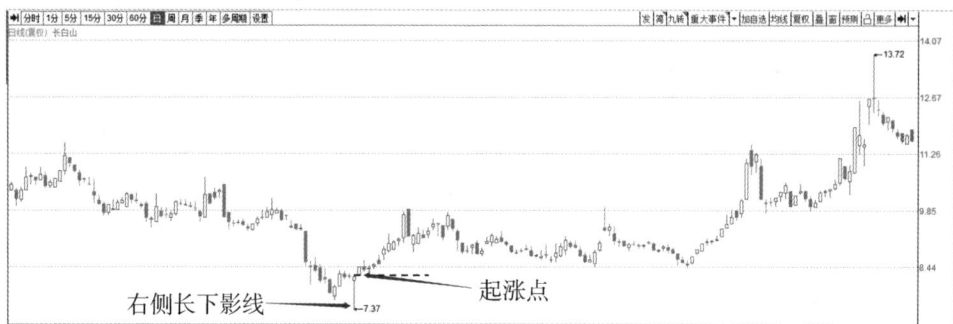

图 2-2

### 2.1.4 目标预测

右侧长下影线是胜率最高的下影线之一，一旦其形态成立，代表行情可能将快速反转，往往会有一轮大级别上涨。右侧长下影线的第一轮上涨目标一般为形态左边（即前一轮）行情的高点（因为根据趋势定义，行情反转的必要条件是必须越过前期的高点，如果不能越过前一轮高点，则表明还是维持下跌趋势）。

如图 2-3 所示，如果在股价起涨点买入，目标可以设置为 A 点，A 点为右侧长下影线前一轮行情的最高点。图中可见，股价反弹接近 A 点左右，就开始回撤，并且调整后继续拉升上涨，所以将前一轮行情的最高点作为右侧长下影线起涨点的第一轮目标，非常精准。

图 2-3 为长白山日线级别 K 线图，行情时间跨度为 2018 年 7 月 10 日至 2019 年 4 月 15 日。

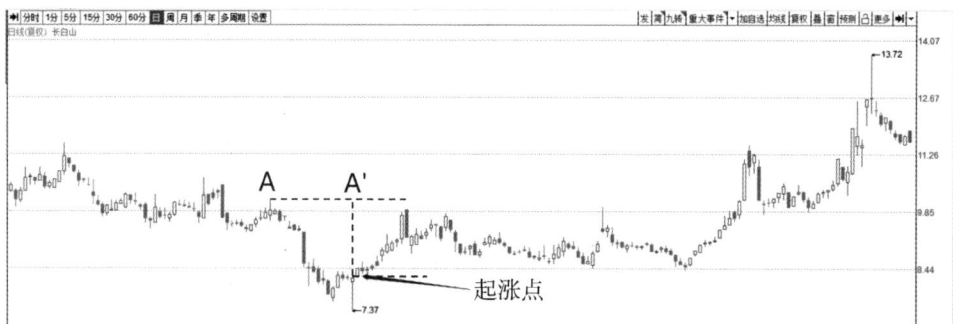

图 2-3

## 2.2 双针探底起涨点

### 2.2.1 形态定义

双针探底形态是比较罕见的底部反转形态图表之一，这也是一个小型结构形态，但是它的概率一样也很高，且预期上涨幅度比右侧下影线更大，所以也应该被纳入起涨点交易法的范围。如图2-4所示，这种形态由两条带长下影线的K线组成，下影线的位置非常地接近或相同，此形态出现在价格连续下跌之后，表示价格已经过两次探底，下方有较强的支撑，预示下降趋势即将结束，底部基本确认有效，通常发生在

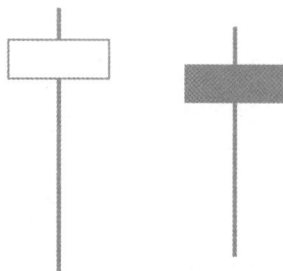

双针探底

图 2-4

行情的底部阶段。这是最简单的K线形态之一，但却具有强大的威力，股价一般是立即逆转，走出一波气势不凡的上涨行情，是非常难得的起涨点。

### 2.2.2 要点

判断双针探底的要点如下：

（1）两条K线的下影线越长越好，至少要是实体的2倍以上。

（2）两条K线的实体可以是阴线，也可以是阳线。

（3）两条K线之间可以有其他K线间隔，也可以是相邻的。

（4）两条K线之间不能间隔太远。

（5）出现在价格高位的双针形态容易失效，也就是说双针形态必须出现在行情大跌之后，效率才会提高。

### 2.2.3 起涨点及买入原则

右侧长下影线的最高点为起涨点，当股价突破右侧长下影线的最高点为买入信号。

如图2-5所示，当股价突破右侧长下影线的最高点时，则可买入股票。图中可见，股价突破起涨点后，继续上升，买入就开始盈利。

图2-5为古鳌科技日线级别K线图，行情时间跨度为2018年7月30日至2019年5月8日。

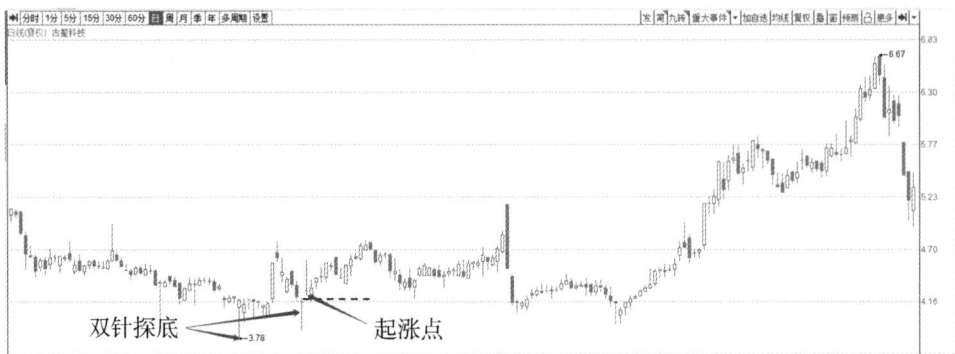

图 2-5

## 2.2.4 目标预测

双针探底是一种非常罕见的底部形态，因此一旦其形态成立，往往也会酝酿罕见的反转走势。双针探底起涨点突破后的第一轮上涨目标一般为形态左边（即前一轮）行情的高点。因为根据趋势定义，行情反转的必要条件是必须越过前期的高点，如果不能越过前一轮高点，则表明还是呈现维持下跌趋势。

如图 2-6 所示，如果在股价突破起涨点后买入，则目标可以设置为 A 点，A 点为双针探底形态前一轮行情的最高点。图中可见，股价第一轮上涨刚好达到 A 点左右，就开始下跌。

图 2-6 为古鳌科技日线级别 K 线图，行情时间跨度为 2018 年 7 月 30 日至 2019 年 5 月 8 日。

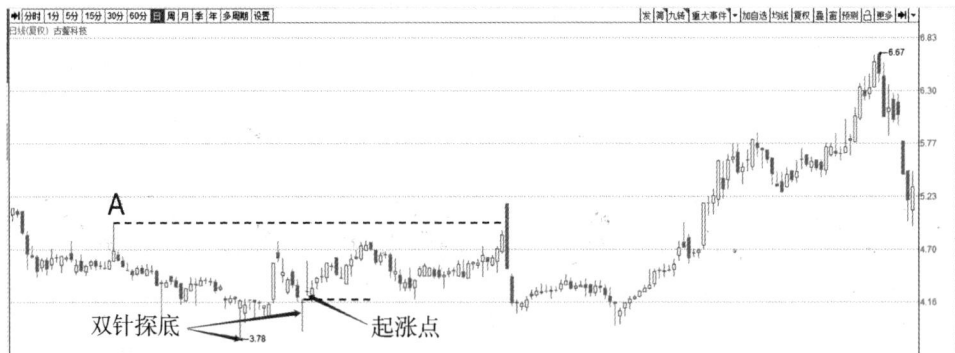

图 2-6

## 2.3　矩形起涨点

### 2.3.1　形态定义

矩形也称箱体整理，是指股价在一段时期内，如同被限定在一个箱子里，始终在箱子的顶和底之间来回拉锯，以震荡区间内的最高点为上限，以最低点为下限，画两条水平线，就可以得到一个矩形。当行情向上突破矩形时，一般都会涨很多，因此我们就可以从中寻找出起涨点。如图 2-7 所示，矩形起涨点可以出现在行情中部，也可以出现在行情底部，它们所对应的矩形我们分别称为上涨中继矩形和底部逆转矩形。

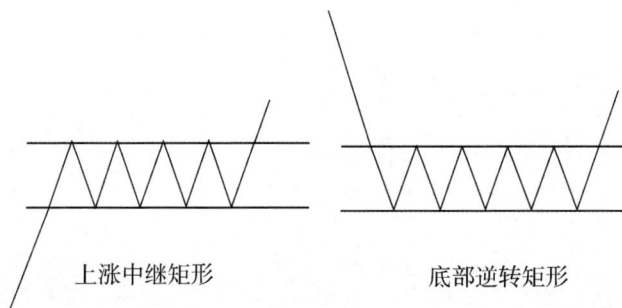

上涨中继矩形　　　　　　　　底部逆转矩形

图 2-7

### 2.3.2　要点

判断矩形起涨点的要点如下：

（1）在实际行情中，矩形中的每个波峰不必在同一价位上，每个波谷也不必在同一价位上，波峰或波谷价位相近即可。

（2）矩形中的波峰与波峰、波谷与波谷必须有一定的距离，不能相隔时间太短，但是不必等距离。

（3）矩形整理的时候成交量一般不断缩小。

（4）矩形可以发生在行情中部，一般在行情中部形成的矩形整理，往往都会顺势突破，也就是形成趋势中继。

（5）矩形也可以发生在行情的底部，这时候矩形就等于是多重底，一般会逆势突破，往往会引发趋势的大逆转，且矩形越收敛，蓄势时间越长，反转的力度越强劲。

### 2.3.3 起涨点及买入原则

当行情突破矩形的最高点时为起涨点。

当股价升穿上涨中继矩形或底部逆转矩形的最高点时为买入信号。

如图 2-8 所示，股价在上涨的途中震荡整理，形成中继矩形，随后向上跳空直接击穿矩形的最高点，此时为行情的起涨点。图中可见，行情在起涨点附近精准上升，一买就赚。

图 2-8 为通威股份日线级别 K 线图，行情时间跨度为 2020 年 4 月 20 日至 2021 年 5 月 18 日。

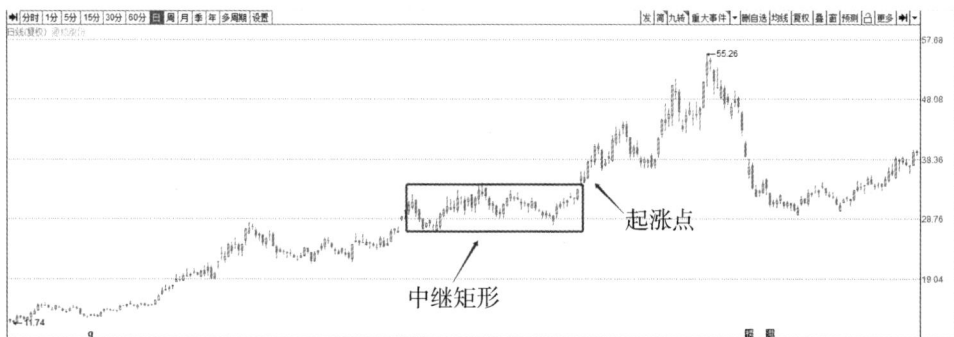

**图 2-8**

股价在上涨的途中一般会不断地进行矩形整理，好似从一个平台向另一个平台跳跃，这是行情固有的运动模式，因为行情不会一直上涨，总要停下来进行修复，并且矩形整理一般是最常见的行情巩固形态。如图 2-9 所示，格力电器的股价突破矩形时，就是行情的起涨点，股价会立刻继续上升，投资者在起涨点买进股票，是最好的选择，因为基本不用忍受浮亏的心理压力。

图 2-9 为格力电器日线级别 K 线图，行情时间跨度为 2017 年 3 月 1 日至 2018 年 3 月 23 日。

如图 2-10 所示，泸州老窖的股价向上跳空越过底部矩形时，就是起涨点。图中可见，在起涨点买入，股价快速脱离成本，可立刻获利，不会出现任何浮亏。

图 2-10 为泸州老窖日线级别 K 线图，行情时间跨度为 2021 年 1 月 7 日至 2022 年 1 月 27 日。

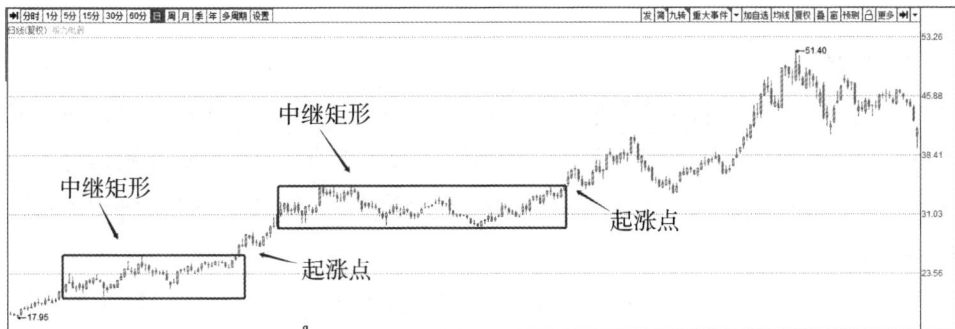

图 2-9

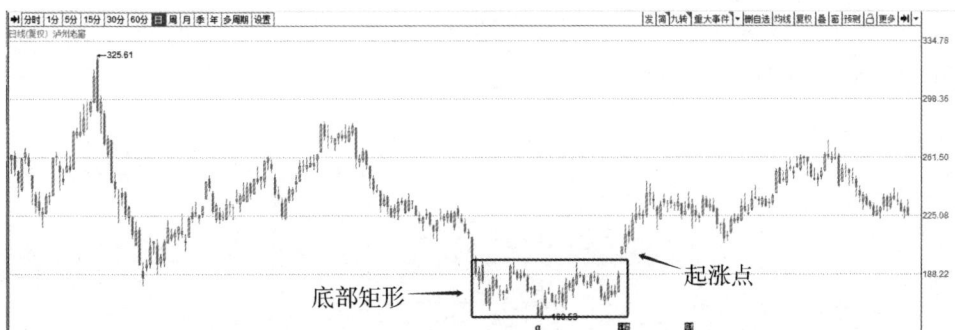

图 2-10

如图 2-11 所示，股价在行情底部窄幅整理，突然一天行情大阳拉升且突破矩形的最高点，此时就是起涨点。图中可见，如果我们在深南电路起涨点的位置买入，将快速获得不菲的利润。

图 2-11 为深南电路日线级别 K 线图，行情时间跨度为 2020 年 10 月 31 日至 2021 年 11 月 24 日。

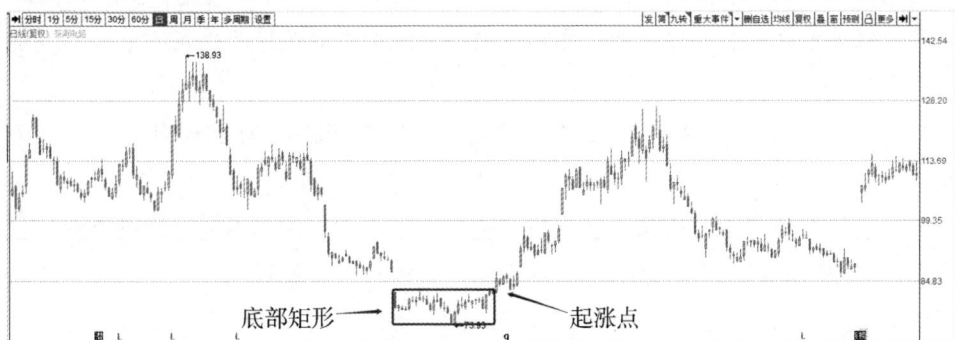

图 2-11

### 2.3.4 目标预测

当上涨矩形位于行情中部时，一般会顺势突破，属于行情中继形态，往往突破后涨幅不会太大，在起涨点买入后的目标一般为矩形的高度，这是根据趋势的重复原理，也就是前期下跌多少，后期也会下跌多少，所以矩形的关键点预测目标不能小于其高度。

如图 2-12 所示，通威股份突破中继矩形后，起涨点的上升目标为 A' 点，其中 A 点为矩形的最低点，B 点为矩形的最高点，且 AB=BA'。图中可见行情刚好涨至 A' 点就开始回落。

图 2-12 为通威股份日线级别 K 线图，行情时间跨度为 2020 年 4 月 20 日至 2021 年 5 月 18 日。

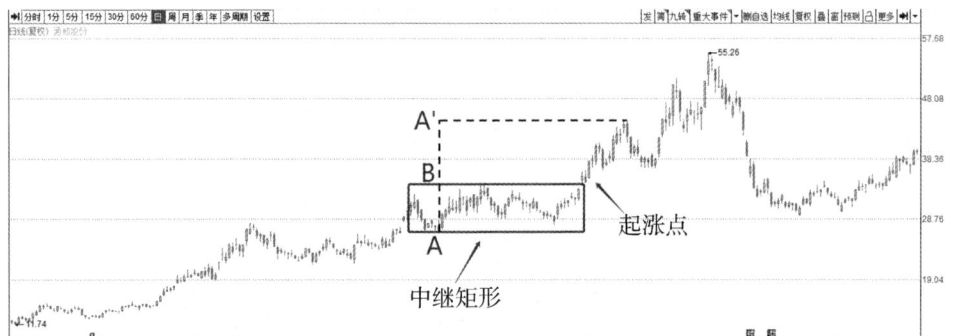

**图 2-12**

如图 2-13 所示，格力电器突破中继矩形后，起涨点的上升目标分别为 A' 点和 C' 点，其中 A 点和 B 点分别为左边矩形的最低点和最高点，C 点和 D 点分别为右边矩形的最低点和最高点，且 AB=BA'，CD=DC'。图中可见，行情都是刚好到目标价位就开始回撤，所以用矩形的高度测量中继矩形起涨点的上升幅度是比较合理的。

图 2-13 为格力电器日线级别 K 线图，行情时间跨度为 2017 年 3 月 1 日至 2018 年 3 月 23 日。

当股价在底部来回震荡，就形成了底部矩形，一些意志不坚定的投资者，往往在反复震荡的过程中，都会被清理出局。机构趁机收集筹码，突然一天，市场强势击穿矩形的上轨，此时就是起涨点，这个时候表明市场已经苏醒，多头一般会陆续进场，推升股价不断走高，产生大型的反转行情。

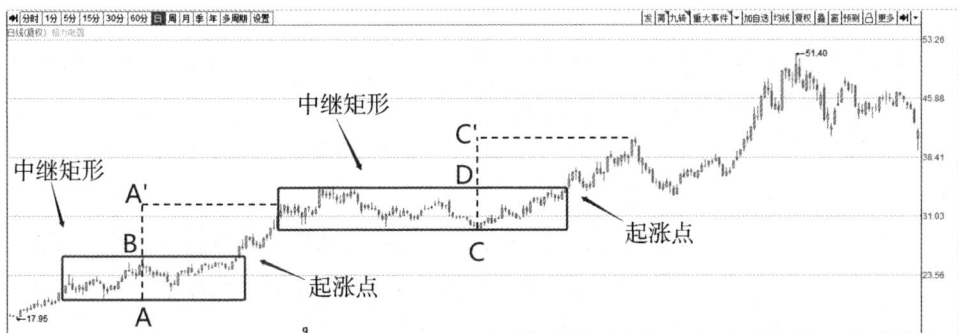

**图 2-13**

底部矩形突破后，往往涨幅非常大，所以在起涨点买入后的目标至少等于矩形前一轮行情的高点。因为根据趋势定义，行情反转的必要条件是必须越过前期的高点，如果不能越过前一轮高点，则表明还是维持下跌趋势。

注意：传统形态技术没有将不同种类的矩形分开，统一用矩形的高度预测突破后行情的运行幅度，明显是不合理的，起涨点的预测方式，可以最大限度地把握大行情。但必须注意，如果矩形前一轮行情的高点到起涨点的距离小于其高度，则继续推到前面第二个高点或低点作为起涨点突破后的预测目标。

图 2-14 为平治信息日线级别 K 线图，行情时间跨度为 2018 年 8 月 24 日至 2020 年 8 月 18 日。如图 2-14 所示，矩形起涨点突破后，预测上升目标为 A 点，A 点为矩形前一轮行情的高点。图中可见，股价刚好涨至前一轮高点，才开始下跌。如果以矩形的高度作为预测目标，很显然过于保守，容易错失牛市行情。

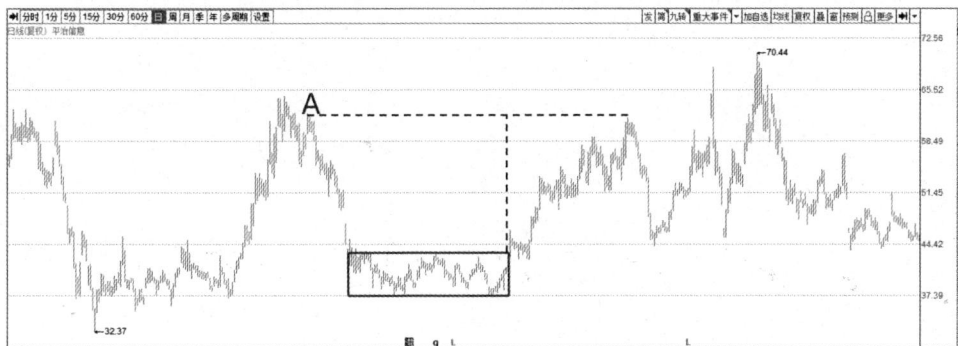

**图 2-14**

如图 2-15 所示，股价跳空越过起涨点，如果及时买进泸州老窖，将会稳健获利，并且行情第一轮上涨的目标至少为 A 点，A 点为矩形前一轮行情的高点。

图中可见，股价上涨至 A 点附近，就开始震荡调整，随后继续上涨，所以 A 点仅仅是底部矩形起涨点的第一轮上升预测目标，很多时候上涨的幅度远超前期高点，甚至能够重回前期牛市的最高点。

图 2-15 为泸州老窖日线级别 K 线图，行情时间跨度为 2021 年 1 月 7 日至 2022 年 1 月 27 日。

如图 2-16 所示，深南电路的股价向下跳空暴跌之后，行情就开始窄幅整理，下行动力开始减弱，见底的征兆出现，一旦股价突破矩形将会有非常好的涨幅。图中可见，股价上穿矩形后，大幅飙升，一般第一轮目标至少为 A 点，A 点为矩形前一轮行情的高点。但 A 点与起涨点的距离与矩形的高度差不多，所以可以用矩形前面次轮高点 B 作为预测目标。图中可见，股价刚好涨到 B 点附近才开始下跌。

图 2-15

图 2-16 为深南电路日线级别 K 线图，行情时间跨度为 2020 年 10 月 31 日至 2021 年 11 月 24 日。

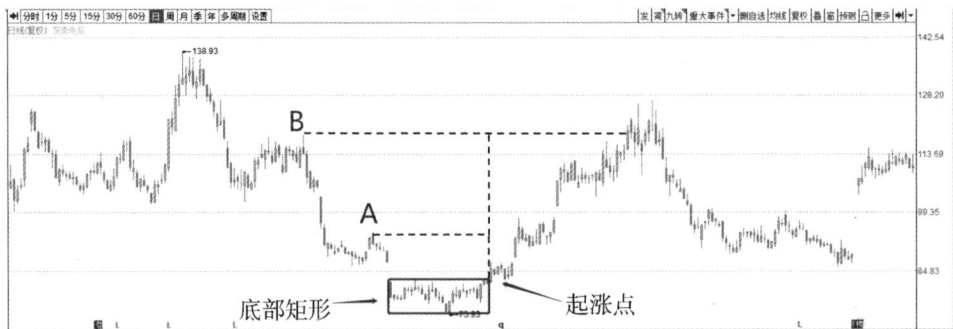

图 2-16

对于底部矩形，将前期高点作为其起涨点目标是非常保守的。如果想抓住大行情，获取更多利润，还可以采取追踪止损的方法，一边控制风险，一边让利润不断奔跑。因为也有很多时候，股价在底部矩形筑底之后，会催动史诗级别的上涨行情，任何预测方式都可能会过早地卖出股票。

## 2.4　W 底起涨点

### 2.4.1　形态定义

W 底是指股价呈现像"W"形一样的走势。当股价经过一轮下跌，在底部形成 W 底形态的 K 线组合，往往预示着下跌趋势的结束，是一种中期反转形态。如图 2-17 所示，从 W 底反弹的最高点，引一条水平线为 W 底的颈线。当行情出现 W 底时，我们可以从中找出行情的起涨点。

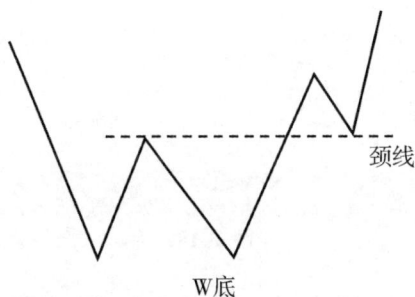

图 2-17

### 2.4.2　要点

判断 W 底的要点如下：

（1）W 底整理的时候，成交量一般都会减小。

（2）W 底发生在行情中部时一般意义不大，发生在行情顶部时往往具有骗钱效应；而发生在行情底部时，往往都预示着行情的中期反转。

（3）W 底的两个低点之间必须有比较长的距离。

（4）W 底的两个低点的价格不必完全相同。

（5）一般来说，W 底形态的右谷最好比左谷低，这种情况俗称破底翻，因为传统技术分析认为，正常的上涨趋势中，一般低点在不断抬高，而破底翻的低点在降低，这样可以导致技术结构被破坏，将不坚定的散户清洗出局。

### 2.4.3　起涨点及买入原则

当股价突破 W 底的颈线时为起涨点。

股价经过大跌，在底部形成 W 底后，当价格升穿 W 底的颈线时为买入信号。

图 2-18 为同花顺日线级别 K 线图，行情时间跨度为 2015 年 3 月 16 日至 2016 年 4 月 6 日。图中所示，箭头所指的 W 底为典型的破底翻，当 W 底颈线被升穿之后，应及时开仓买入。图中可见，股价在起涨点附近，直线拉升，一买就上涨。

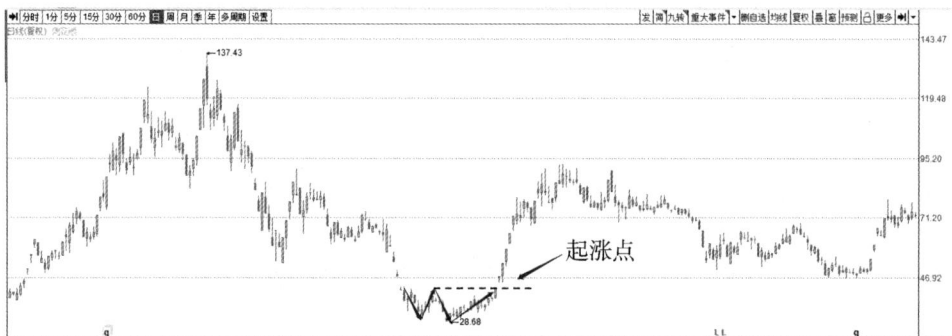

图 2-18

如图 2-19 所示，箭头所指的 W 底也为明显的破底翻，会有不少的投资者看到行情再度创新低，而惊恐地卖出手中的筹码，从而达到主力清理散户的目的；后期当股价突破 W 底颈线后，往往是最佳的入场时机。图中可见，股价 W 颈线被穿越后，就出现了最佳起涨点，后市行情持续上涨。

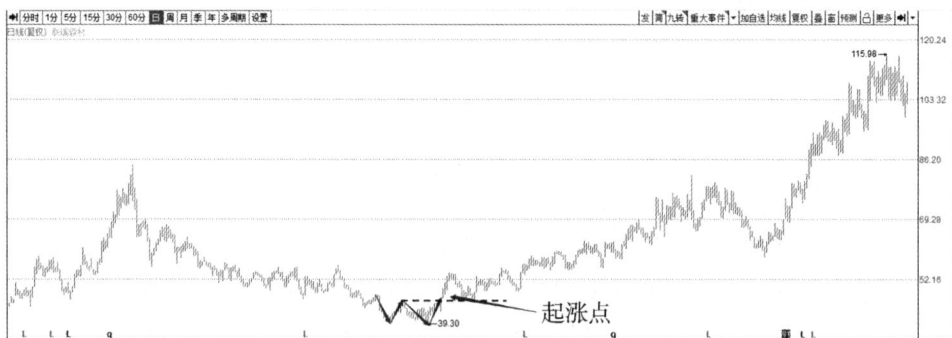

图 2-19

图 2-19 为联瑞新材日线级别 K 线图,行情时间跨度为 2020 年 4 月 14 日至
2022 年 1 月 18 日。

### 2.4.4　目标预测

W 底往往伴随着趋势的反转,所以涨跌幅度一般会非常大。同理根据趋势
原理,第一波上涨的目标至少可以达到形态左边(即前一轮)行情的高点(传统
技术一般以 W 底的高度预测颈线突破后上涨的幅度,是不合理的)。

如图 2-20 所示,股价 W 底成立后,立刻跳空上涨,第一轮获利目标至少可
以看到左边的高点 A。图中可见,行情刚好涨到 A 点附近,就开始下跌。

图 2-20 为同花顺日线级别 K 线图,行情时间跨度为 2015 年 3 月 16 日至
2016 年 4 月 6 日。

注意,有时候 W 底前一轮行情的高点,其幅度过小,并不能准确预测上涨
幅度,尤其是前一轮行情的高点距离起涨点的幅度小于 W 底高度时,说明这个
高点的预测性会失效,此时应该选择前面第二波高点作为起涨点第一轮上升的预
测目标。传统形态技术将 W 底的高度作为突破颈线后上涨的预测目标,这显然
不科学,因为行情一般在底部时,投资者情绪低迷,市场参与度很低,买卖意愿
很弱,会导致波动非常小,也就是 W 底的高度往往都会偏小,那么用 W 底高度
预测未来上涨目标,自然会显得太过保守,会严重失真。

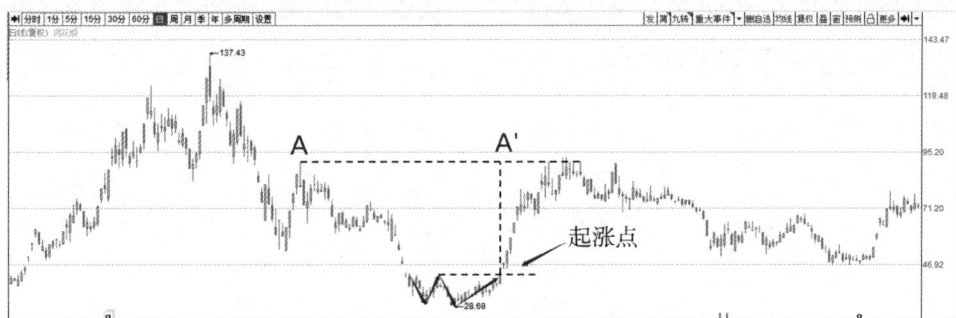

图 2-20

如图 2-21 所示,W 底前一轮的高点 B,幅度过小,所以不能有效代表起涨
点的预期上升幅度,应该选择次高点 A 作为起涨点的第一轮预期上升目标。图
中可见,股价涨到高点 A 之后,稍做调整,继续越过 A 点。如果将 B 点作为第
一轮上涨的预期目标,则会过早下车。

图 2-21 为联瑞新材日线级别 K 线图,行情时间跨度为 2020 年 4 月 14 日至

2022 年 1 月 18 日。

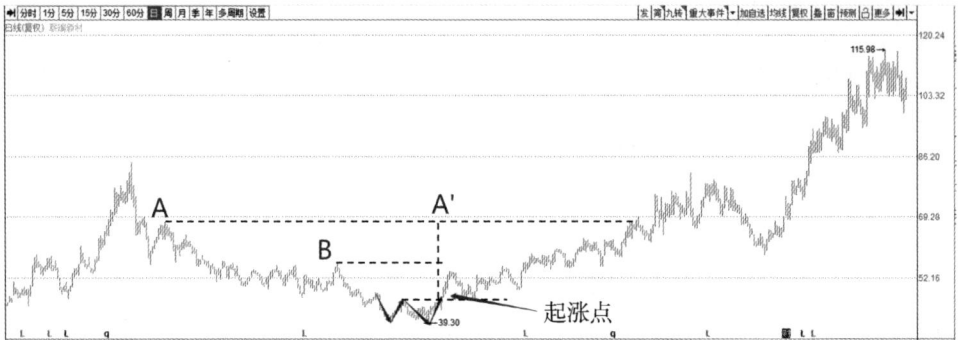

图 2-21

## 2.5 三重底起涨点

### 2.5.1 形态定义

三重底是 W 底的变体，比 W 底多了一个底部试探动作。当行情经过一轮下跌后，股价在低位连续三次受支撑于同一个价格，产生三个谷而形成的重大转势图形，称之为三重底。如图 2-22 所示，将三重底反弹的两个峰的连线称为颈线，颈线是行情的多空分水岭，颈线突破是三重底成立的标志。当行情出现三重底形时，我们可以从中找出起涨点。

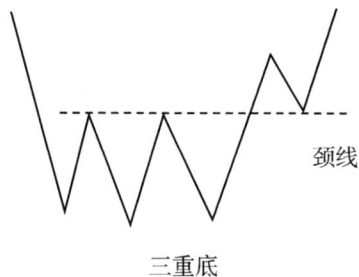

颈线

三重底

图 2-22

### 2.5.2 要点

判断三重底的要点如下：

（1）在三重底形成的过程中，成交量是不断缩小的。

（2）三重底的三个谷的价格不必完全相同。

（3）三重底的两个峰的价格也不必相等，即三重底的颈线不必水平。当三重底的颈线朝上时，表示趋势正在走强，后市上涨的概率更高。

（4）三重底的三个谷之间需要有较长的距离，但不必是等距离。

（5）三重底形有时候会形成多重底，这个时候的形态就等于是底部矩形。

### 2.5.3　起涨点及买入原则

当行情突破三重底的颈线时为起涨点。

当行情升穿三重底颈线时为买入信号。

如图 2-23 所示，股价在快速下跌的过程中，最低触及 5.72 元，随后快速反弹形成钉子线，且下影线巨长，表明行情有见底的征兆。但行情没有直接上涨，而是再度回落至低点附近，这会吓退一批散户，让他们误认为行情还是处于弱势，随后小幅反弹，但再度被打回原形，这时意志不坚定的投资者，受不了长时间的震荡，很容易交出筹码。随后行情连续上涨，并快速越过颈线，如果及时入场，则将大幅获利。图中可见，股价越过颈线后，几乎没有任何回调，直接继续上升，买进就开始赚钱。像这样买在起涨点的操作，会对心态大有帮助，如果过早地入场，则前期行情在底部来回震荡，会消磨投资者的耐心。

图 2-23 为回天新村日线级别 K 线图，行情时间跨度为 2018 年 9 月 10 日至 2019 年 10 月 25 日。

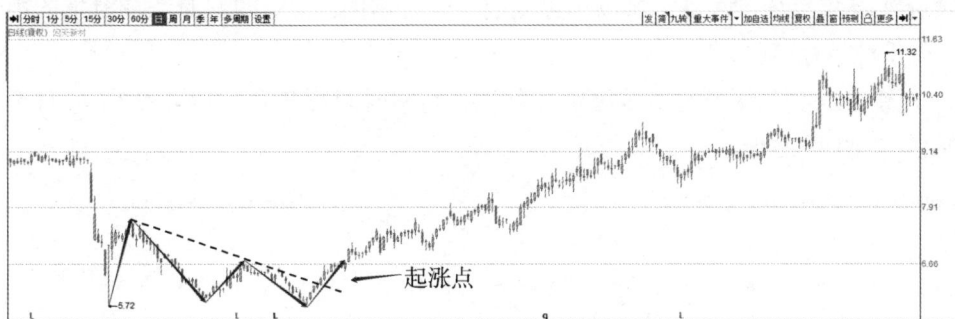

**图 2-23**

如图 2-24 所示，当股价突破三重底的颈线时，就是股价上涨的征兆，应当大胆买入。图中可见，股价在颈线突破后，强势上扬，近乎直线拉升，如果及时进场，不但抓住了行情的起涨点，更是抓住了起涨点。

图 2-24 为中国核电日线级别 K 线图，行情时间跨度为 2019 年 11 月 27 日

至 2020 年 12 月 22 日。

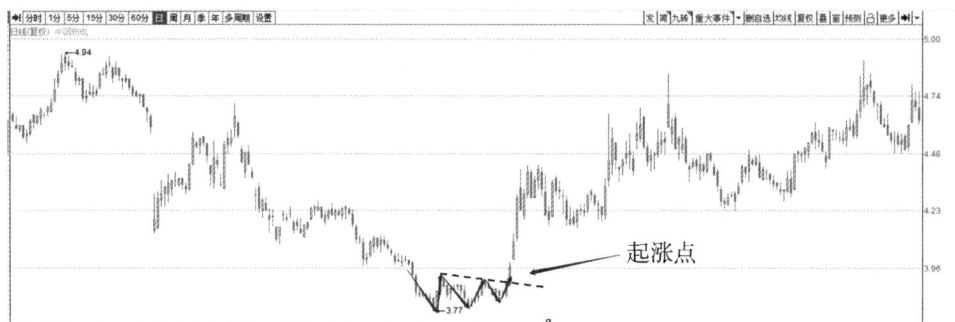

图 2-24

## 2.5.4 目标预测

三重底属于重大级别的反转形态，多数时候可能直接酝酿大级别的牛市行情，所以上涨的幅度通常非常大。既然三重底总会伴随着大级别趋势的反转，那么根据趋势原理，第一波上涨的目标至少可以达到形态左边（即前一轮）行情的高点（传统技术一般以头肩底的高度预测颈线突破后上涨的幅度，是不合理的）。

如图 2-25 所示，股价突破三重底后，第一轮上涨目标为形态左边下跌行情的最高点 A。事实上很多时候，三重底的上涨潜力多数会超越第一轮目标点，因为三重底是强烈的反转形态。图中可见，A 点也并没有阻挡住行情上涨的步伐，股价突破 A 点继续大涨，所以三重底前一轮行情的高点，也只是预测行情的第一轮上涨目标而已。

图 2-25 为回天新村日线级别 K 线图，行情时间跨度为 2018 年 9 月 10 日至 2019 年 10 月 25 日。

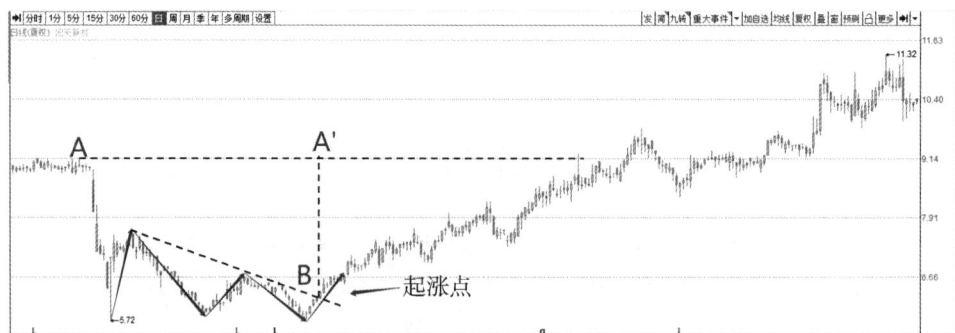

图 2-25

三重底的上涨幅度不能低于其高度，所以当形态前一轮行情的高点到起涨点的距离小于其高度时，则应取前面第二轮行情的高点作为起涨点的第一轮上升目标。以此类推，如果前面第二波高点到起涨点的距离也小于三重底的高度，则继续取前一轮高点作为预测目标。

如图 2-26 所示，B 点是三重底前一轮行情的高点 B，很明显可以看出，如果将 B 点当作起涨点的预期目标，会过于保守，因为 B 点距离起涨点太近。虽然 B 点到起涨点的距离与三重底的高度相当，但由于三重底本身高度太小，所以 B 点根本无法代表起涨点的预期上升目标，应该取前面第二波行情的高点 A，作为起涨点第一轮上升的预期目标。图中可见，A 点接近起涨点第一轮上升的最高点。

图 2-26 为中国核电日线级别 K 线图，行情时间跨度为 2019 年 11 月 27 日至 2020 年 12 月 22 日。

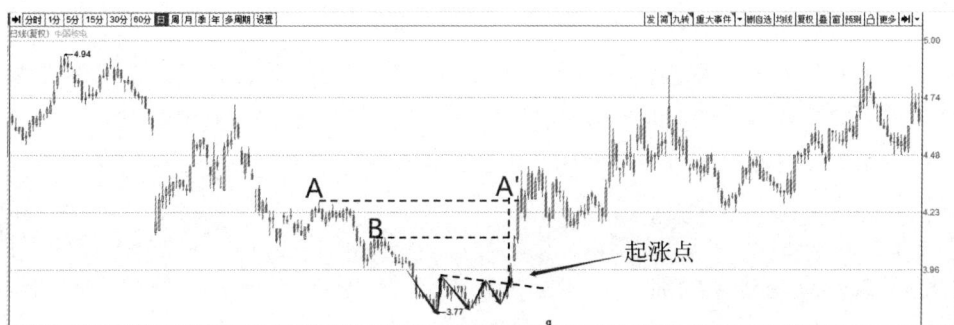

图 2-26

## 2.6 头肩底起涨点

### 2.6.1 形态定义

头肩形顾名思义就是像人的一个头和两个肩膀的 K 线形态。头肩底是由一个主跌势隔开两个不一定相同的弱跌势（肩部）所组成的形态。当股价经过一轮下跌，在底部形成头肩底形态，往往预示着趋势行情的结束，是一种大型反转形态。如图 2-27 所示，将两个肩的底部连接起来为头肩形的颈线。当行情出现头肩底形时，我们可以从中找出起涨点。

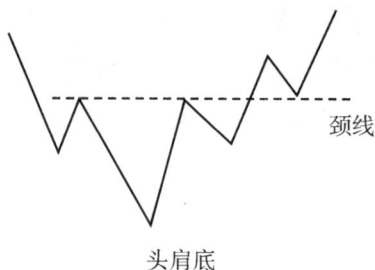

颈线

头肩底

图 2-27

### 2.6.2　要点

判断头肩底的要点如下：

（1）在头肩底形成的过程中，成交量是不断缩小的。

（2）一般来说头肩底中的左肩和右肩的最低点大致相等，但不必完全相等。

（3）头肩底的三个谷之间必须有比较长的距离。

（4）头肩底两个反弹的高点的价格不必完全相同，即头肩底的颈线不必水平。当头肩底的颈线朝上时，表示趋势正在走强，后市上涨的概率更高。

（5）有时候会形成复合头肩底，也就是指在震荡周期足够长的条件下，头肩底的头和肩由多个小谷组成。

### 2.6.3　起涨点及买入原则

当股价突破头肩底颈线时的价格为起涨点。

股价经过大跌，在底部形成头肩底后，当价格升穿头肩底的颈线时为买入信号。

如图 2-28 所示，当股价升穿头肩底的颈线时，预示牛市已经来临，应当积极入市。图中可见，股价随后不断上行，此时入市，则精准地买在了起涨点。需要强调的是，头肩底的颈线是朝上的，说明头肩底突破的成功率比较高。

图 2-28 为中银绒业日线级别 K 线图，行情时间跨度为 2007 年 9 月 10 日至 2009 年 11 月 25 日。

如图 2-29 所示，股价大阳拉升，强势击穿头肩底的颈线，预示底部确立，此时如果买入，大概率会是行情的起涨点。图中可见，买进就可立刻盈利，最高上涨近 30%，中间不会出现任何浮亏。

图 2-29 为成都先导日线级别 K 线图，行情时间跨度为 2020 年 7 月 6 日至

2021 年 7 月 28 日。

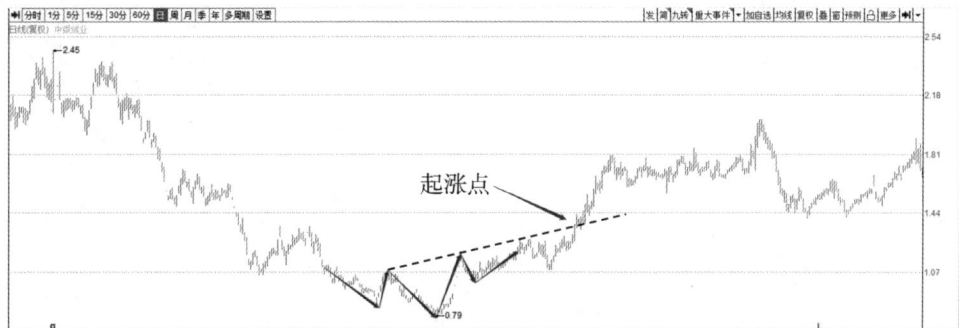

图 2-28

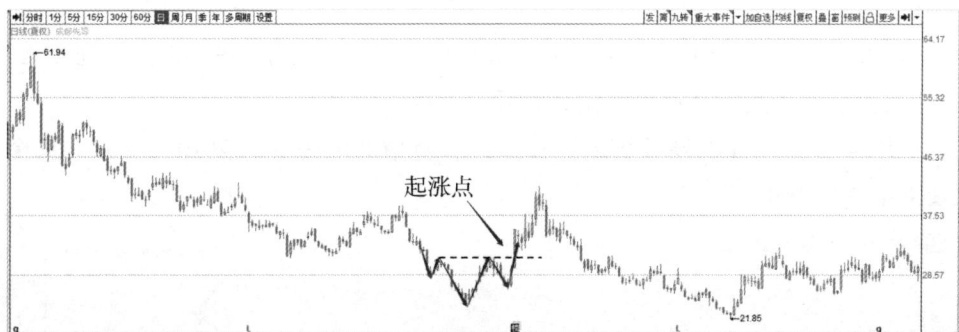

图 2-29

### 2.6.4　目标预测

头肩底往往伴随着趋势的反转，所以上涨幅度一般会非常大。既然头肩底总会带来趋势的反转，那么根据趋势原理，第一波上涨的目标至少可以达到形态左边（即前一轮）行情的高点（传统技术一般以头肩底的高度预测颈线突破后上涨的幅度，是不合理的）。

如图 2-30 所示，由于前一轮高点 B 距离起涨点太近，且二者距离小于头肩底的高度，不能代表头肩底突破后的上涨预期幅度，所以应该取前面第二轮高点 A 作为起涨点的第一轮上涨目标。图中可见，中银绒业在底部形成头肩底后，直接反转，不但突破前期牛市的最高点，且持续上升，所以我们一般只能将 A 点作为预测头肩底的第一轮目标，如果要赚取更多利润，则要借助移动止损机制（详解见第七章）。

图 2–30 为中银绒业日线级别 K 线图，行情时间跨度为 2006 年 10 月 23 日至 2012 年 9 月 20 日。

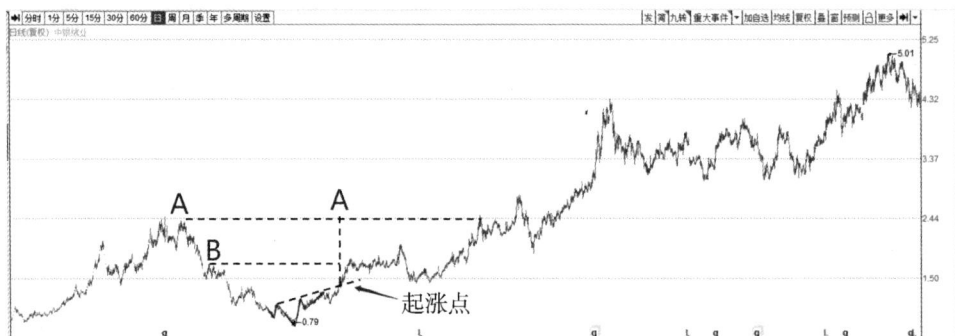

**图 2–30**

如图 2–31 所示，成都先导突破起涨点后，第一轮上升目标为前期的高点 A。图中可见，股价刚好触及 A 点附近就开始下行。

图 2–31 为成都先导日线级别 K 线图，行情时间跨度为 2020 年 7 月 6 日至 2021 年 7 月 28 日。

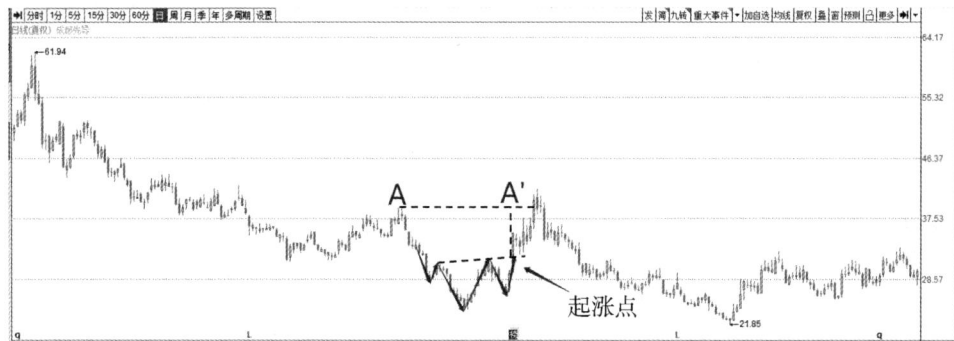

**图 2–31**

## 2.7 圆弧底起涨点

### 2.7.1 形态定义

圆弧底是指形状像锅底的一种 K 线形态，是一种大级别的调整形态，一般都会伴随大级别行情的牛熊市转换。圆弧底在形成过程中，趋势的变化看起来非常缓慢，行情动能非常小，在长时间的震荡消耗中，各种指标都会出现钝化，往往会磨掉很多投资者的耐性，导致他们在底部卖出头寸。如图 2-32 所示，由圆弧底左侧的高点引出一条水平线为颈线。当行情出现圆弧底形时，我们就可以从中找出起涨点。

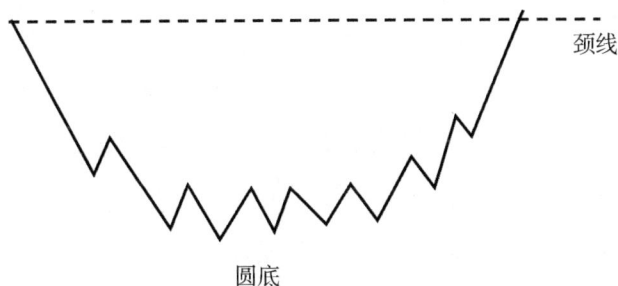

图 2-32

## 2.7.2 要点

判断圆弧底的要点如下：

（1）在圆弧底形成期，成交量是先减小后增加的。

（2）圆弧底代表的是巩固期，也就是蓄势期，所以持续时间越长越有效。

（3）在圆弧的底部必须是很小幅度的波动，即收敛性要强，好似进入了休眠期，也就是指底部越圆越好。

（4）当圆弧底形成后，股价没有立马上涨，只是重复横向发展形成很小的平台整理区域，这个平台整理区域称为碗柄。

（5）圆弧底往往发生在行情的底部，当圆弧底发生在行情中部时就会出现欧奈尔的杯柄延续形态。

## 2.7.3 起涨点及买入原则

当股价突破圆弧底的颈线时为起涨点。

股价经过大跌，形成圆弧底后，当价格升穿圆弧底颈线时为买入信号。

如图 2-33 所示，当股价突破颈线时为起涨点，如果此时买入，则可快速盈利。

图 2-33 为虹软科技日线级别 K 线图，行情时间跨度为 2020 年 12 月 24 日至 2021 年 1 月 4 日。

图 2-33

如图 2-34 所示，在起涨点买入后，股价没有立刻拉升，但价格并未出现大的跌幅，而是做窄幅平台整理，随后直线拉升，大涨近 30%。

图 2-34 为深南电路日线级别 K 线图，行情时间跨度为 2020 年 11 月 3 日至 2021 年 11 月 26 日。

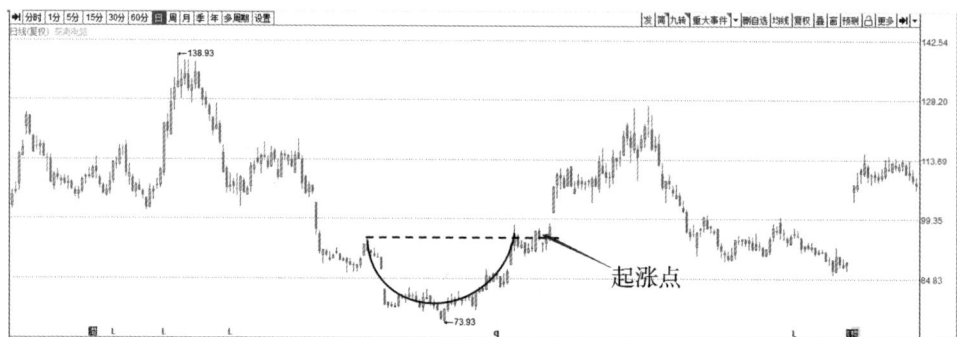

图 2-34

### 2.7.4 目标预测

圆弧底是大型反转形态，形态一旦成立，涨幅都非常大。既然圆弧底总会带来趋势的反转，那么根据趋势原理，第一波上涨的目标至少可以达到形态左边（即前一轮）行情的高点（传统技术一般以圆弧底的高度预测起涨点的上升幅度，是不合理的）。

如图 2-35 所示，起涨点的第一轮上涨目标为前期高点 A。图中可见股价刚好涨到 A 点附近就开始回落。

图 2-35 为深南电路日线级别 K 线图，行情时间跨度为 2020 年 11 月 3 日至

2021 年 11 月 26 日。

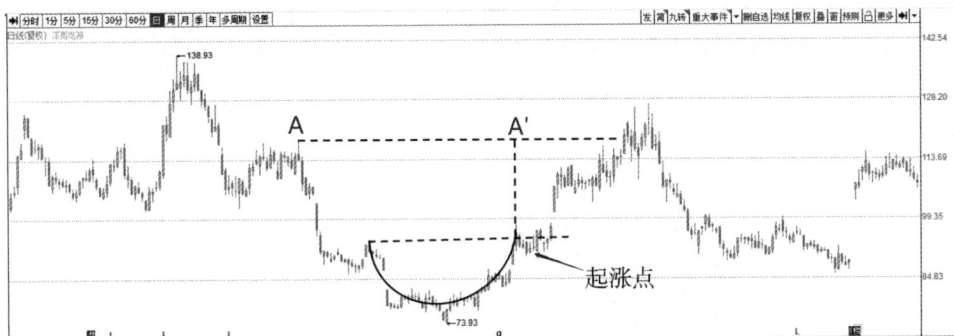

图 2-35

技术分析并非总是百分百有效，因此一旦出现与预测相反的情况时，需要借助止损工具帮助我们减少损失或者保住既定的利润。如图 2-36 所示，虹软科技起涨点的第一轮上升目标应该为前期高点 A，但图中我们可以看见，行情没有到达 A 点就开始下跌了，像这种情况，则需要借助追踪止损保住获利。

图 2-36 为虹软科技日线级别 K 线图，行情时间跨度为 2020 年 12 月 24 日至 2021 年 1 月 4 日。

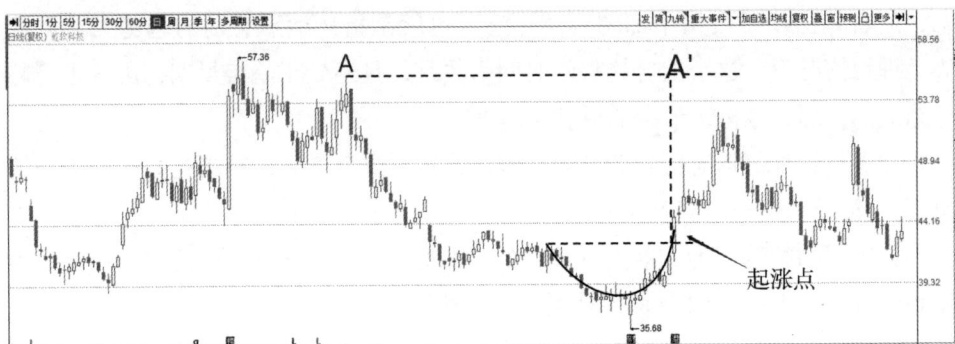

图 2-36

## 2.8 杯柄形起涨点

### 2.8.1 形态定义

杯柄形是欧奈尔提出的一种 K 线形态，一般指圆弧形成后，并不是直接上涨，而是在其右侧小幅整理，形成看似一个带柄茶杯的 K 线形态，这种形态一般出现在行情中部时，往往会顺势突破，属于行情中继形态。如图 2-37 所示，从杯柄形态中轴的最高点引一条水平线为颈线。当行情出现杯柄形时，我们可以从中找出起涨点。

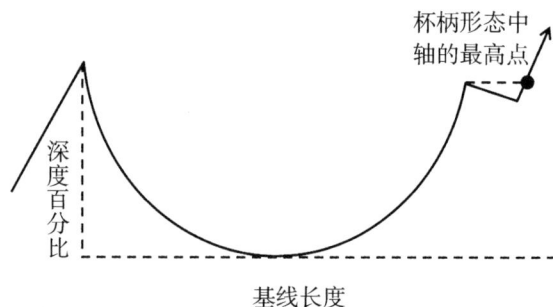

图 2-37

### 2.8.2　要点

判断杯柄形的要点如下：

（1）趋势：杯柄与圆弧底的区别是，前者一般是出现在行情底部的反转形态，后者是出现于行情中部的延续形态，也就是指杯柄形态前的趋势为上升趋势。理想情况下，这个上升趋势的时间为数月，且还处于趋势早期，因为上升趋势越成熟，那么该持续形态的成功率越低。

（2）杯：杯的形态应该为"⌣"形，看起来像个圆底，越缓越好，完美的情况下，"杯子"两边的高度相等。

杯子回撤的深度为此前上升趋势的 1/3 或更少，对于波动大的市场，这个回撤幅度可以是 1/3 ～ 1/2，极端情况下可以达到 2/3。

杯子的形成时间一般为 1 ～ 6 个月，由于圆底表示巩固蓄势阶段，所以杯子形成的时间越长越好。

（3）柄：柄的形状是向下倾斜的旗形、小三角形或一个简单的小回撤，但都表现为短期性、紧密性，代表盘整期的收敛性。

柄回撤的深度可以达到杯高度的 1/3，最好不要超过这个幅度，柄回撤的幅度越小，对于后期的升幅就越有利。

柄形成的时间比较短，一般为 1 ～ 4 周。

（4）成交量：杯形成的时候，成交量是先缩小后放大；在柄形成期，成交量再次缩小；当杯柄突破的时候，又伴随成交量的再次放大。

### 2.8.3　起涨点及买入原则

当股价突破杯柄形态中轴的最高点时为起涨点。

股价先经过一轮上涨，然后开始调整形成杯柄形态，当价格突破杯柄形态中轴的最高点时，为买入信号。

如图 2-38 所示，当股价突破杯柄形态中轴的最高点 A 时，就是强烈的买入信号。图中可见，股票买进后就立刻大涨，没有任何机会回撤到成本线之下。

图 2-38 为顾地科技日线级别 K 线图，行情时间跨度为 2015 年 7 月 27 日至 2018 年 3 月 21 日。

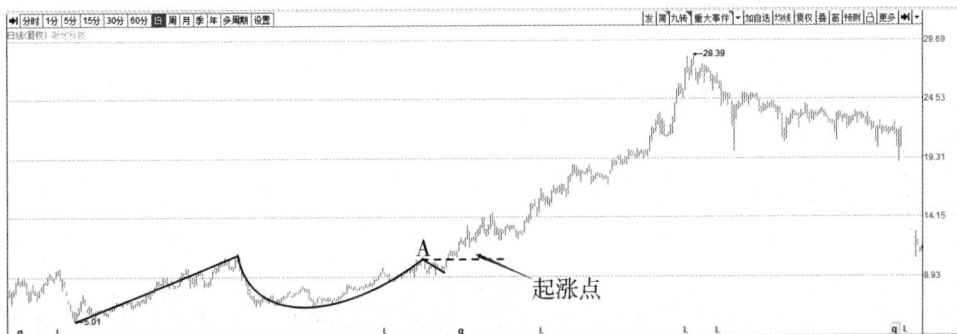

图 2-38

如图 2-39 所示，股价突破杯柄形态中轴的最高点时，如果及时买入，就可以立马吃进 7 个涨停板，也就真正抓住了行情起涨点。

图 2-39 为闻泰科技日线级别 K 线图，行情时间跨度为 2011 年 7 月 15 日至 2018 年 3 月 28 日。

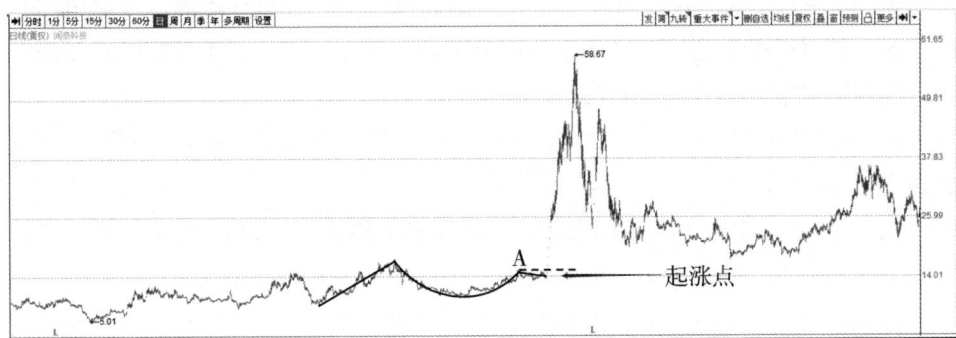

图 2-39

### 2.8.4 目标预测

杯柄形态一般都是大型整理形态，往往会历时数月，乃至数年，所以突破后的涨幅往往都会非常大。在杯柄形态起涨点买入后，应该不设定目标，以追踪止损的方式出场（欧奈尔是以杯底部最低点到杯右边波峰的距离作为预测涨幅的，采用这种预测方式，在 A 股中往往容易买非牛股。因为大多数情况下，杯子的深度相对后期的涨幅来说都微不足道，所以应该采用追踪止损的方式，被动出场，股价上涨多少，我们就能赚多少）。

如图 2-40 所示，股价大幅暴涨，如果在起涨点买入，到最高点可赚 200% 左右，那么采取追踪止损的方式，则可赚取这轮行情的绝大部分利润。图中可见，如果以杯最低点到右边波峰的距离为上涨预期目标，则会早早离场，连个零头都赚不到。

图 2-40 为顾地科技日线级别 K 线图，行情时间跨度为 2015 年 7 月 27 日至 2018 年 3 月 21 日。

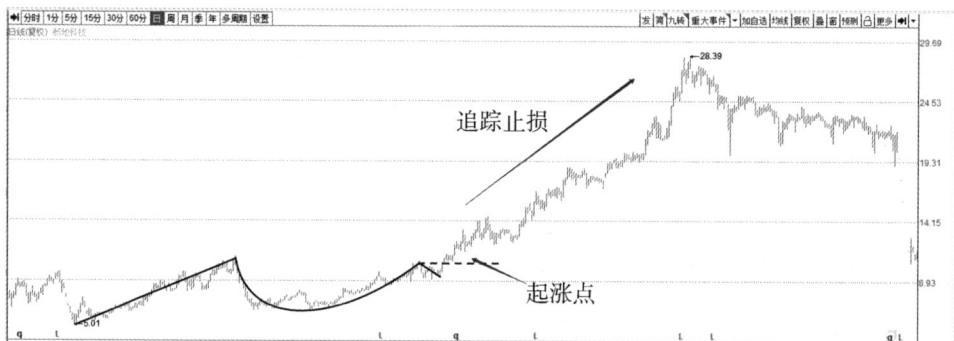

图 2-40

如图 2-41 所示，股价跳升上涨，到最高点可大赚 300% 还多，采取追踪止损方式，就可以赚取这轮行情的绝大部分利润。图中可见，如果照搬欧奈尔的预测目标则明显过于保守，获利甚小。

图 2-41 为闻泰科技日线级别 K 线图，行情时间跨度为 2011 年 7 月 15 日至 2018 年 3 月 28 日。

在欧奈尔的书中，是以美股为例讲解杯柄形态的，笔者认为 A 股和美股有诸多不同的地方，必须结合 A 股的情况，不能完全照搬书中的方法。

杯柄形之所以能产生如此巨大的涨幅，主要因为它是一种超大型整理形态，圆弧本身就是大型整理结构，再加上柄的整理结构，两者相加使得杯柄整理时机非常长，所以聚集了强大的能量，一旦后期释放后，就会推动股价上涨。其实任何一种形态，一旦出现超长时间的极限收敛蓄势情形，往往都能造就惊人的行情。

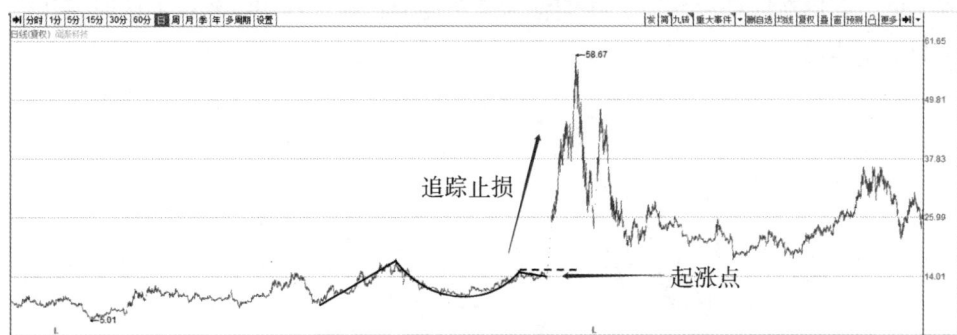

图 2–41

如图 2–42 所示，中航沈飞进入底部之后，波动率突然变得异常小，股价进入极限收敛模式，且这种停滞的波动模式持续了近 4 个月之久；随后股价上涨，连击 19 个涨停板，且继续强劲冲至最高点 30 元，4 个月左右上涨近 5 倍。

图 2–42 为中航沈飞日线级别 K 线图，行情时间跨度为 2015 年 12 月 21 日至 2017 年 5 月 8 日。

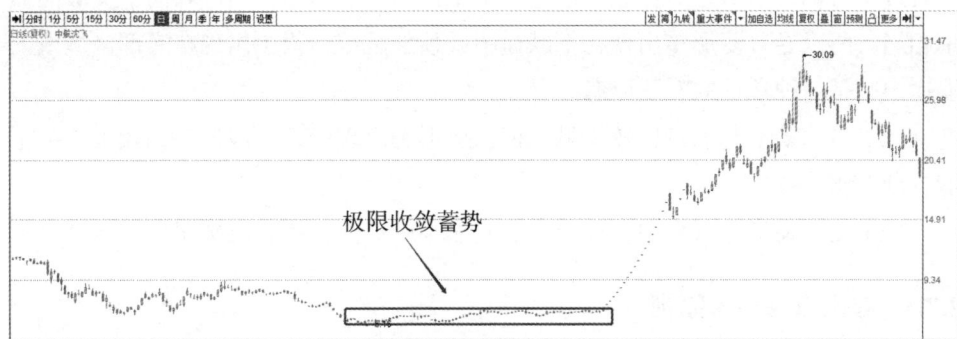

图 2–42

## 2.9 菱形起涨点

### 2.9.1 形态定义

菱形是由一个扩散三角形和一个收敛三角形组成，因酷似钻石，所以也被称为钻石形态，是一个比较特殊且少见的大型反转形态。当行情向上突破菱形时，一般都会发生大反转，因此我们可以从中寻找出起涨点。如图 2-43 所示，菱形起涨点通常出现在行情的底部，但有时候也会出现在行情的中部，不过一般都比较少见。菱形在底部反转时，我们称为反转菱形；菱形在中部延续上涨时，我们称为中继菱形。

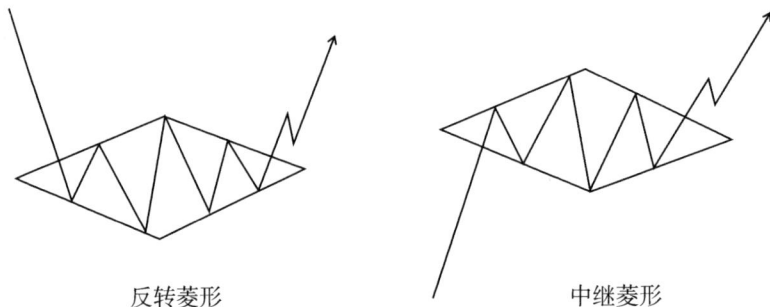

反转菱形　　　　　　　　　　中继菱形

图 2-43

## 2.9.2　要点

判断菱形的要点如下：

（1）菱形左边是一个扩散三角形，而扩散三角形一般都会下跌；且右边是一个收敛的对称三角形，对称三角形是一个中性的整理形态，向上和向下突破的概率相当。所以导致菱形多出现在下跌途中或顶部区域，很少出现在底部区域或上涨途中，是一种常见的看跌形态。

（2）虽然菱形起涨点比较少见，但只要形态出现了，一般概率比较高，甚至能达到 80% 左右。

（3）菱形在形成过程中，成交量是先缩小后扩大，然后再次缩小。

## 2.9.3　起涨点及买入原则

当股价突破菱形时就是起涨点。

当股价向上突破菱形时，为买入信号。

如图 2-44 所示，股价在底部先是呈发散三角形整理形态，随后行情以对称三角形进行收敛，且最终波幅越来越小，收敛趋于一点，整体形成一个菱形。整个菱形形成过程时间非常长，表明股价有了充分的收敛蓄势，在底部已经聚集强大的能量，预示行情一旦向上突破菱形，可能出现一波史诗级别的上涨行情。图中可见，晨鸣纸业突破菱形后，股票就开始向上慢慢推升，随后行情发力直线拉升，半年左右，股价就大涨近 3 倍。

图 2-44 为晨鸣纸业日线级别 K 线图，行情时间跨度为 2016 年 9 月 27 日至 2022 年 1 月 19 日。

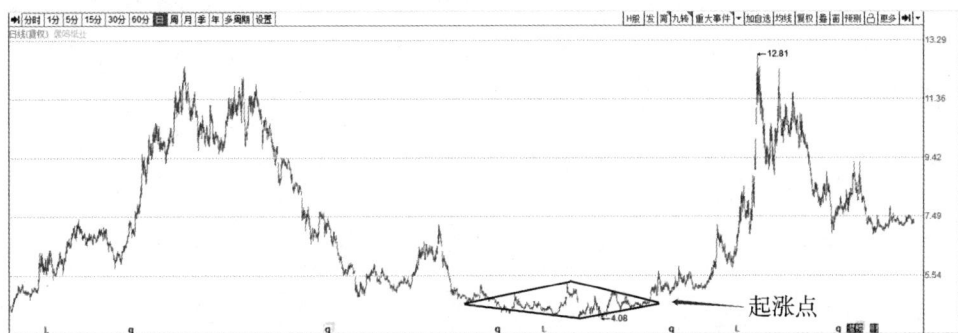

图 2-44

如图 2-45 所示，股价在上涨中部形成菱形，最后向上突破菱形，引发股价大幅飙升，一个月不到就接近翻倍。图中可见，如果在菱形的起涨点入场，买入即是赚钱的开始。

图 2-45 为中信建投日线级别 K 线图，行情时间跨度为 2018 年 6 月 22 日至 2022 年 1 月 19 日。

图 2-45

## 2.9.4　目标预测

底部反转菱形是由两个三角形组成，属于大型整理形态，往往高概率会引发趋势的大型反转，因此突破后涨幅往往都非常惊人。底部反转菱形我们以前一轮牛市的最高点作为起涨点的预测目标，而中继菱形我们以其高度作为起涨点的第一轮上升预测目标。

如图 2-46 所示，菱形起涨点的目标价位为 A 点，A 点是前一轮牛市的最高点。图中可见，行情径直飙升到 A 点附近才开始下跌。

需要强调的是，底部菱形是非常少见的形态，一旦向上突破，则概率非常高且涨势往往难以想象。因为底部菱形突破后，涨幅远远超过前一轮牛市高点的情况并不在少数。

图 2-46 为晨鸣纸业日线级别 K 线图，行情时间跨度为 2016 年 9 月 27 日至 2022 年 1 月 19 日。

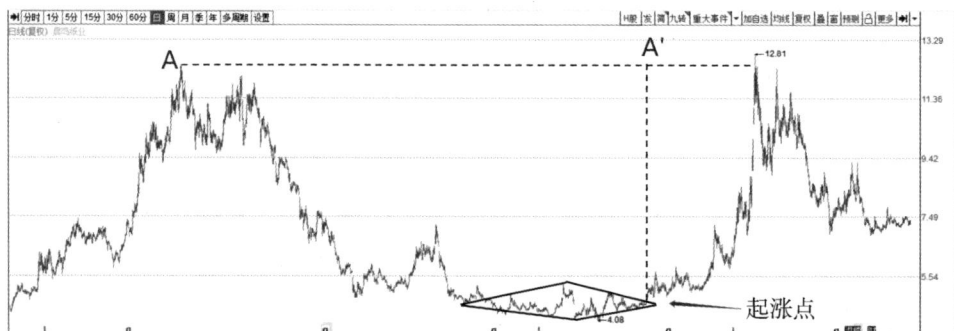

图 2-46

如图 2-47 所示，菱形起涨点的第一轮上升预测目标为 D 点，其中 AB 为菱形的高度，C 点为起涨点，且 AB=CD。

图 2-47 为中信建投日线级别 K 线图，行情时间跨度为 2018 年 6 月 22 日至 2022 年 1 月 19 日。

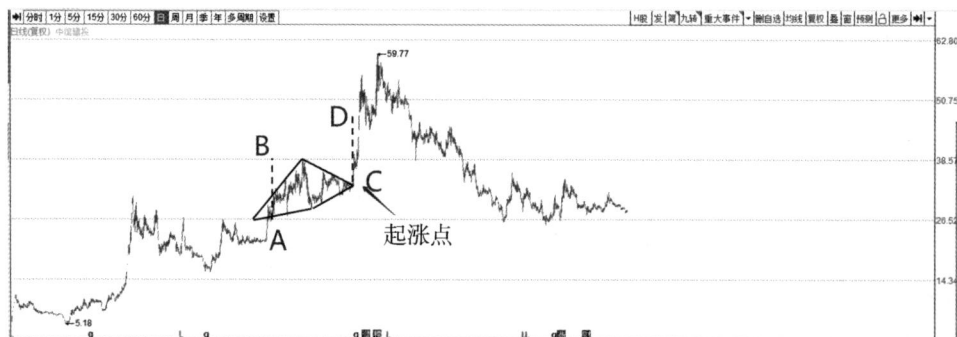

图 2-47

# 第三章  跳空起涨点

跳空代表着市场极端的强势行情，通常出现在市场热点股或概念龙头上，如果及时抓住机会，往往能快速大幅获利。跳空起涨点属于强势突破交易法，很多华尔街的交易高手都将跳空作为自己出手的重要信号。本章我们就系统性地讲解跳空的知识以及详细阐述怎么样抓住跳空起涨点。

## 3.1  跳空的定义

跳空是指股票非连续报价的现象，即没有发生交易的区域。跳空缺口是指当股价受到重大利多或利空的影响后，出现较大幅度向上或向下跳动的现象，在行情图表中表现为 K 线不连续，出现了明显的空白缺口。跳空缺口是股票运行过程中经常发生的一种现象，缺口可以发生在开盘的时候，也会发生在盘中。开盘时的大幅跳空往往具有重要意义，而盘中发生的往往是小型跳空意义不大。股票市场中，按照跳空的方向，可以将跳空分为上升缺口和下降缺口。

图 3-1 为蓝色光标日线级别 K 线图，行情时间跨度为 2019 年 9 月 5 日至 2020 年 6 月 5 日。图中所示，2020 年 1 月 1 日股价高开形成上升缺口，2020 年 2 月 3 日股价低开形成下降缺口。

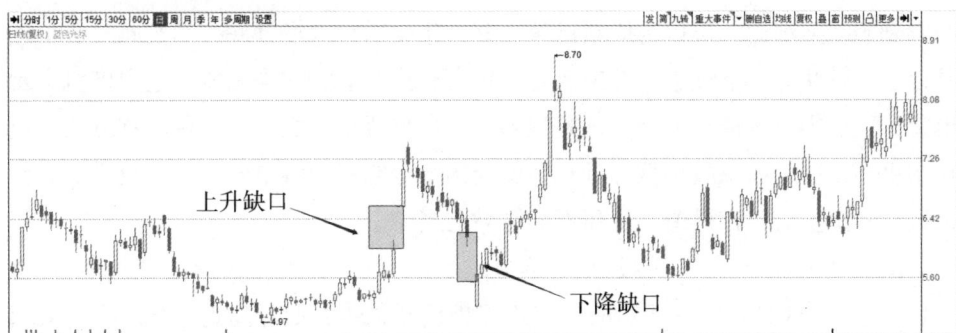

**图 3-1**

## 3.2　跳空的原因

市场价格一般是连续性变化的，跳空缺口的出现说明市场出现了非理性交易。市场价格是由投资者的交易形成的，而投资者的交易行为是由心理预期支配的，当市场的投资者对股价未来的预期产生巨大分歧时，就容易发生跳空的现象。

比如当前股价是 200 元，大量投资者极度看涨，他们愿意直接以 220 元买入股票；而卖方也认为至少 220 元脱手才是合理的，则股票会直接从 200 元跳到 220 元成交，它在市场中表现为开盘即一字涨停。同理，当大量投资者预期极度悲观时，也容易产生直接跳空下跌的情况。

## 3.3　跳空的意义

跳空缺口意味着买卖双方之中的某方力量绝对胜过另一方，通常在股价大变动的开始或结束前出现，往往是强势趋势开始的重要信号。向上跳空表明涨势强劲，向下跳空表明跌势猛烈。跳空缺口越大，说明买盘或卖盘就越强，预示趋势越明显。

虽然跳空缺口有预示趋势的作用，但是也要防止跳空陷阱的现象。跳空陷阱是主力诱骗散户的一种较为隐蔽的手段，具体是指主力以跌停板的价格低开，然后再稍微拉高，就可以使股价变成阳线。这样容易诱骗不明真相的投资者，使他们看到阳线上涨后，误以为股票已经见底，于是纷纷入场抄底，其实此时股价还是处于下跌状态，下跌趋势并未改变，投资者往往会抄在半山腰，主力借机大量出货，股价会再度掉头下跌。这是主力重要的出货手法之一，这种出货方法的成功率更高，因为如果股价低开低走，就会出十分明显的跳空阴线，一般投资者都很容易看出主力正在撤退，从而不会轻易上当。

图 3-2 为盛讯达日线级别 K 线图，行情时间跨度为 2018 年 7 月 16 日至 2019 年 1 月 23 日。图中所示股价以跌停板低开，然后低开高走，股价收出大阳线，很容易让投资者认为价格触底了，从而买入股票。但实际上，较前一日收盘价，股价并没有上涨，这只是主力放出的虚假信号，股价不但不会上涨，反而可能会是新一轮下跌的开始。

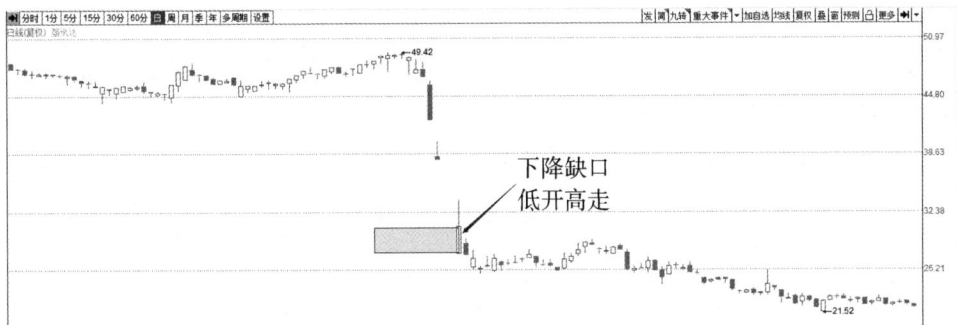

**图 3-2**

股价跳空后，有时候会回补缺口，但有时候并不会产生回补缺口的动作。一般在极度强势的行情中，往往不会给回补缺口的机会，而是继续沿着跳空的方向强劲冲刺。相反如果出现缺口后，股价立刻回补，则表示股价延续力度不够，行情回档或反转的概率大。

股价跳空后会不会有延续的动力主要取决于成交量的表现。如果后续成交量以中等形势发展，则股价可能延续上涨或下跌；如果后续成交量急剧缩小，则股价很可能掉头反转。

**注意**，当成交量急剧放大时，股价也容易反转。

图 3-3 为中国平安日线级别 K 线图，行情时间跨度为 2014 年 11 月 4 日至 2015 年 8 月 5 日。图中所示，左边第一个上升缺口出现后，成交量以中等形势发展，所以股价后续动能得以持续，价格也是进一步上升；第二个上升缺口出现后，成交量较小，表明后续动能不足，因此股价上涨难以为继。图中可见，价格随后也是掉头下跌。

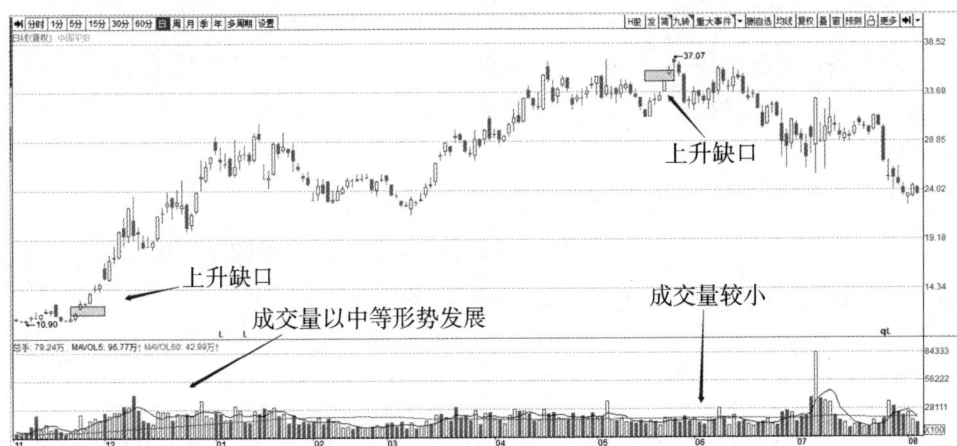

**图 3-3**

· 43 ·

图 3-4 为中嘉博创日线级别 K 线图，行情时间跨度为 2009 年 5 月 26 日至 2010 年 6 月 28 日。图中所示，上升缺口出现后，成交量继续放大，巨量成交，股价随后见顶下跌。

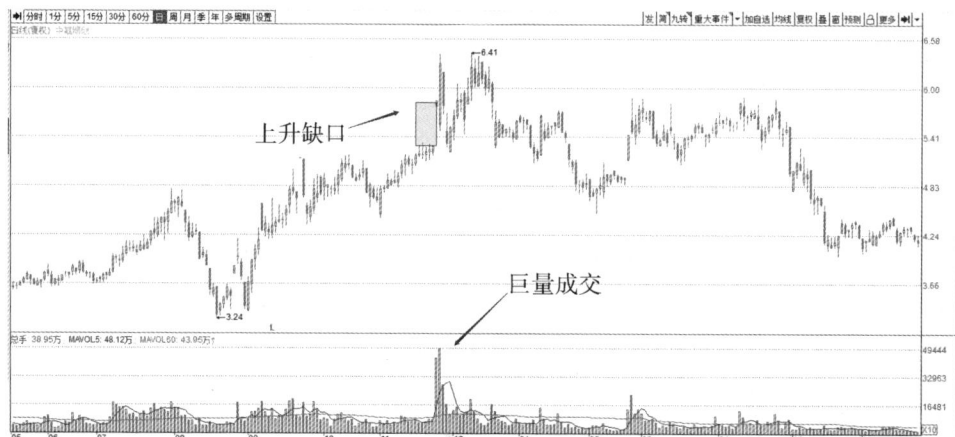

图 3-4

## 3.4 跳空的形态

从技术上讲，跳空的形态主要有五种，分别为普通缺口、突破缺口、延续缺口、衰竭缺口和对称缺口。

### 3.4.1 普通缺口

普通缺口是盘整过程中偶然出现的小缺口，一般很快会被修复。

普通缺口发生的原因是，在交易量极小的情况下，市场参与兴趣不高，一些较小的交易便可导致价格的跳空。一般这种跳空的缺口并不大，对股价也没有什么预测意义。

图 3-5 为青海春天日线级别 K 线图，行情时间跨度为 2019 年 10 月 10 日至 2020 年 7 月 14 日。图中所示，股价在震荡过程中，成交量缩小，市场交投不积极，导致频繁地出现向上或向下小幅的跳空现象。

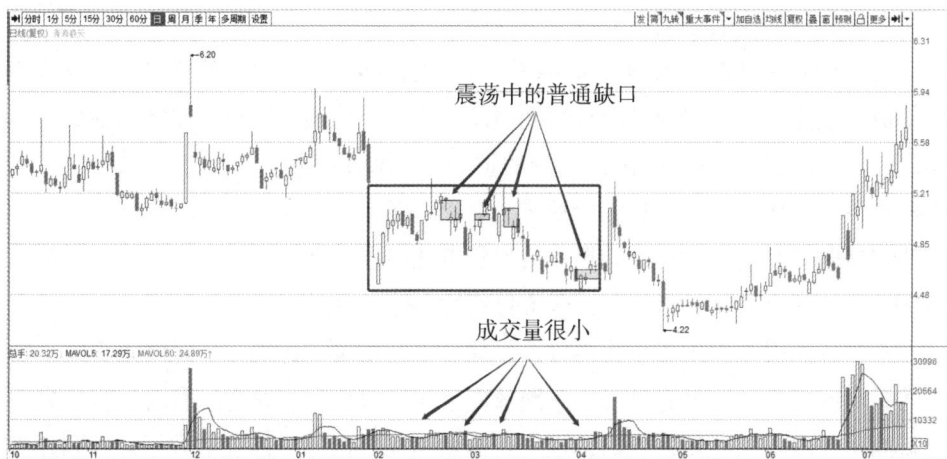

图 3-5

## 3.4.2 突破缺口

突破缺口是指股价以跳空的方式突破市场重要价位的情况，这个重要价位一般是市场的支撑或阻力，比如前期高低点、整数关口、密集成交区、形态颈线等。突破缺口往往伴随着成交量的放大，一般不会回补，是行情极速运动而脱离原有趋势状态的现象。突破缺口通常预示行情后期会有强势单边行情，往往是重大走势的起点。

图 3-6 为中国浙江东日线级别 K 线图，行情时间跨度为 2020 年 1 月 2 日至 2020 年 10 月 13 日。图中所示，股价向上跳空突破前期震荡的高点压力，并伴随成交量的放大。图中可见，后市行情并没有回补缺口，而是继续直线拉升。

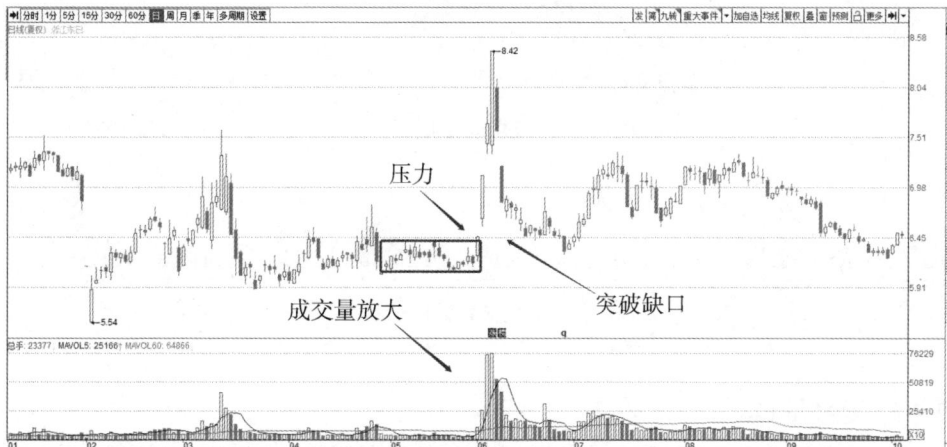

图 3-6

突破缺口形成的原因主要有以下两种：

第一种原因是在市场的关键支撑阻力附近，往往会有大量的挂单，一旦这些单子被触发之后，自然会带动行情剧烈的走势，产生跳空缺口。比如当前股价是205元，200元和210元分别是市场的重要支撑和阻力位置。如果大量投资者将止损挂在200元下方，一旦股价跌破200元，那么就会触发大量的止损卖盘，股价就容易向下跳空；相反，如果大量投资者选择在210元买入，那么一旦股价突破210元，就会引发巨量买盘，股价自然就会向上跳空。

第二种原因是发生了重大事件或新闻，市场情绪一边倒，短时间内引发了巨大的买盘或卖盘，这就容易发生踩踏效应，导致股价发生跳空。有时候重大事件或新闻是在停盘的时候发生的，投资者的预期在停盘的时候就形成了，等到开盘的时候，投资者的情绪会集中释放，从而导致股价直接向上或向下跳空。

图3-7为中国石油日线级别K线图，行情时间跨度为2019年6月26日至2020年7月21日。图中所示，2020年2月3日，中国石油开盘跳空跌停。当时是刚过完春节的第一个交易日，市场担忧疫情会对经济产生冲击，所以在悲观效应下，出现了向下跳空的恐慌情况。图中可见，中国石油直接跳空跌破前期震荡的低点支撑，属于突破跳空，且伴随成交量的突然放大，后市行情并没有完全回补缺口，而是进一步大幅下跌。

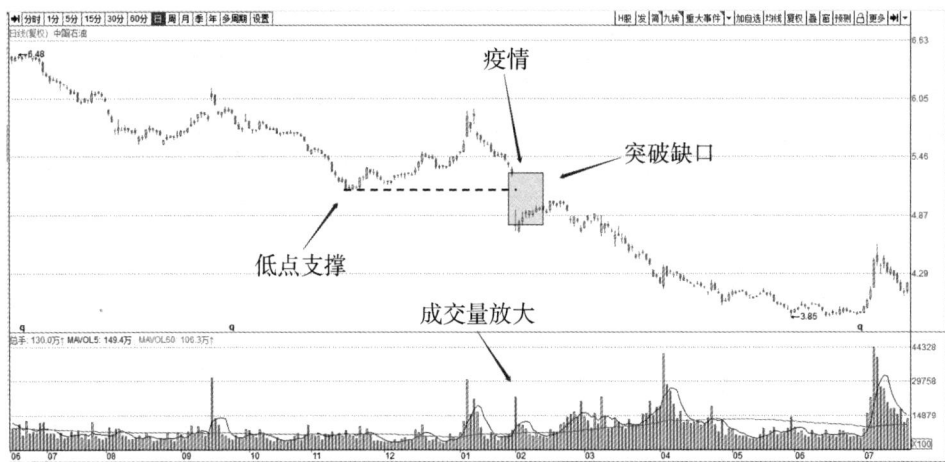

图3-7

### 3.4.3 延续缺口

延续缺口是突破性缺口之后出现的缺口，通常是在股价突破重要价位后至下一个反转或整理形态的中途出现。延续缺口的特征是不一定需要成交量放大的配合但如果成交量增加，则通常表明趋势会进一步加强。延续缺口出现后，成交量会以中等形态发展；延续缺口一般也不会回补，特殊的时候会产生 2 ～ 3 个这种缺口。

延续缺口有较强的助涨助跌作用，当延续缺口出现后，行情一般会延续原来的趋势运行，它是一个趋势的持续信号。延续缺口产生的原因是在价格朝某一方向有效突破之后，由于急速运动而在途中出现的缺口。

图 3-8 为正泰电器日线级别 K 线图，行情时间跨度为 2021 年 5 月 18 日至 2021 年 11 月 25 日。图中所示，正泰电器向上跳空突破前期高点压力，形成突破缺口，随后再次向上跳空形成延续缺口，且成交量持续以中等形势发展，股价也是延续先前的趋势继续上升。

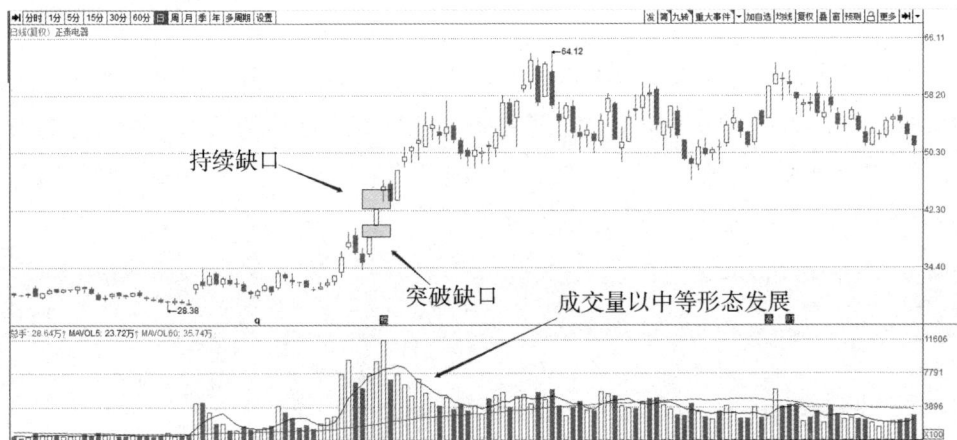

图 3-8

图 3-9 为浙商证券日线级别 K 线图，行情时间跨度为 2020 年 3 月 24 日至 2020 年 9 月 29 日。图中所示，浙商证券连续跳空，第一次突破高点压力形成突破缺口，随后连续跳空涨停，出现了多个延续缺口。

延续缺口还具有预测价格未来波动幅度的功能，其预测的方法是，当股价到达缺口后，后市可能继续变动的幅度一般等于股价从上一个缺口开始移动到此延续缺口的幅度。

这种测量方式是依据趋势理论，因为趋势的表现形式是重复性的，那么极强趋势表现为高度重复性，高度重复性就会形成对称性。而跳空行情正是极强趋势的表现，所以可以使用趋势的对称性测量延续缺口出现后的预期波动幅度，即前一轮变动幅度等于后一轮预期变动幅度。

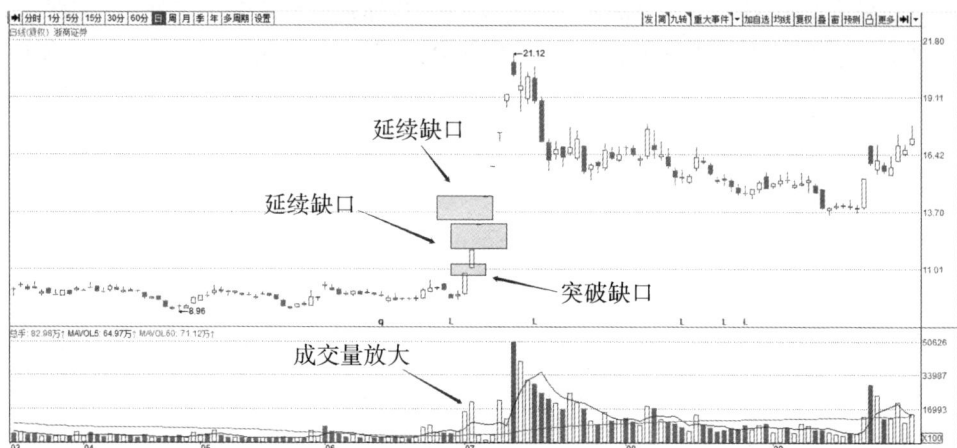

图 3-9

图 3-10 为江河集团日线级别 K 线图，行情时间跨度为 2015 年 2 月 2 日至 2015 年 7 月 21 日。图中所示，江河集团延续缺口出现后的预期上涨目标为 D 点，其中 AB=CD（接近）（A 点是上一个缺口的上边位置，B 点是延续缺口的下边位置，C 点是延续缺口的上边位置）。

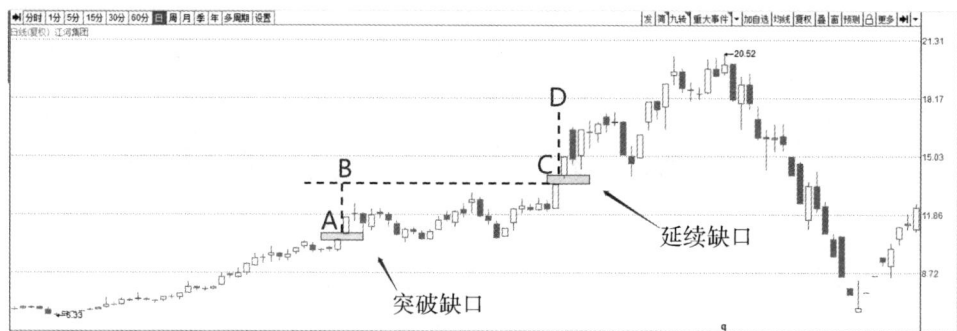

图 3-10

### 3.4.4 衰竭缺口

衰竭缺口是行情运行过程中，出现的最后一次跳跃，在趋势的最后阶段，价格沿着原来的方向进行最后的冲刺，衰竭缺口出现之后，行情就失去了继续上行的动力，表现为强弩之末。

衰竭缺口多数被机构用于迷惑散户，拉高出货。散户看到这种猛烈的冲刺，生怕错失赚钱机会，盲目追涨，而被高位套牢，其实只是行情的强弩之末。衰竭缺口表明维持原有趋势的力量已经枯竭，股价即将反转，因此该缺口一般会很快被回补。有时候衰竭缺口出现后，行情也可能不会立刻反转，而是在高位或低位震荡整理，但随着量能的逐渐减少，行情也会不可避免地转向。

图3-11为紫金矿业日线级别K线图，行情时间跨度为2020年12月2日至2021年5月17日。图中所示，股价在连续大涨后，突然向上跳空，且伴随巨量成交，这就是衰竭缺口明显的信号。

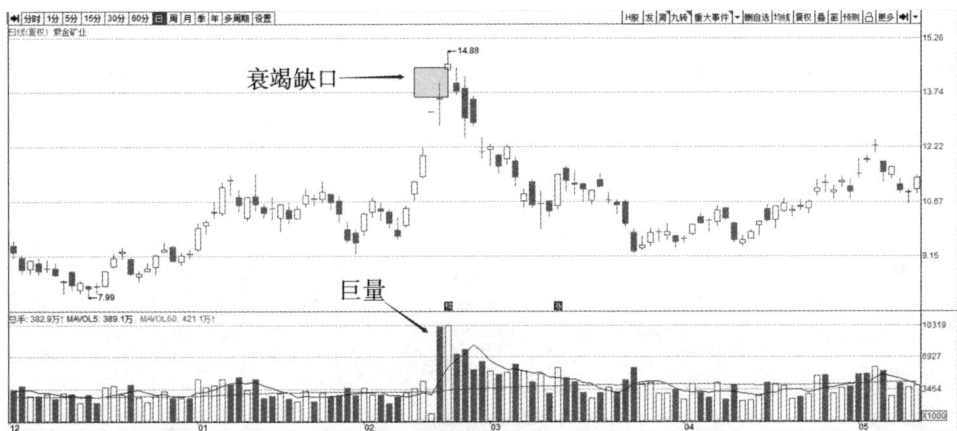

**图 3-11**

成交量的表现是判断衰竭性缺口的重要因素。在上升趋势中，如果缺口出现当日或次日是巨量成交，随后成交量逐步萎缩，则极可能为衰竭缺口，而非延续缺口。但下跌趋势中的衰竭性缺口，一般不需要成交量放大来印证。除此之外还可以根据K线形态或指标判断衰竭缺口，比如反转形态、指标背驰等。

图3-12为南方传媒日线级别K线图，行情时间跨度为2019年9月18日至2020年6月29日。图中所示，股价在低位向下大幅跳空，但行情并没有继续下跌，而是第二天快速反弹拉升，出现了V形反转的K线形态（股价反向越过跳空缺口是重要的起涨点时机因素），股价随后彻底反转，持续上涨，这正是投资者需要耐心寻找的跳空起涨点。

图3-13为中国重工日线级别K线图，行情时间跨度为2015年1月9日至2015年10月27日。图中所示，中国重工行情在高位向上跳空，但MACD指标出现了顶背离，这种情况基本就是主力的诱骗手段，以突然跳空创出新高的假象，迷惑投资者，其实熊市可能马上就要来临了。

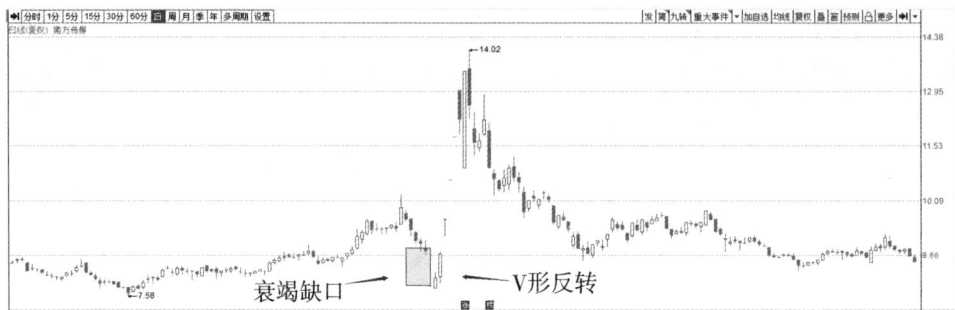

图 3-12

图 3-13

### 3.4.5　对称缺口

　　对称缺口是衰竭缺口与突破缺口组合在一起的一种形态缺口。对称缺口是行情经过一轮上涨或下跌之后，在趋势末端先出现衰竭缺口，然后又在衰竭缺口的相反方向出现了突破缺口，两个缺口基本在一条水平线上，具有明显的对称性，故称为对称缺口。对称缺口其实是一种强化衰竭缺口反转的信号，如图 3-14 所示。由于对称性缺口就像孤立的岛屿，所以也称孤岛反转形态，是一种极强的反转信号。

　　顶部岛型：市场价格先是强势上升，做多情绪极度高涨，主力为了出货，在市场顶部区域，让股价突然向上跳空，造成股价上涨的假象，吸引投资者争先恐后地买入；主力就顺势大量派发筹码，导致出现巨大的成交量，此后主力维持价格高位震荡，持续出货。在岛型的末端，主力的筹码基本派发完了，价格久攻不上，市场的多头力量开始枯竭，这样就容易造成价格向下跳空，从而形成对称缺口，看起来就像是顶部岛屿，所以称为顶部岛型，该形态中股价在高位震荡越久，后市反转力度就越强。

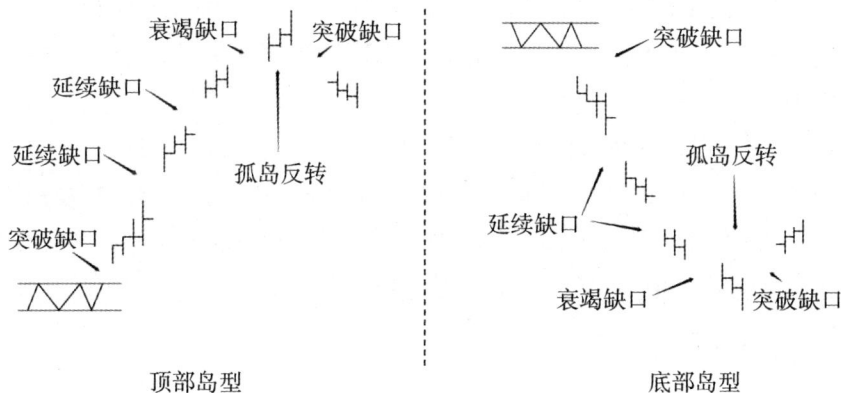

图 3-14

图 3-15 为贵阳银行日线级别 K 线图，行情时间跨度为 2017 年 9 月 22 日至 2018 年 6 月 22 日。图中所示，股价在顶部先是出现衰竭缺口，且伴随巨量成交；高位震荡拉锯之后，向下跳空产生突破缺口，从而形成了顶部岛型。此时是极其危险的信号，投资者应该快速离场，避开巨大的风险。图中可见，顶部岛屿形成后，股价大幅下跌。

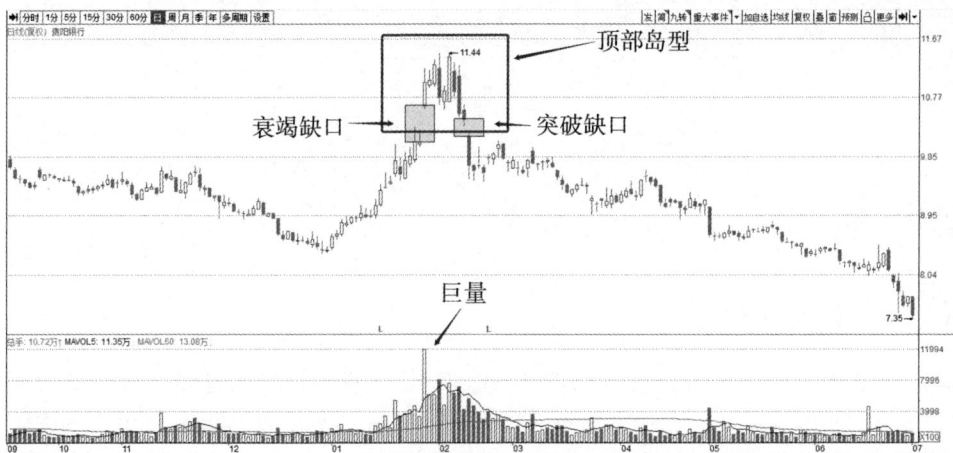

图 3-15

底部岛型：市场价格先是持续下跌，可能由于某个突发事件或者其他利空消息的出现，导致短时间内市场变得更加恐慌，大家都争先恐后地抛售手中的筹码，形成向下的跳空缺口。此后价格继续维持低迷的状态，成交量不断缩减，意志力不强的投资者不断被清理出局；主力则从中持续吸筹，待筹码吸收接近完毕之后，主力就让股价向上大幅跳空，以唤醒多头，这样就形成了对称缺口，看起来就像是底部岛屿，所以称为底部岛型，该形态中股价在低位震荡越久，后市上涨力度越强。

图 3-16 为石大胜华日线级别 K 线图，行情时间跨度为 2020 年 11 月 13 日至 2021 年 5 月 27 日。图中所示，股价在底部向下跳空，完成最后一跌；然后快速回升，向上跳空，从而形成底部岛型。此时是强烈看涨信号，应当及时买入，往往能获利丰厚。图中可见，股价一路大涨飙升。

图 3-16

# 3.5　跳　空

## 3.5.1　支撑阻力作用

跳空缺口是由于非理性买卖产生的，所以当理性回归的时候，行情就会回补缺口。理论上绝大部分跳空缺口或迟或早都会被填补，缺口若不被下一个次级行情封闭，则有可能由下一个中级行情回补，更远的也可能由下一个大行情所封闭。因此跳空缺口像一块磁铁一样，会将价格吸引过去。

根据上一节跳空形态的讲解，我们知道除普通缺口外，股价出现其他跳空缺口时，必定有一部分资金是未有效成交的，也就表示有很多投资者踏空了行情。在后续的行情中，当股价回调时，这些踏空资金很有可能进行买入或卖出，导致在缺口附近产生回档，因此跳空缺口的表现对股价具有支撑阻力的作用。当股价回补上升缺口时，往往会产生巨大的支撑；当股价回补下跌缺口时，往往会产生巨大的阻力；而一旦缺口短时间内被快速回补并越过，则行情反向运动的可能性极大，且一般会发生巨大的反转行情。

图 3-17 为青海春天日线级别 K 线图，行情时间跨度为 2019 年 10 月 10 日至 2020 年 7 月 14 日。图中所示，普通缺口对行情没有太大的意义，价格随意地在普通缺口附近上蹿下跳，不会体现任何支撑阻力性质，这主要是因为普通缺口因为行情波动过小，是较低的交易量造成的小幅滑空，并不存在大量未成交的预期资金，所以这种情况也并不会持续很久。

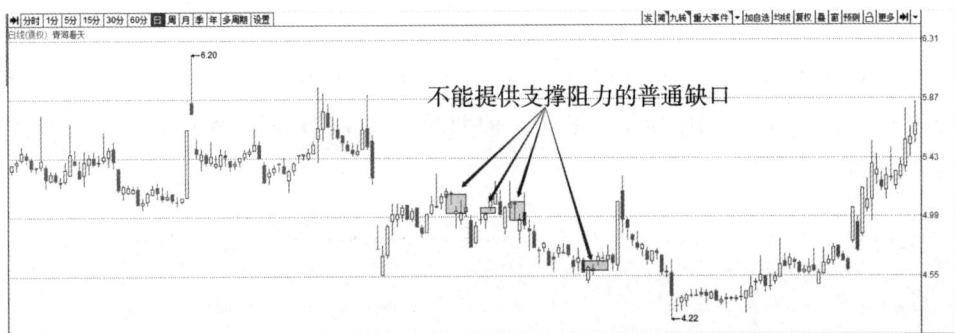

**图 3-17**

图 3-18 为北巴传媒日线级别 K 线图，行情时间跨度为 2021 年 1 月 16 日至 2020 年 7 月 31 日。图中所示，下降缺口对股价精准地起到了打压作用，股价第一次反弹到缺口上限时精准受阻，第二次反弹到缺口下限时候精准承压。

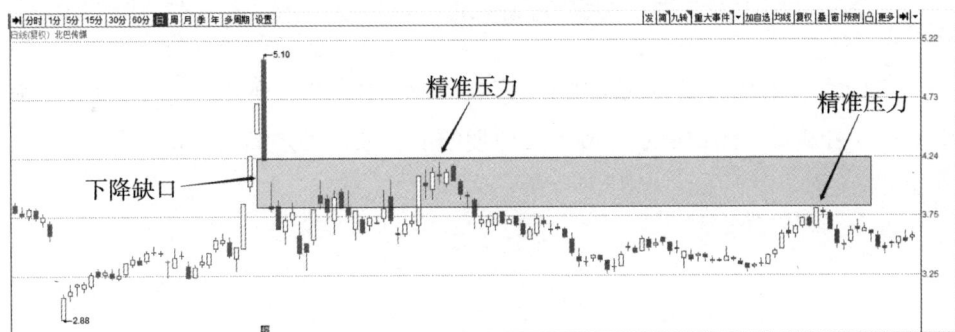

**图 3-18**

图 3-19 为五矿资本日线级别 K 线图，行情时间跨度为 2018 年 11 月 27 日至 2019 年 6 月 12 日。图中所示，上升缺口对股价精准地起到了支撑作用，每当回撤触及上升缺口时，股价就立刻反弹上升。

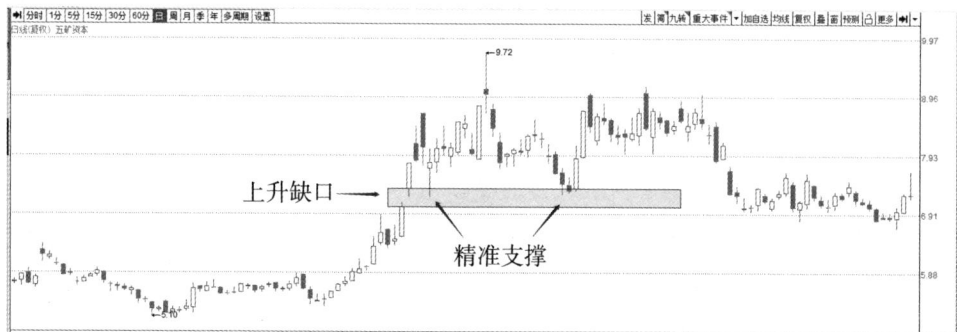

**图 3-19**

图 3-20 为盘江股份日线级别 K 线图，行情时间跨度为 2019 年 3 月 27 日至 2019 年 7 月 17 日。图中所示，股价在前期的下跌缺口精准持续受阻，压力非常明显。

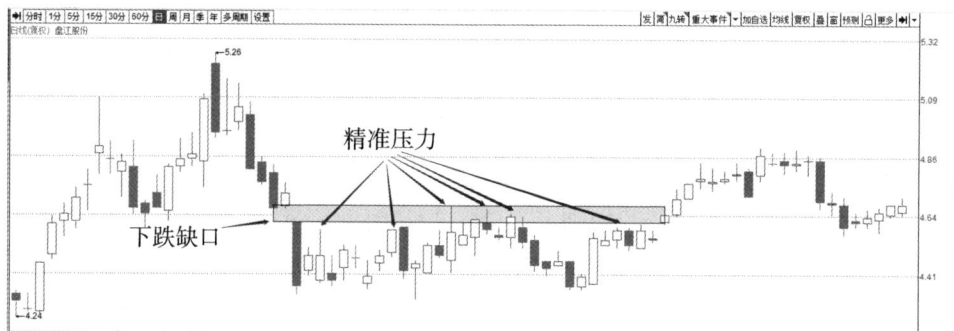

**图 3-20**

图 3-21 为航发科技日线级别 K 线图，行情时间跨度为 2019 年 12 月 6 日至 2020 年 9 月 9 日。图中所示，股价在前期的上升缺口，连续两次精准受到支撑，随后大幅上涨。

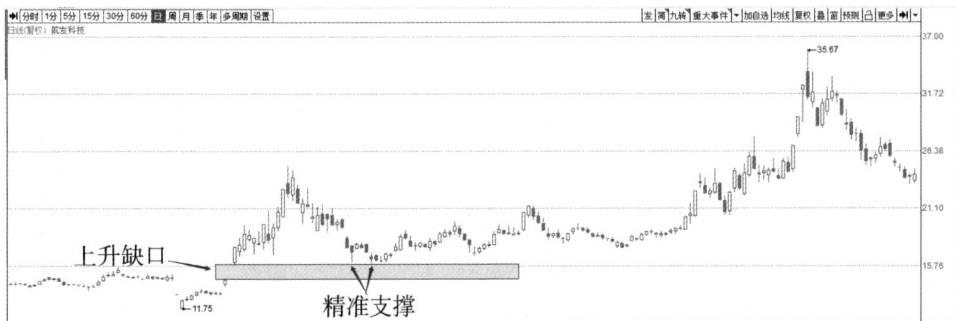

图 3-21

## 3.5.2 跳空的四种情况

因为跳空缺口对股价具有精准的支撑阻力作用，因此当股价出现上升缺口或涨破下跌缺口时就是重要的起涨点（当股价涨破下跌缺口时，根据支撑阻力转换原理，下跌缺口的压力就转换成了支撑）。

跳空起涨点主要有以下四种：

### 1. 跳空突破起涨点

当行情向上跳空突破重要支撑时为跳空突破起涨点。投资者在跳空突破起涨点买入时，要结合成交量放大，如果出现指标底背离，形态收敛等时机因素，则效果会更好。

图 3-22 为美迪西日线级别 K 线图，行情时间跨度为 2020 年 9 月 1 日至 2021 年 6 月 9 日。图中所示，股价向上跳空突破前期整理期的高点，且伴随成交量急剧放大，此时很容易出现快速上涨。图中可见，如果跳空后买入石头科技，则可轻松获利，股价迅速上涨近 160%，且入场点就是起涨点，亦是最低点。

图 3-23 为马钢股份日线级别 K 线图，行情时间跨度为 2021 年 4 月 21 日至 2022 年 1 月 19 日。图中所示，股价一直在矩形内震荡调整，突然向上跳空且伴随成交量放大，此时为最佳的起涨点，如果及时买进，往往会有不错的利润。图中可见，股价以缺口的方式突破收敛区间后，连续上涨。

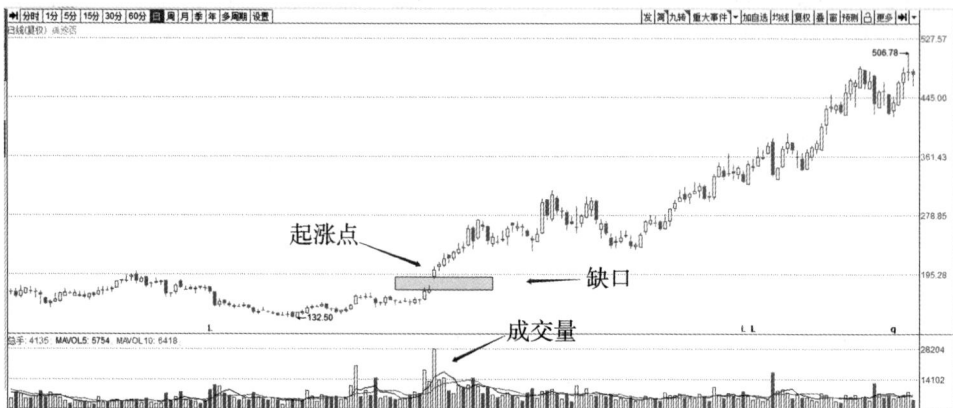

图 3-22

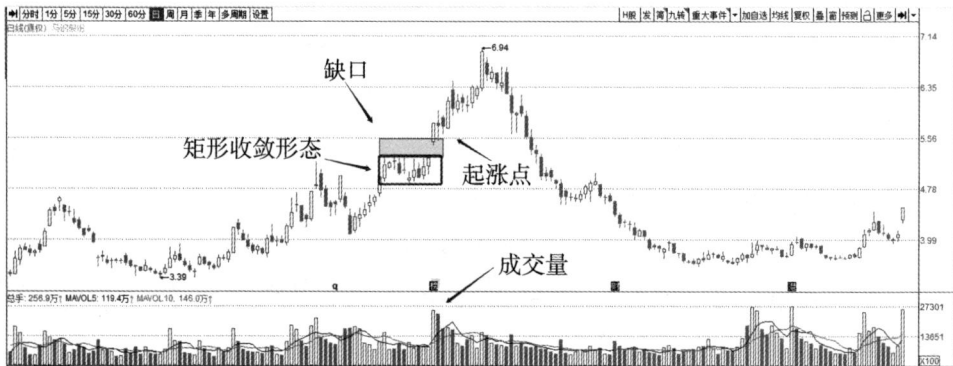

图 3-23

图 3-24 为瑞茂通日线级别 K 线图，行情时间跨度为 2018 年 9 月 28 日至 2019 年 7 月 9 日。图中所示，股价在底部 MACD 指标产生了底背离，预示行情可能见底，随后行情又向上跳空突破左边高点压力，且伴随成交量放大，那么此时就是最好的起涨点机会。图中可见，股票在起涨点位置迅速起飞，连番上涨。

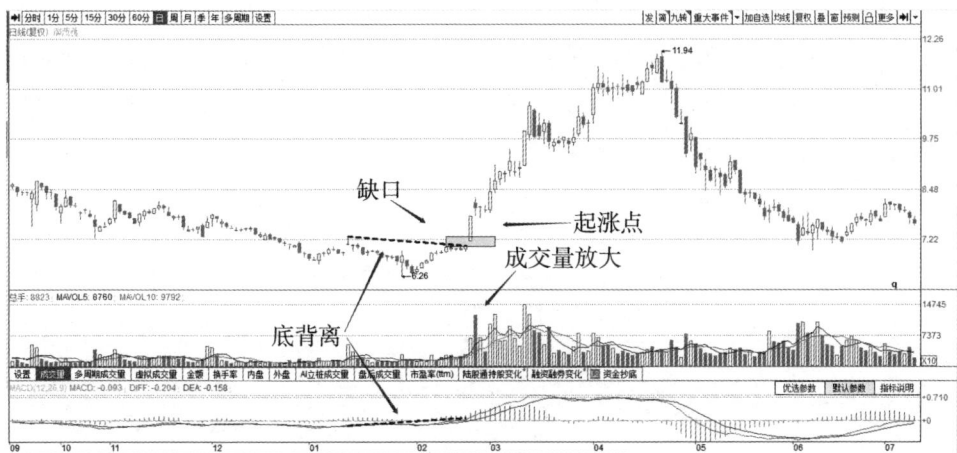

图 3-24

## 2. 一日反转起涨点

行情短时间内迅速反向回补并越过下降缺口时，为一日反转涨点，这种情况相当于 V 形反转形态。一日反转起涨点的出现，表明跳空行情的持续性不强，不过是虚晃一枪罢了，大多数出现在衰竭缺口上。这种情况下往往不用看成交量，直接买进，都能高概率买到行情的起涨点，当然结合成交量情况效果会更好一些。

图 3-25 为石头科技日线级别 K 线图，行情时间跨度为 2020 年 7 月 22 日至 2021 年 8 月 13 日。图中所示，股价向下跳空，形成下降缺口，但是行情立刻反向回升，且突破下降缺口，此时为强烈的买入信号。图中可见，如果等股价回升至缺口之上时买入石头科技，就基本抓住了行情的起涨点，到最高点可大幅盈利 60%。

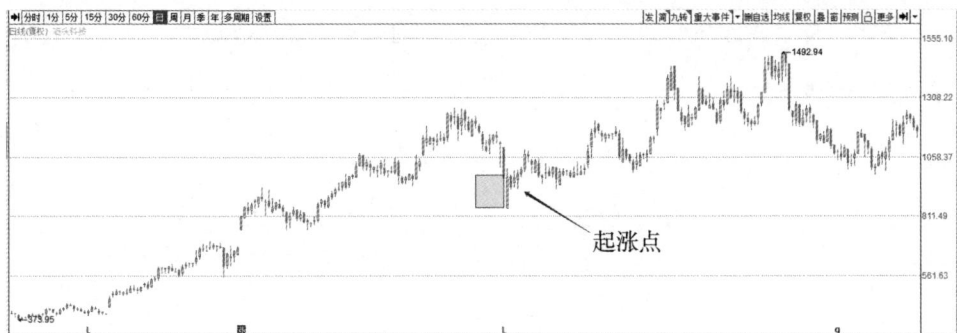

图 3-25

图 3-26 为广聚能源日线级别 K 线图，行情时间跨度为 2015 年 3 月 3 日至 2015 年 12 月 1 日。图中所示，股价低开高走，突破下降缺口，从地板涨到天花板，表示后市强烈看涨。图中可见，股价穿越缺口后，连续拉升，短短十个交易日就翻了一倍，强势程度令人瞠目结舌。

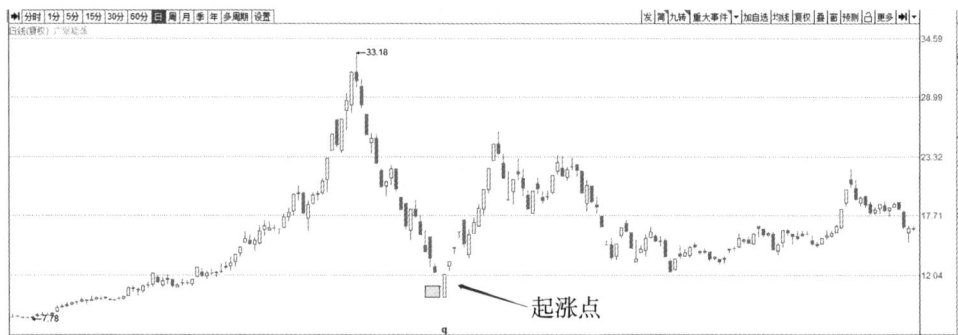

**图 3-26**

### 3. 突破缺口起涨点

下降缺口形成后，股价继续下跌探底，等行情开始逆转并突破前期的下降缺口时为突破缺口起涨点，这种起涨点往往也不用看成交量，因为发生了支撑阻力转换，股价已经确认涨势，后市上下的概率比较大。

图 3-27 为鸿泉物联日线级别 K 线图，行情时间跨度为 2021 年 4 月 21 日至 2022 年 1 月 19 日。图中所示，股价出现下跌缺口后，行情继续下行，待股价见底反转，向上突破缺口后，就是起涨点买入的时机。这是因为股价在缺口附近发生了支撑阻力转换，先前的压力变成了支撑，容易推升价格继续走强。图中可见，股价在突破缺口关键点后，向下回抽，但在缺口位置精准受到支撑，缺口像一个跳板一样，将股价直线弹飞，几个交易日内就上涨 20% 多。

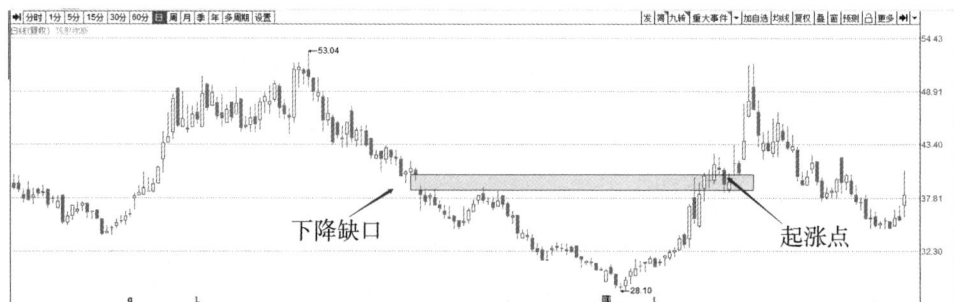

**图 3-27**

图 3-28 为中联重科日线级别 K 线图，行情时间跨度为 2008 年 1 月 23 日至 2010 年 2 月 1 日。图中可见，股价在底部形成了大级别的头肩底，并一举突破前期下降缺口，此时行情发生了支撑阻力转换，缺口压力变成了支撑，在随后的股价回撤中，精准支撑着股价。在大级别头肩底形态的加持下，此时是非常完美的起涨点时机。图中可见，中联重科股价也是在短短几个月之内上涨了近 160%。

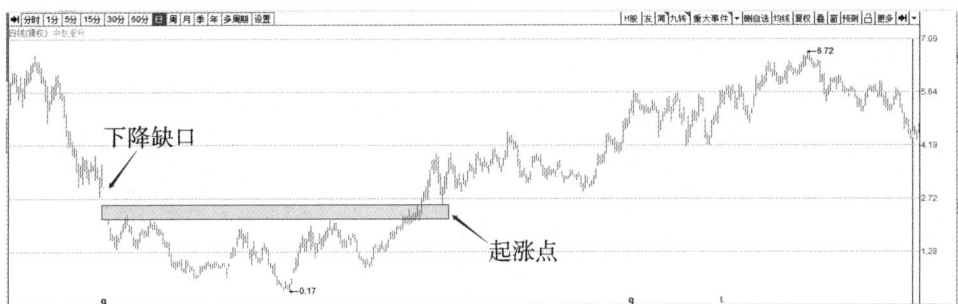

图 3-28

### 4. 孤岛反转起涨点

第四种是出现底部岛型后，直接买入，一般能抓到行情的起涨点，这类起涨点是行情采用跳空的方式突破前期所形成的缺口，代表的是行情更坚决的突破，是最具意义的起涨点，一般也不需要结合其他时机因素，即可直接买入，因为其本身有效性就非常强。

图 3-29 为启迪设计日线级别 K 线图，行情时间跨度为 2016 年 10 月 21 日至 2018 年 2 月 12 日。图中所示，股价在最后下跌阶段，向下跳空形成最后一跌，股价触底后，又以向上跳空的方式升穿前期的衰竭缺口，从而形成底部孤岛。此时不用借助任何时机因素，直接开仓买入，往往都能抓到起涨点，并大赚一笔。图 3-29 中可见，启迪设计不到 2 个月时间上涨了近 50%。

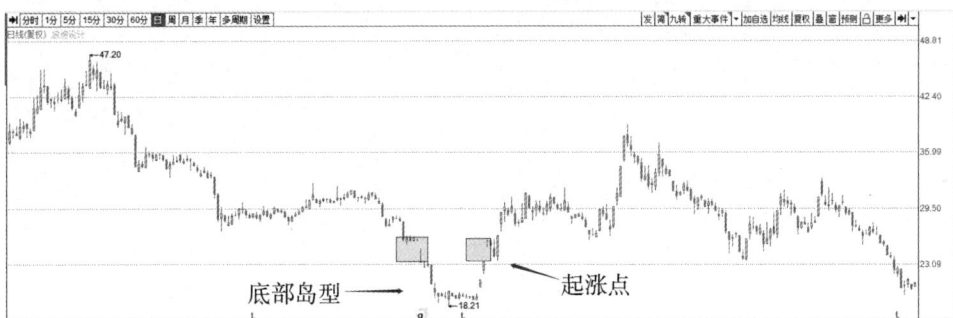

图 3-29

图 3-30 为川金诺日线级别 K 线图，行情时间跨度为 2018 年 7 月 19 日至 2019 年 1 月 28 日。图中所示，股价在行情末尾形成底部孤岛，这就是行情的起涨点。图中可见，股价随后连续跳空上涨，极具赚钱效应。

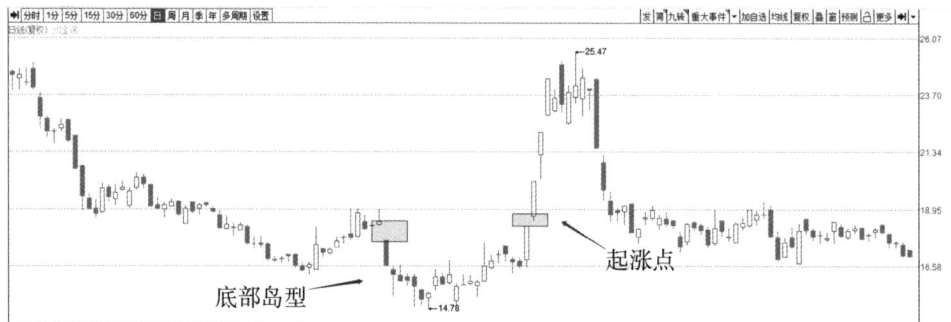

图 3-30

# 第四章　原始控制起涨点

原始控制起涨点是市场轮廓中，特定的峰值点所对应的股价，即原始控制点。股价每次回落至原始控制点位置时，都能高概率的反弹上涨，精准度也比较高，很容易一买就赚，因此原始控制点具有很强的起涨点效应。

## 4.1　市场轮廓

市场轮廓理论英文名为 Market Profile，是彼得·史泰米亚（J.Peter Steidlmayer）总结了近 30 年的期货市场经验后，提出的一套独特的观察、分析市场价格变化的新学说，又称四度空间（图 4-1）。

图 4-1

市场轮廓理论是以期货、股票市场作为分析、研究和观察的对象，为交易者提供新的思维方式和分析方法，该理论突破了传统图表分析和技术分析的框架，将市场成交量通过价格的纵向形式反映出来，记录了价格的停留时间，并从图像形态的变化中寻找市场中的逻辑关系，从而推测未来市场的发展方向。

图 4-1 为卓胜微日线级别 K 线图，行情时间跨度为 2020 年 2 月 5 日至 2021 年 11 月 25 日。图中所示，附图指标就是市场轮廓。

## 4.2 控制点

控制点是市场轮廓中成交时间最长的点，市场轮廓图形中的峰值对应的价格就是控制价格。通常情况下市场轮廓中只有一个控制点，有时候也存在两个或两个以上控制点，且有时候也可能是一个价格区域。

图 4-2 为福耀玻璃日线级别 K 线图，行情时间跨度为 2020 年 2 月 5 日至 2021 年 11 月 25 日。图中所示，市场轮廓图形呈单峰形，所以股价只有一个单峰控制点。

图 4-2

图 4-3 为园林科技日线级别 K 线图，行情时间跨度为 2021 年 3 月 18 日至 2021 年 11 月 25 日。图中所示，市场轮廓图形呈双峰形，所以股价有两个控制点。

图 4-4 为深华发 A 日线级别 K 线图，行情时间跨度为 2018 年 6 月 13 日至

2022 年 1 月 21 日。图中所示，市场轮廓图形呈钝形，所以股价的控制点是一个价格区域。

图 4-3

图 4-4

一般来说，单峰或者双峰的市场轮廓图才具有操作指导意义，因为我们可以准确地找到市场的某一个具体价位作为控制点。而过于钝形的市场轮廓图参考意义不大，因为钝形的市场轮廓往往代表宽幅的价格波动，其控制点往往对应的是一个价格区间，不能具体到某一点，因此不具有实际操作指导意义。

## 4.3　控制区域和控制线

控制线是指在K线图上穿过控制点的一条直线，比市场轮廓指标更能直观地分析行情。而画控制线需要借助成交密集区，因此我们先讲成交密集区和控制点之间的关系。

成交密集区是指市场在涨跌过程中，总会出现一些成交量集中的时段。从K线图形看，股价的涨跌过程，无论是周K线或日K线，都会在某价格区域内停留一段时间，少则几条多则几十条，所以成交密集区是K线集中且成交量大的区域。而控制点记录的是持续最长时间的价格，所以价格成交密集区必定包含控制点，因此我们把密集成交区称为控制区域。

图4-5为金城医药日线级别K线图，行情时间跨度为2016年9月13日至2022年1月21日。图中所示，成交密集区我们称之为股价的控制区域。

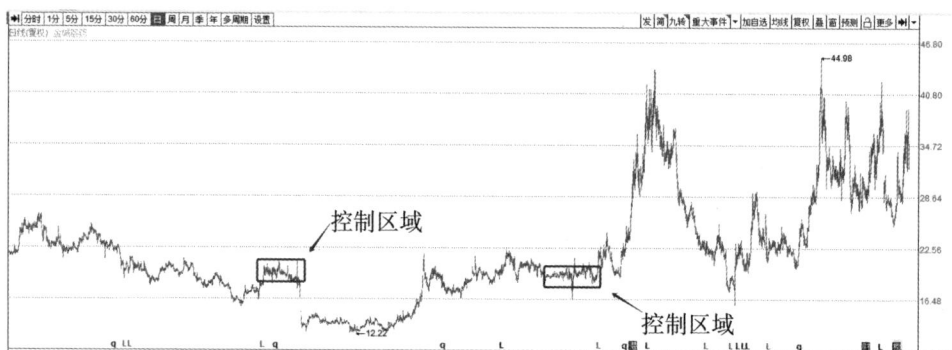

**图4-5**

图4-6为德艺文创日线级别K线图，行情时间跨度为2018年7月31日至2020年5月19日。图中所示，虚线为停留时间最长的价格，很明显持续时间最长的价格点明显落在了密集成交区，因此控制点一定是在密集成交区。

结合市场轮廓的定义，我们可以知道，在控制区域（即密集成交区）成交次数最多的价格就是控制点，我们把穿过控制点的直线称为控制线。控制线在图表上显示为穿过 K 线柱最多的一条直线，通过控制线我们能更直观地分析后市行情走向，等待买卖机会。

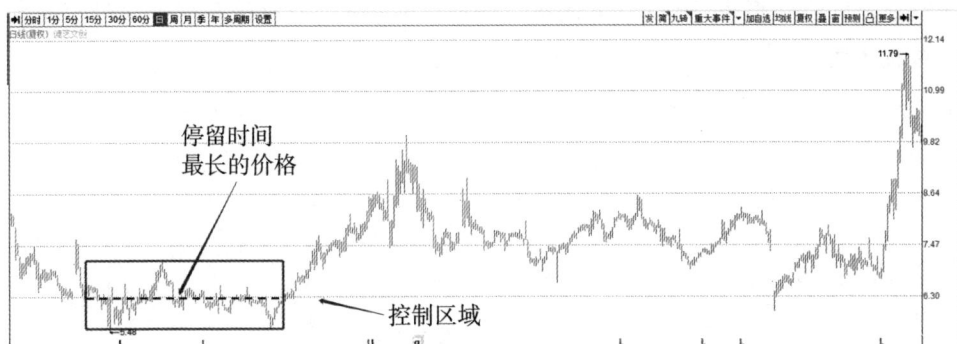

图 4-6

图 4-7 为泰格医药日线级别 K 线图，行情时间跨度为 2020 年 9 月 29 日至 2021 年 3 月 5 日。如图所示，泰格医药的控制点是在 123 元附近，而控制区域中成交次数最多的价格点也是在 123 元附近，因此 123 元就是股价的控制点，且 123 元所对应的水平直线就是控制线。

图 4-7

图 4-8 为深圳能源日线级别 K 线图，行情时间跨度为 2020 年 7 月 7 日至 2021 年 11 月 2 日。如图所示，深圳能源的控制点是 5.7 元，而控制区域中成交次数最多的价格点也是在 5.7 元附近，因此 5.7 元就是股价控制点，其对应的水平直线就是控制线。

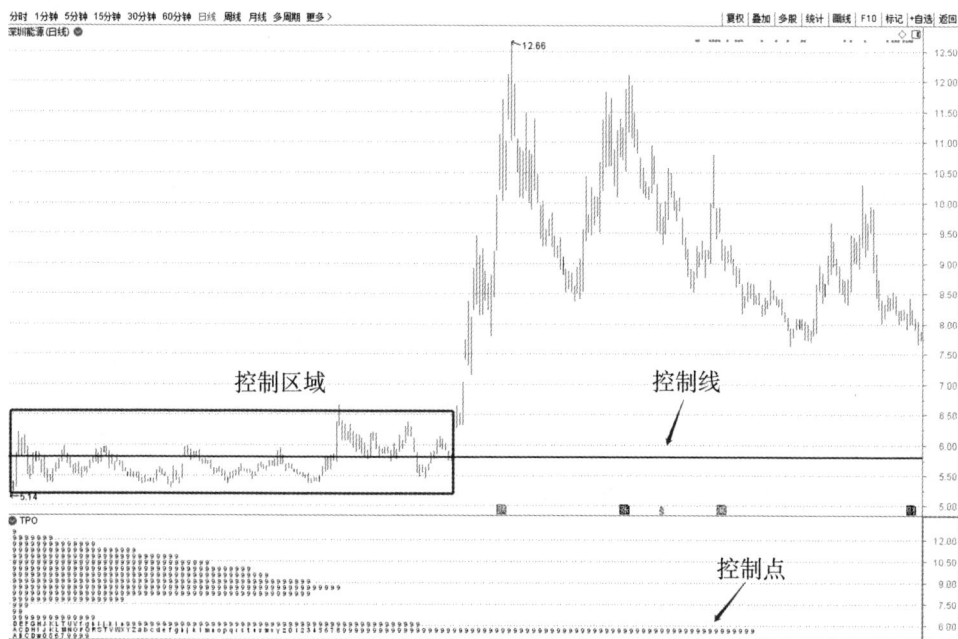

图 4-8

控制区域的价格处于平台整理期，波动范围一般很小，我们可以简单地画一条穿越控制区域价格次数最多的水平线，那么该水平线就是控制线。

图 4-9 为紫金矿业日线级别 K 线图，行情时间跨度为 2019 年 1 月 4 日至 2020 年 10 月 29 日。图中所示，控制线 2.93 元大致穿过股价控制区域的 K 线个数最多，那么该价位就是控制点。

控制线其实和筹码峰具有异曲同工之妙。筹码分布指标（CYQ）是将市场交易的筹码画成一条条横线，其数量共 100 条，该横线在价格空间内所处的位置代表指数或股价的高低，其长短代表该价位筹码数量的多少。筹码分布计算的是在某价格上的持股数量，筹码峰代表在该价格上持股数量最多；而控制点处股价成交时间最长，成交次数最多，往往在该位置持有数量也会是最多的。所以控制线往往和筹码峰处于同一价格位置。

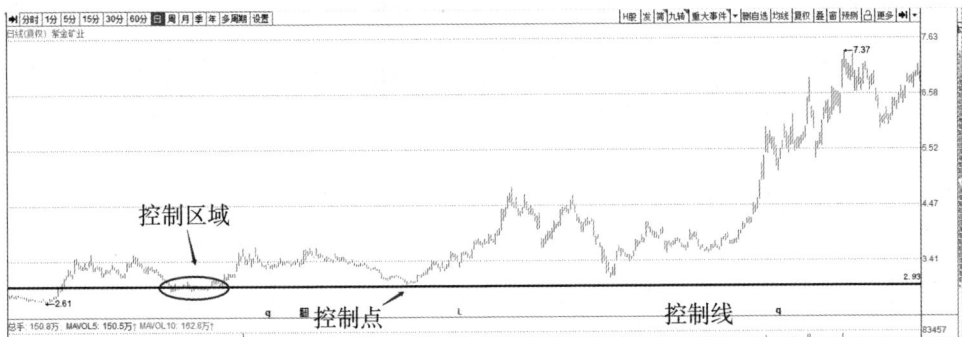

图 4-9

图 4-10 为中远海控日线级别 K 线图，行情时间跨度为 2018 年 6 月 1 日至 2020 年 3 月 7 日。图中所示，右边是筹码分布，控制线基本和筹码峰处在同一价格之上。

图 4-10

图 4-11 为中国神华 A 日线级别 K 线图，行情时间跨度为 2020 年 4 月 20 日至 2022 年 1 月 21 日。图中所示，筹码峰和控制线基本同处在 14.66 元左右。

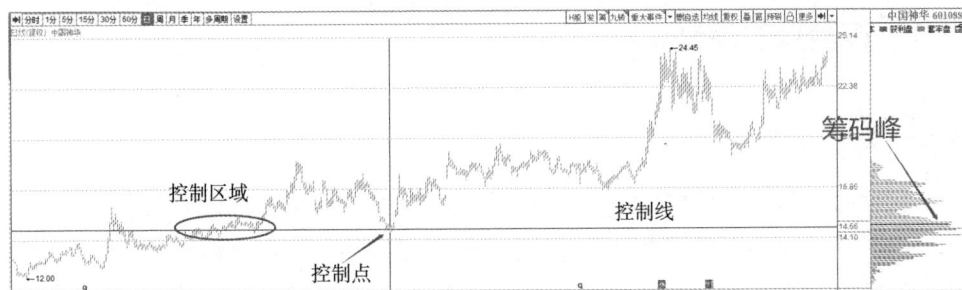

图 4-11

图 4-12 为致远新能 A 日线级别 K 线图，行情时间跨度为 2021 年 4 月 29 日

至 2022 年 1 月 21 日。图中所示，筹码峰和控制线都处于 27.14 元附近。

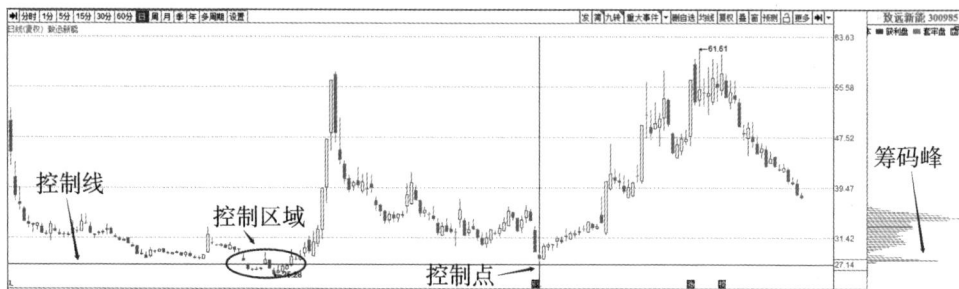

**图 4-12**

多数时候我们可以参考筹码峰绘制控制线，但有时候筹码峰与原始控制点的价位并不相同。

图 4-13 为晶华新材日线级别 K 线图，行情时间跨度为 2020 年 11 月 16 日至 2021 年 12 月 9 日。图中所示，晶华新材股价的原始控制点在 8.66 元左右，而其筹码峰在 9.9 元附近，这是因为 9.9 元的筹码峰是新形成的股价原始控制点。

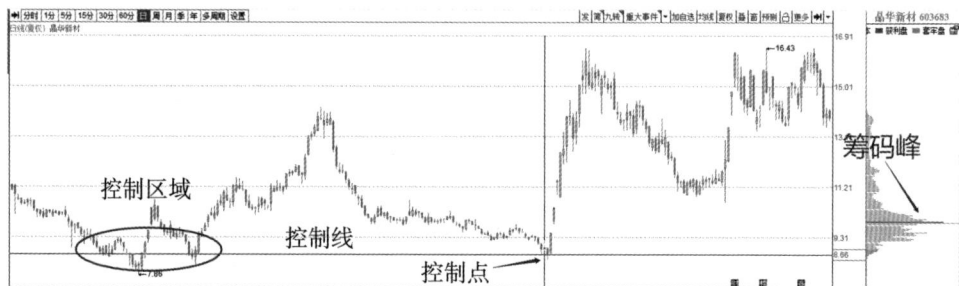

**图 4-13**

## 4.4  控制点的意义

### 4.4.1  磁性作用

经济理论认为，价格是围绕价值波动的。在股票市场中，价格与价值永远会出现分歧，在市场中供需双方决定的成交价就是价格，这些价格可以在很短时间内出现在任何价位，所以价格不等于市场价值。但是，如果在很长一段时间内，很多交易都发生在某一个价位，那么这个价格，就是在这一时间段内被市场认可的合理价格，也就是市场价值；相反，如果市场不认可这个价格，那么市场就会在这个价格上停留较短的时间。

从行为学上来说，人们只愿意做自己认为有价值的事情，而无价值的事情是没有人做的。比如，当某一家首饰店的珠宝质量好、价格又实惠时，那么人们就倾向常去该店铺消费，因为人们认为该珠宝店的首饰是有价值的。与此相同，在市场上，当投资者认为在某个价格较合理时，他们也会倾向在该价格参与交易；当大量的人认为该价格合理时，价格就会在该位置畅通无阻地成交，那么这个价格就代表了真实价值。所以当某一个价格被大量成交的时候，它就能反映真实价值。

根据供需理论，当市场高于合理价格时，人们会倾向减少购买，促使价格跌到合理位置；当市场价格低于合理价格时，人们会增加购买，促使价格升到合理位置。所以合理价格就像一块磁铁，能吸引控制价格的运行，所以称这个合理价格为控制点。

图 4-14 为迈为股份日线级别 K 线图，行情时间跨度为 2020 年 6 月 18 日至 2021 年 7 月 14 日。图中所示，迈为股份价格大涨，但受到控制点的吸引作用，从高位 400 元附近大幅回落至控制点 219 元附近。

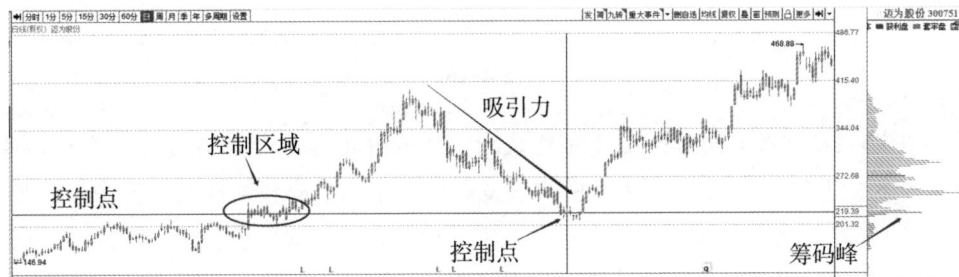

图 4-14

图 4-15 为蓝色光标日线级别 K 线图，行情时间跨度为 2019 年 6 月 3 日至 2020 年 6 月 29 日。图中所示，虽然股价突破控制区域，直线飙升，但是价格好像受到控制点的强大吸引，最终还是被"吸"回了原位。

当股价开始上涨时，往往它都会被前一轮的控制点所吸引，直到到达该位置才会停住脚步。

图 4-16 为顺灏股份日线级别 K 线图，行情时间跨度为 2019 年 6 月 25 日至 2021 年 4 月 6 日。图中所示，顺灏股份一路上涨，中间基本没有大的回调，直到到达控制点附近才结束上涨势头。

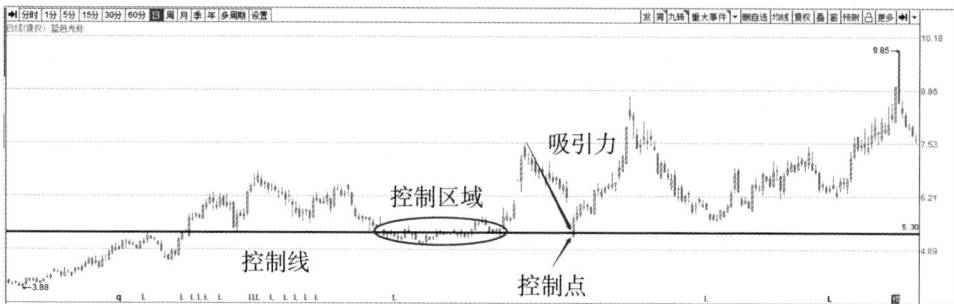

图 4-15

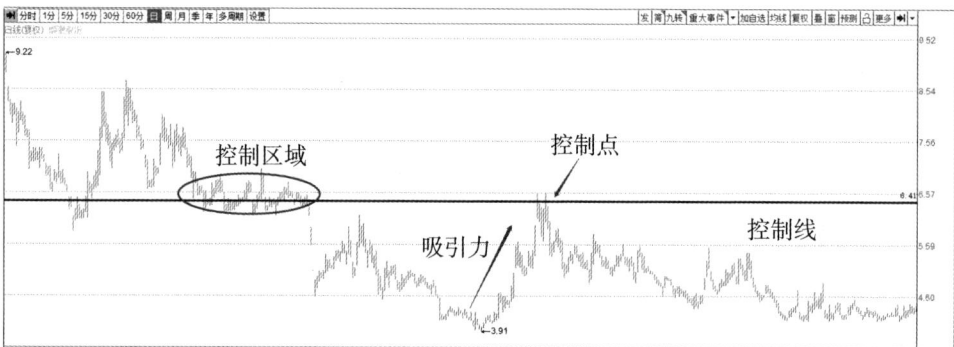

图 4-16

　　图 4-17 为惠发食品日线级别 K 线图，行情时间跨度为 2017 年 6 月 20 日至 2022 年 1 月 21 日。图中所示，股价快速飙升，中间没有任何停留，就像着了魔一样直奔控制点，就像控制点有某种磁力一样，强劲地吸引着价格，然而当价格刚一触及控制点又向下跳水，这看起来是非常神奇的。

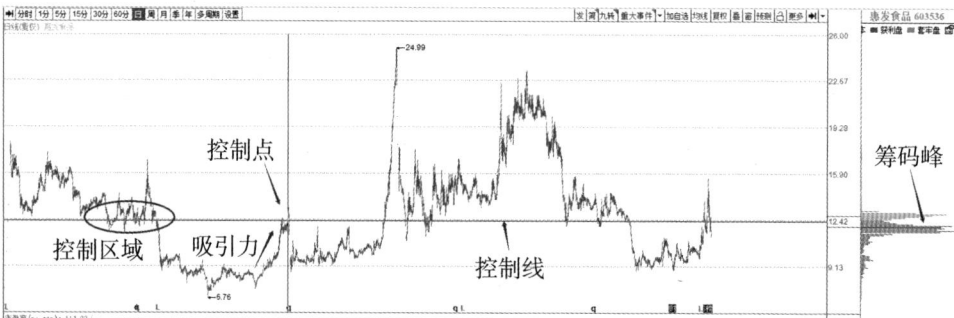

图 4-17

　　控制点的价格吸引作用给我们的启发是不要过早买入股票，一定要耐心等待，股价一般都会被"吸"回至控制点。因为控制点是代表合理价值区域的，一旦股价远离合理价值区域，往往都会产生价值回归。

图 4-18 为星湖科技日线级别 K 线图，行情时间跨度为 2019 年 10 月 15 日至 2020 年 11 月 9 日。图中所示，虽然股价直线上涨，但后市一样被控制点"吸"回了原位。

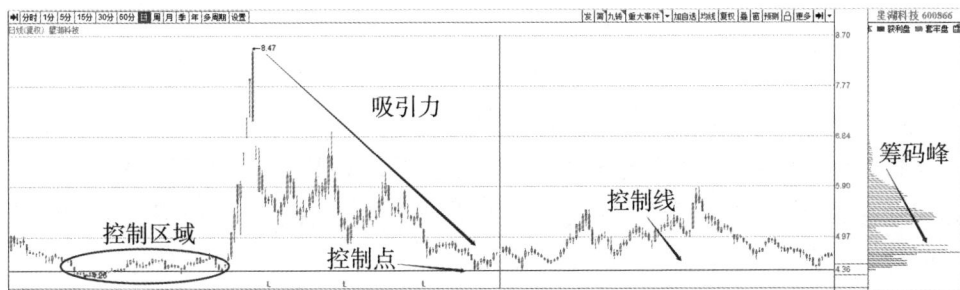

**图 4-18**

图 4-19 为海大集团日线级别 K 线图，行情时间跨度为 2020 年 4 月 17 日至 2022 年 1 月 21 日。图中所示，当股价在高位下跌时，不要急于抄底，应该锚定控制点，不跌到控制点不轻易进场。图中可见，海大集团在高位来回震荡，最终还是跌到了控制点位置，且随后又精准反弹上涨。

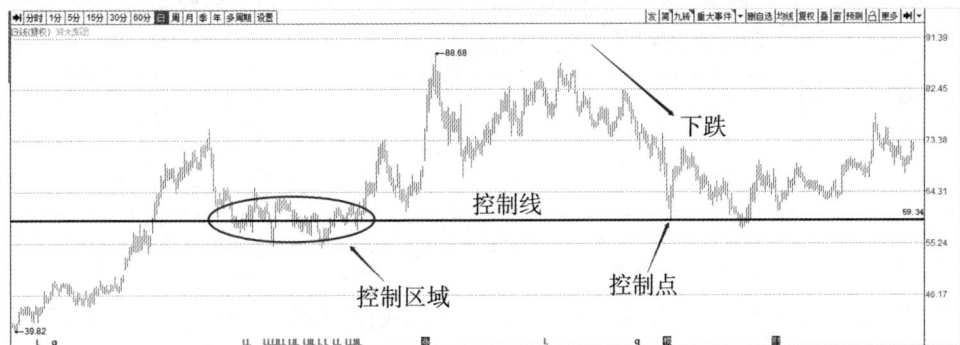

**图 4-19**

图 4-20 为贵州茅台日线级别 K 线图，行情时间跨度为 2020 年 4 月 17 日至 2022 年 1 月 21 日。图中所示，贵州茅台在 2 608 元附近见顶下跌，虽然下跌途中数次反攻，但最终还是被控制点强大的吸引力给"吸"了下来。因此，如果想抄底贵州茅台，应该等股价回落至控制点 1 648 元附近才可以买入。图中可见，股价刚好跌至 1 648 元附近就开始大幅反攻。

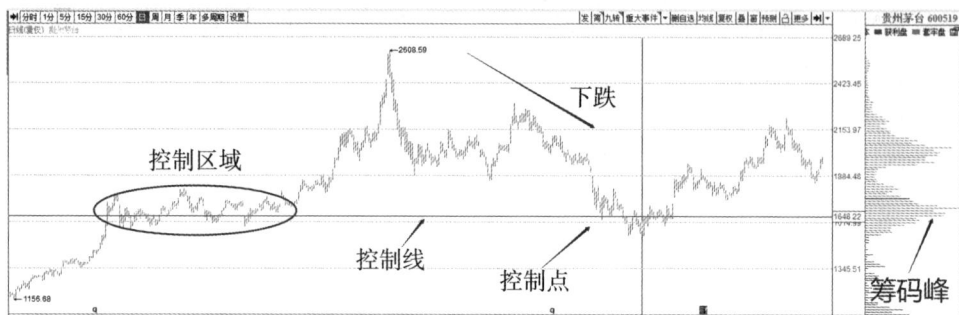

**图 4-20**

控制点的价格吸引作用给我们的另一个启发是不要过早卖出正确的股票，一定要耐心持有，让利润奔跑，股价一般都会被"吸"回控制点的，这是最少的目标价位。

图 4-21 为浙江鼎力日线级别 K 线图，行情时间跨度为 2020 年 4 月 10 日至 2022 年 1 月 21 日。图中所示，股价虽然上涨非常缓慢，一步三折，但最后还是涨回了控制点附近。

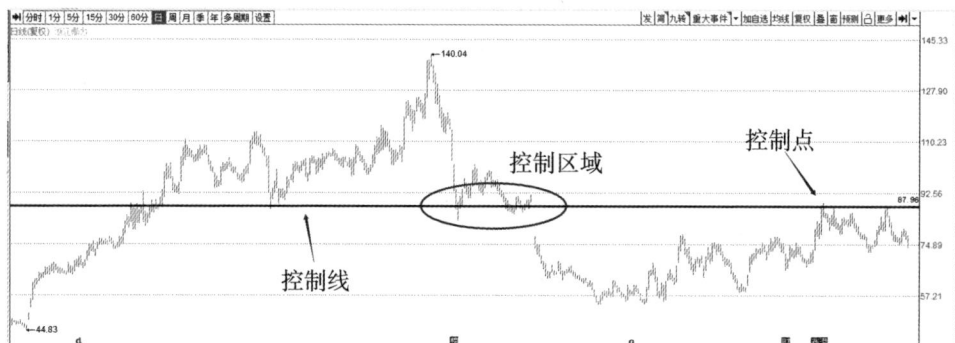

**图 4-21**

图 4-22 为惠发食品日线级别 K 线图，行情时间跨度为 2020 年 4 月 17 日至 2022 年 1 月 21 日。图中所示，如果在底部买入了股票，那么一定要耐心持有，至少要等股价达到控制点才可以出场。因为根据控制点的磁性作用，股价大概率会被吸引到这个价格。图中可见，惠发食品最终也是上涨到了控制点价位。

图 4-23 为路畅科技日线级别 K 线图，行情时间跨度为 2018 年 1 月 12 日至 2019 年 10 月 29 日。图中所示，路畅科技直接飙升，如果你手中持有该股票，那么应该坚持拿到控制点 41 元附近再出场才是最明智的。图中可见，股价强劲上涨，直到触及 41 元，才精准坚定下跌。

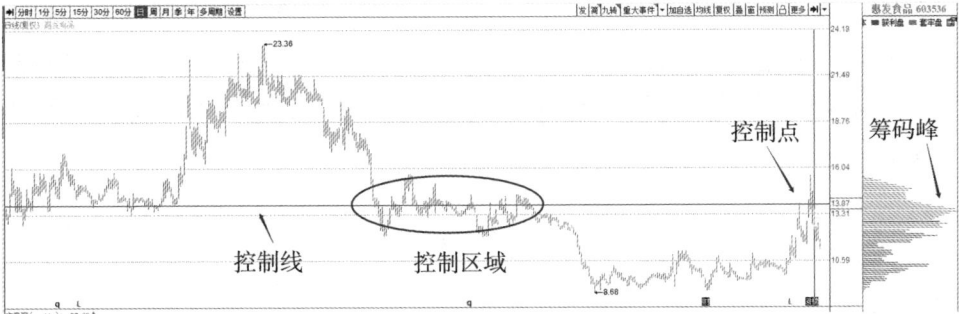

图 4-22

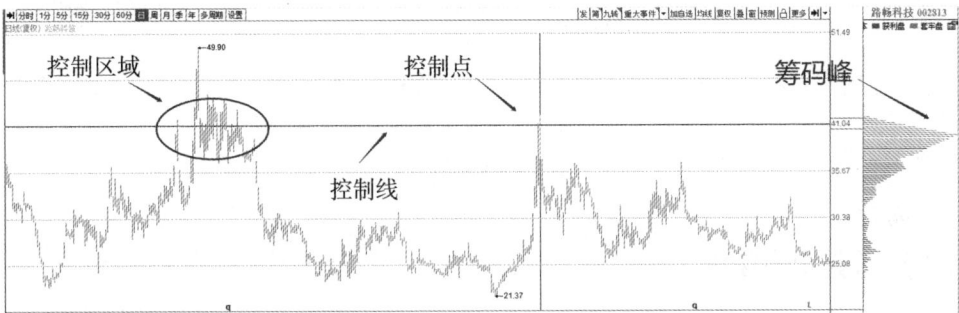

图 4-23

　　控制区域越收敛，蓄势越长，控制点对股价的吸引力就越大。理论上只要控制点的吸引力度够强，不管价格涨多高，都能被吸引下来。所以一旦股票处于下跌趋势中，一定要等跌到最强的那一个控制点，才可以入市买进。

　　图 4-24 为力帆科技日线级别 K 线图，行情时间跨度为 2014 年 6 月 3 日至 2016 年 4 月 29 日。图中所示，股票不到 4 个月时间上涨 3 倍，但股价上涨前，在控制区域长时间震荡蓄势，形成了强大的控制点，最后还是把价格全部"吸"了下来，力帆科技股价时隔 2 个月再度被打回原形。

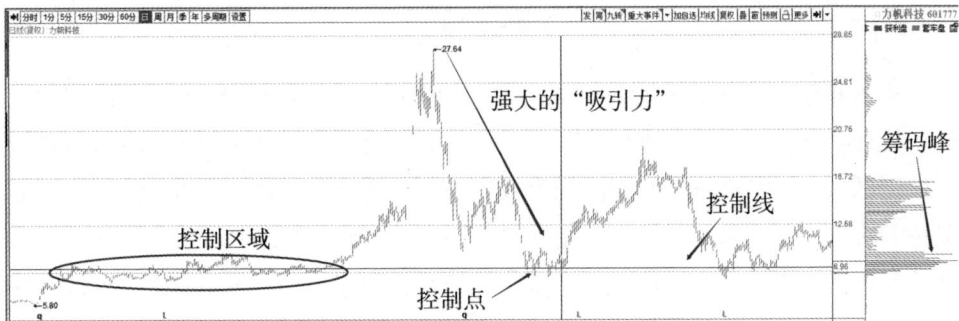

图 4-24

图 4-25 为文灿股份日线级别 K 线图，行情时间跨度为 2014 年 6 月 3 日至
2016 年 4 月 29 日。图中所示，2020 年文灿股份股价处于熊市之中，对于这只股
票，应该耐心等它跌至底部最强的控制点后，方可抄底买进。图中可见，股价跌
至控制点后，才停止下跌，反转大涨。

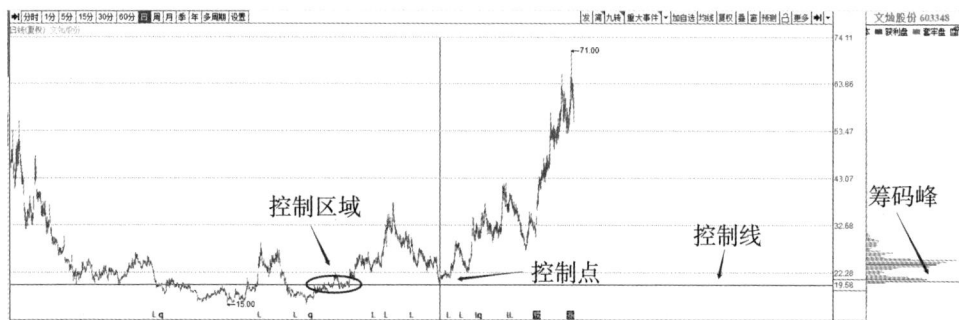

图 4-25

## 4.4.2 支撑阻力作用

控制点对股价具有支撑阻力作用，对此我们可以从两个角度分析论证：第一
是价值角度，第二是控制点本身角度（图 4-26）。

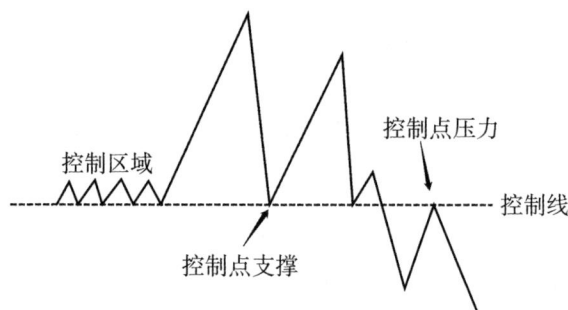

图 4-26

价值角度：根据控制点的磁性作用，我们可以知道当价格大涨远离控制点
时，往往都会产生回档，进行价值修复。然而股价一旦重新回归至合理价值区域
即控制区域时，那么逐利心理和锚定效应，会促使投资者再次买入，这就会引起
股价的再次上涨，从而对股价产生支撑作用。而当股价跌穿合理价值区域时，会
导致投资者亏损，从而让他们认为该价位是不合理的，那么一旦后市再度回升触
及该价位时，他们就会抛售股票或者停止买入，这样控制点又对股价产生了阻力

作用。总的来说，控制点对股价具有重要的支撑阻力作用。

控制点本身角度：价值不是一成不变的，同一事物，不同时间所对应的价值可能也不一样，所以控制点会不断发生变化。因此随着价格的不断变化，在不同的时间段会形成新的控制点，也就是形成新的价值控制区域，因为控制线对价格具有吸引力作用，因此当价格运行于不同的控制点之间时，它们会对价格形成支撑阻力作用，如图 4-26 所示。

比如，A、B 两个控制点，A 点的价格高于 B 点，假设股价运行于 A、B 两点之间。当股价下跌靠近 A 点时，一方面由于控制点对价格具有吸引力作用，所以 B 点会产生对股价向上的吸引力；另一方面当股价欲跌破 A 点时，价格低于人们心理预期的合理价格，他们就会加大购买量，便会对股价起到支撑作用。因为 B 点的吸引力和 A 点的支撑力都是向上，所以在控制点时，股价易涨难跌，表现为控制点 B 对股价具有很强的支撑作用。同理，B 点对股价具有很强的压力作用。又因为控制点是价值中枢，所以它是市场最真实的支撑阻力，效果远远强于高低点和趋势通道上下轨等所产生的支撑阻力性质。

图 4-27 为泰格医药日线级别 K 线图，行情时间跨度为 2020 年 9 月 30 日至 2021 年 9 月 28 日。图中所示，控制区域 A 和 B 形成的控制点我们分别称为控制点 A 和控制点 B。当价格在控制区域 A 上方运行时，控制点 A 对价格就有支撑作用，当价格回落至控制点 A 时，价格受到支撑作用而大幅上涨；当价格在控制区域 B 下方运行时，控制点 B 对价格就有压力作用，当价格反弹至控制线 B 时，价格受到压力作用而大幅下跌。

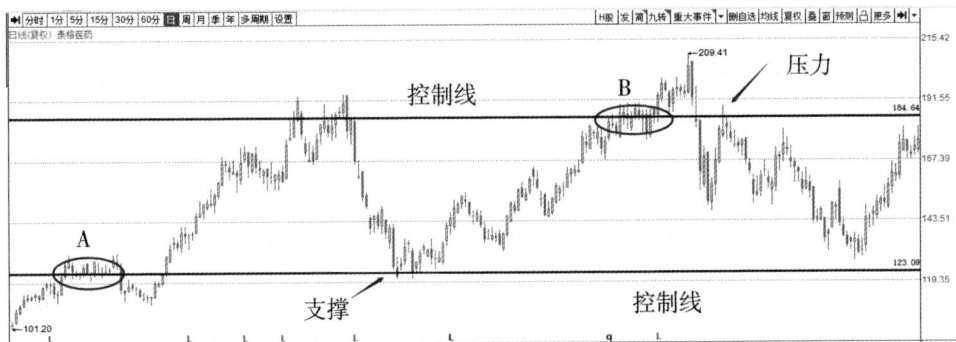

图 4-27

图 4-28 为宏辉果蔬日线级别 K 线图，行情时间跨度为 2019 年 10 月 23 日至 2021 年 8 月 2 日。图中所示，当股价回落至控制点 C 时，快速反弹大涨，体

现了控制点 C 对股价的支撑作用；当股价反弹至控制点 C 时，精准下跌，体现了控制线 D 对股价的压力作用。

控制区域越收敛，蓄势越长，控制点对股价的支撑阻力就越大。

图 4-29 为天合光能日线级别 K 线图，行情时间跨度为 2020 年 6 月 10 日至 2022 年 1 月 21 日。图中所示，股价在控制区域长时间收敛蓄势，从而形成了强大的控制点，该控制点对股价具有强劲的支撑。图中可见，后市当股价再次回落触及控制点时，价格始终不能跌下去，并随后展开了一波大幅上涨行情，半年左右股价就翻了 5 倍。

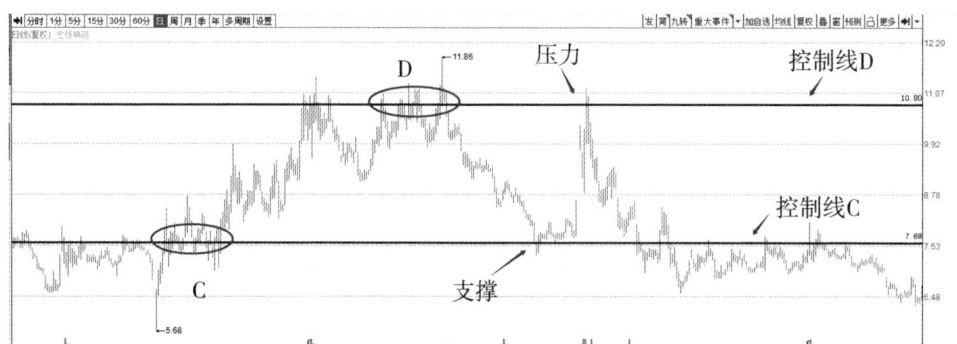

图 4-28

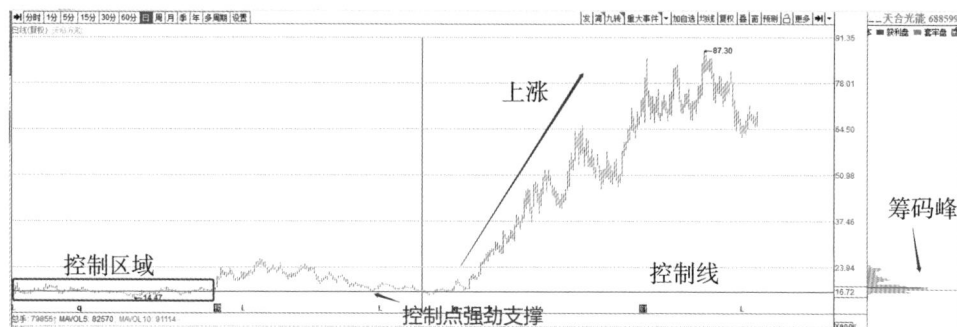

图 4-29

股价一般总会在底部阶段持续巩固很长时间，而在高位长时间收敛蓄势的情况并不多见，但一旦出现明显的收敛蓄势，控制区域就会对股价产生较强的压力，收敛蓄势程度越强，控制点的压力就会越强。

图 4-30 为露笑科技日线级别 K 线图，行情时间跨度为 2020 年 6 月 10 日至 2022 年 1 月 21 日。图中所示，股价在控制区域长时间收敛蓄势，随后选择下

行，那么控制区域形成的控制点就会对股价产生强大的压力。图中所示，股价后市两次触及控制点都被强劲打压，迅速回落。

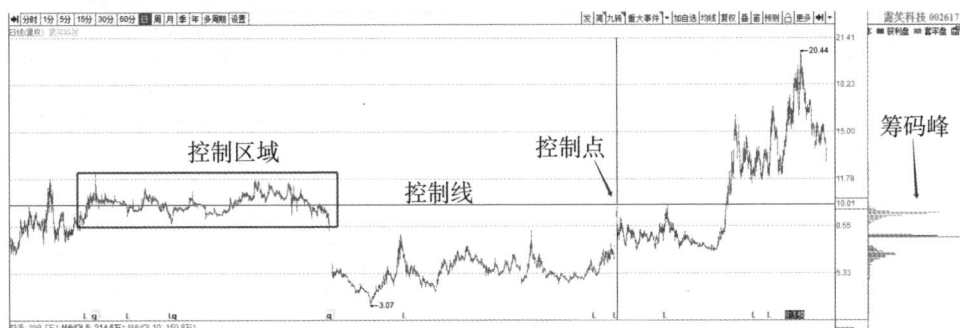

图 4-30

## 4.4 原始控制点

原始控制点是指那些市场未曾触及或者再次达到的控制点。

图 4-31 为康泰生物日线级别 K 线图，行情时间跨度为 2017 年 2 月 13 日至 2022 年 1 月 21 日。图中所示，结合筹码峰和控制区域，我们可以确定股价控制点位于 48.49 元附近，但这个价位还从未被触及，所以 48.49 元是股价下方的原始控制点。

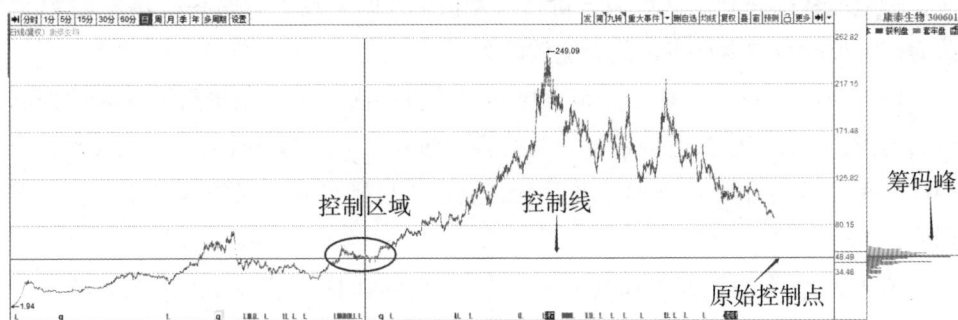

图 4-31

图 4-32 为爱尔眼科日线级别 K 线图，行情时间跨度为 2021 年 1 月 4 日至 2022 年 1 月 21 日。图中所示，股价在下跌过程中，形成了控制区域，结合筹码峰和控制区域，我们可以确定股价的控制点位于 47.5 元附近，但这个价位还未被反弹触及，所以 47.5 元是股价上方的原始控制点。

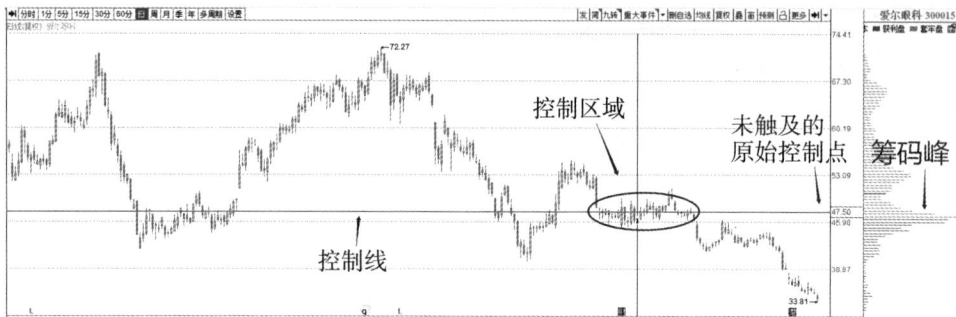

图 4-32

从行为学上讲，当一个人去一家餐厅吃饭，他觉得非常好吃，那么他会非常想再去光临这家餐厅，但是随着次数的增多，他也会慢慢觉得没那么好吃了。再从哲学角度上讲，人们是通过普遍现象认知事物的，第一次觉得某个价格非常适合你时，你会觉得很划算，因而购买欲望非常强烈，但是当这个价格多次刺激你时，你也就习以为常了。

交易也是如此，股价的波段实质是交易行为的结果，而交易行为取决于人性。人性对于第一次总是情有独钟，所以反映在股价上面就会形成最强大的支撑阻力。

根据近期锚定效应和偏好理论，投资者如果在某个价格买入成功获得利润，那么当行情再次回撤至该价位的时候，他就会锚定之前的成本价，倾向再次买入，希望能从中获利。然后当该价格反复被触及时，投资者的兴致会大大降低，认为该价位已经成为常态，而非绝佳的买入时机。

所以原始控制点具有比控制点更强大的价格吸引力，当价格触及原始控制点的时候，往往都会快速回档，一买就赚。而当原始控制点被第一次触及时，回档的概率非常高且幅度也大，之后就变成常规控制点，市场的反应度也会大大降低。

图 4-33 为泰格医药日线级别 K 线图，行情时间跨度为 2020 年 4 月 10 日至 2021 年 11 月 26 日。如图所示，股价在密集成交区形成了原始控制点，后市第一次触及原始控制点 123 元附近后，精准反弹，买入就开始赚；当价格二度回落时，原始控制点就变成了一般控制点，还未触及 123 元就开始上涨，并且反弹的力度也小于第一次。

图 4-34 为金龙鱼日线级别 K 线图，行情时间跨度为 2020 年 10 月 15 日至 2021 年 11 月 26 日。如图所示，当价格未二次触及 C 点、D 点之前，它们都是

原始控制点，D 点的时间近一些。图中我们可以看到，当价格二次触及控制点 D 时，精准反弹大涨；而当价格二次触及时间稍远一点的控制点 D 时，价格直接下穿控制点 D 且只稍微反弹了一点。这也可以说明，时间越近的控制点发挥的力度越强。

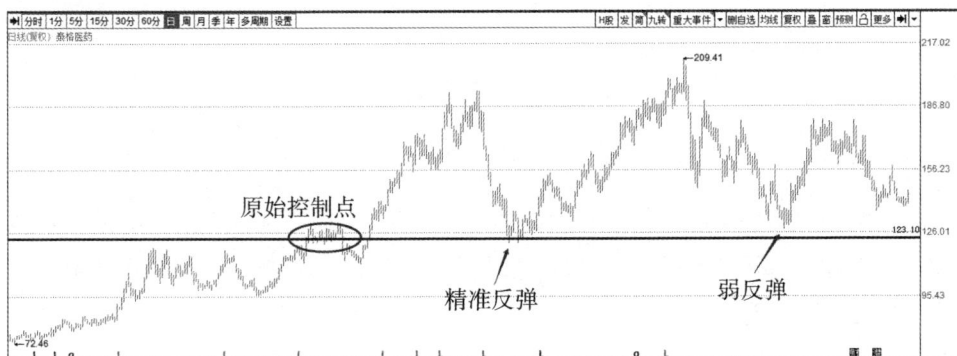

图 4-33

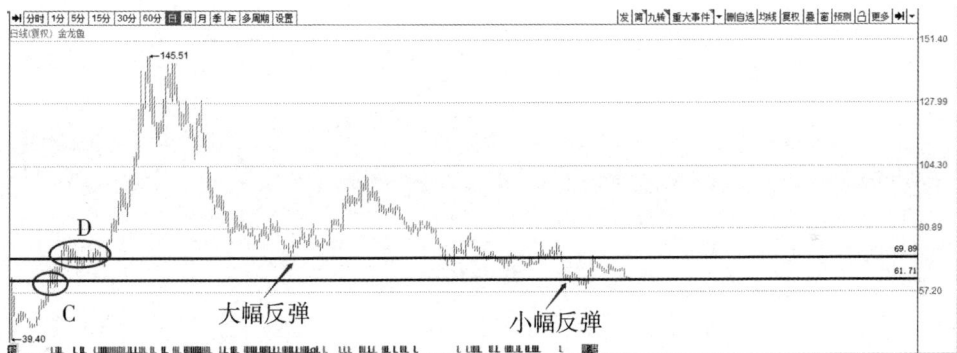

图 4-34

图 4-35 为梦百合日线级别 K 线图，行情时间跨度为 2016 年 11 月 4 日至 2022 年 1 月 21 日。图中所示，股价触及原始控制点后，强劲回升，且一举创历史新高，大涨 300%。

有时候股价会在同一个价位反复形成原始控制点，这时候往往更具意义，控制点的支撑阻力强度会更大。

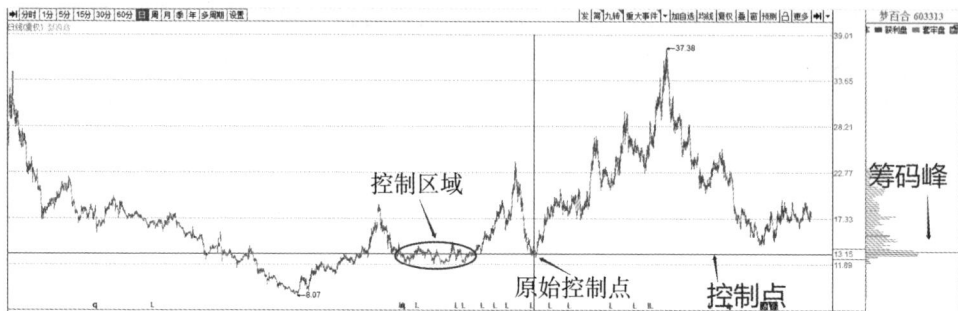

图 4-35

图 4-36 为峨眉山 A 日线级别 K 线图，行情时间跨度为 2021 年 4 月 23 日至 2022 年 1 月 21 日。图中所示，股价连续两次在 5.94 元形成原始控制点。第一次形成原始控制点时，股价上涨近 12%；第二次形成原始控制点时，股价上涨近 30%；第三次形成原始控制点时，股价上涨 32%。行情一轮高过一轮。

图 4-36

## 4.5 抓住起涨点

原始控制点是市场内在最强的支撑阻力，每当股价回撤至该位置时，往往都会高概率且精准地对股价起到支撑作用，有的会支撑股价快速走高，有的甚至会成为股价新一轮大涨的多空分水点。因此在原始控制点买入往往都能买在起涨点。

图 4-37 为吉视传媒日线级别 K 线图，行情时间跨度为 2021 年 4 月 21 日至 2022 年 1 月 19 日。图中所示，股价在 1.8 元附近密集成交，筹码峰也刚好在 1.8 元附近，因此 1.8 元附近就是股价的原始控制点，可以根据原始控制点画出一条水平的控制线。图中可见，后市当股价第一次触及控制线时，立刻反弹回升，并且一路上涨。

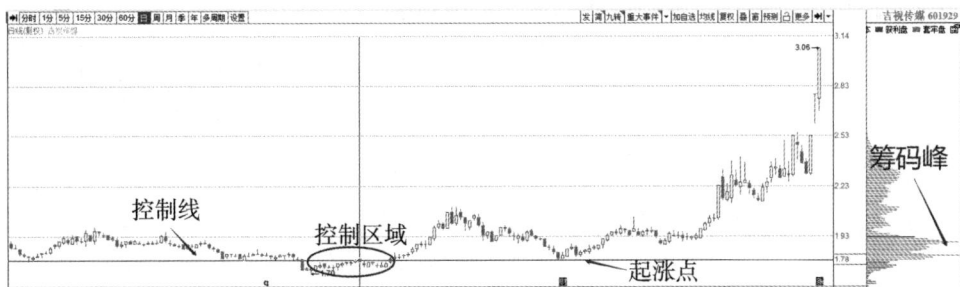

图 4-37

图 4-38 为中联重科日线级别 K 线图，行情时间跨度为 2019 年 2 月 13 日至 2020 年 11 月 25 日。图中所示，股价在密集成交区持续成交，且可以看到大概在 4.87 元成交次数最多，筹码峰也刚好在 4.87 元附近，因此 4.87 元就是股价的原始控制点，可以根据原控制点画出一条水平的控制线。图中可见，股价先是震荡上涨，随后第一次触及控制线时，立刻快速反弹。

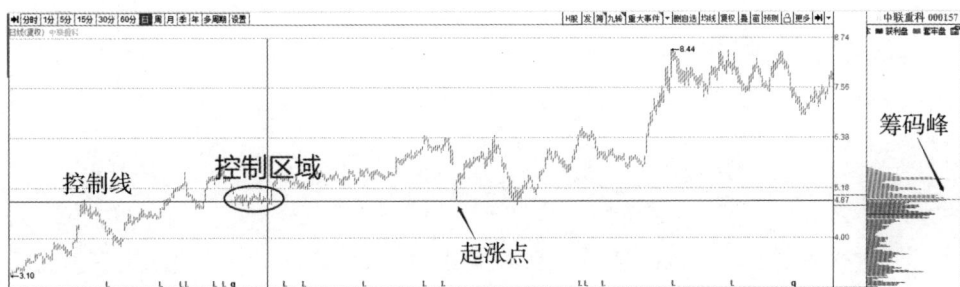

图 4-38

原始控制点的起涨速度往往是非常快的，多数时候点位会非常精准，甚至股价一触及就立刻反转。

图 4-39 为伊利股份日线级别 K 线图，行情时间跨度为 2014 年 10 月 13 日至 2016 年 7 月 20 日。图中所示，伊利股份首次触及 9.27 元的原始控制点时，立即发生强烈反应，仅仅三天就疾速反弹逾 30%。

股价在密集成交区（控制区域）内运行时间越长，原始控制点的效果越好，也即原始控制点成为起涨点的概率越高。

图 4-40 为卓胜微日线级别 K 线图，行情时间跨度为 2019 年 6 月 18 日至 2021 年 3 月 30 日。图中所示，股价在控制区域长时间成交，后期当股价第一次触及原始控制点时，精准受到支撑，此时是非常好的起涨点买入机会。图中可

见，卓胜微股价在原始控制点处起涨，快速翻倍。

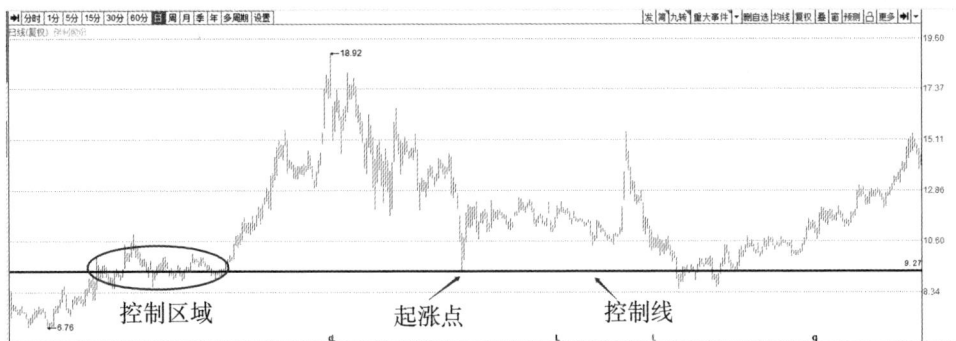

图 4-39

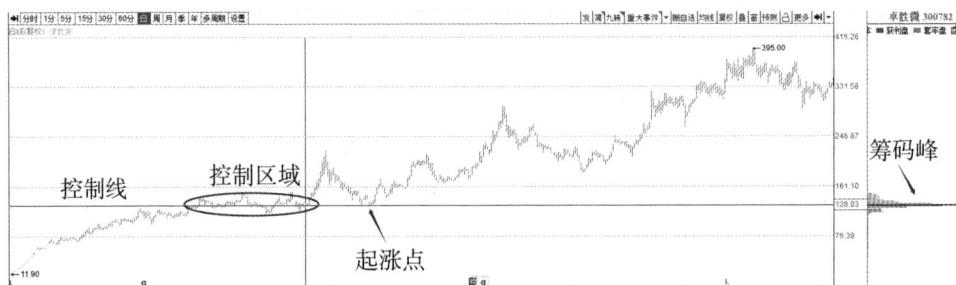

图 4-40

股价在控制区域收敛性越强，原始控制点的效果会越好，也即原始控制点成为起涨点的概率越高，后期涨幅也会更大。

图 4-41 为亿纬锂能日线级别 K 线图，行情时间跨度为 2020 年 4 月 15 日至 2022 年 1 月 19 日。图中所示，股价在控制区域窄幅整理，后期股价第一次触及原始控制点时，精准回升。如果在原始控制点买入，将立竿见影，一买就盈利，成功买到起涨点。

原始控制点的回档概率非常高，上涨幅度非常大，多数时候都能有漂亮的利润。即使有些时候不能有较大的涨幅，也会先反弹一小波，然后再跌破原始控制点，而这波小幅反弹往往足以让你移动止损，消除风险。

图 4-42 为大参林日线级别 K 线图，行情时间跨度为 2020 年 2 月 14 日至 2021 年 11 月 24 日。图中所示，虽然股价击穿了原始控制点，大幅下跌，但股价第一次触及原始控制点时，从 64 元附近反弹至 74 元附近，上涨了 15.65%。我们在实际操作过程中，待出现一定的利润后，以移动止损至原始控制点下方，

这样即使出现原始控制点没有大涨的情况，也不会产生多大的风险。

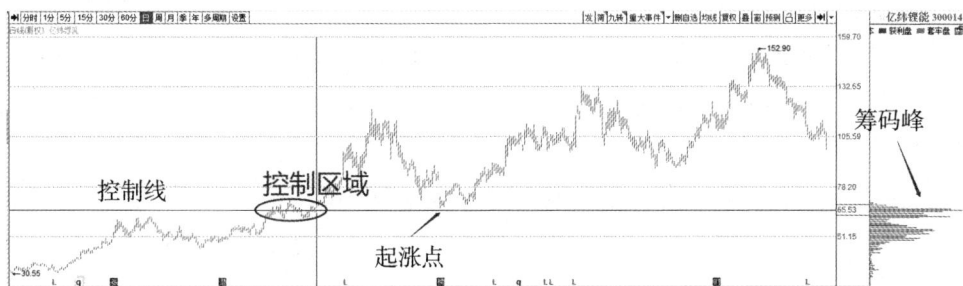

图 4-41

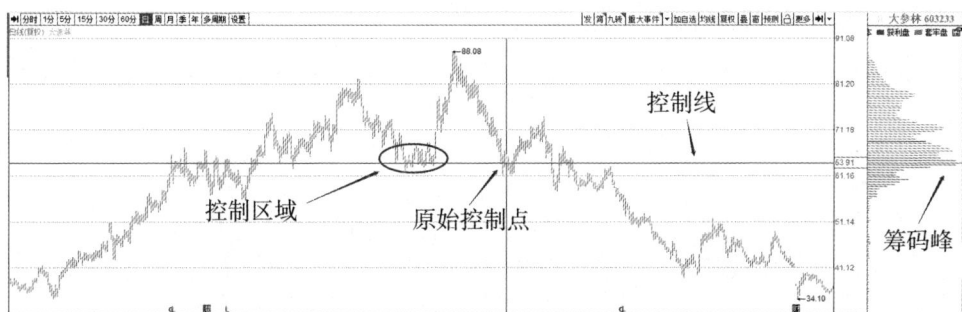

图 4-42

运用原始控制点交易会非常轻松，你不需要每天关注市场，不需要天天盯盘，唯一要做的就是找出原始控制点，然后挂好单，耐心等待挂单成交。也许某一天你旅游回来，打开账户惊喜地发现原始控制点让你被动收获了大量的利润。原始控制点就是这样简单，你只需要坐着等市场将利润送到你手上。千万不要刻意追逐市场，利润是市场给你的，从来都不是你挣来的。

图 4-43 为京东方 A 日线级别 K 线图，行情时间跨度为 2012 年 9 月 27 日至 2018 年 2 月 26 日。图中所示，我们可以观察到，京东方 A 股价在控制区域长时间蓄势收敛，那么这个位置形成的控制点，力量一定会非常强大，也就表明股价大概率会跌至该价位，且触及该价位后，预期反弹力度也会非常大。因此，在京东方 A 股价下跌过程中，我们什么也不用做，只需要将买入指令设置在 1.98 元附近，然后关闭账户去工作或者去旅游。

最重要的建议是不要经常打开行情图表分析行情，千万不要这么做，因为长时间地待在市场中，很容易让你丧失客观性。等两个月之后吧，或者市场出现了重大级别的新闻，比如你的手机 App 给你推送"牛市已经来了"这样的信息，那么你就赶紧打开账户，了结你的头寸。往往这时候你会非常开心，因为你的账户可能积累了丰厚的利润。

为什么这个时候离场呢？因为市场无处不在地唱多的时候，往往就是反转下跌的开始。市场越是火热的时候，我们往往越要冷静，我们要学利弗莫尔，随时准备与大众反向操作。

图中可见股价精准在 1.98 元附近成交，随后开启牛市之门，股价跨过山峦，越过高峰，上涨 2 倍多。记住千万不要太快下车，你完全有理由相信，当市场最火爆的时候，你选择撤退往往是最大的赢家，你的头寸也许出在 6 元，甚至更高。如果实在没有更好的出场机会，那也应该至少选择上方最强的原始控制点离场，因为股价大概率会被吸引过去。

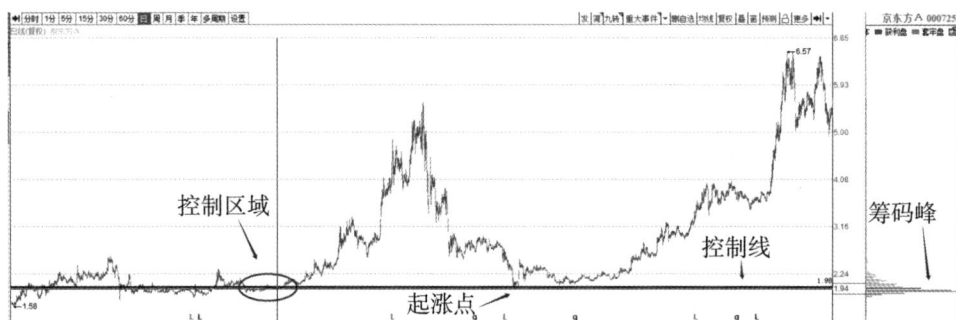

图 4-43

图 4-44 为五粮液日线级别 K 线图，行情时间跨度为 2015 年 5 月 8 日至 2020 年 12 月 10 日。图中所示，我们结合筹码峰和控制区域，可以判断原始控制点在 96.6 元附近，而股价在回调过程中，也是刚好精准触及 96.6 元，立刻反转上涨。我们只需要提前在 96.6 元埋伏，就能抓住行情的起涨点，在闲坐之中，等待获利。

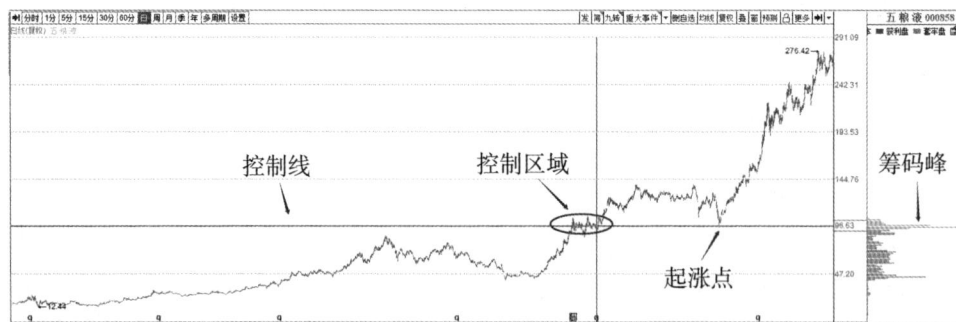

图 4-44

# 第五章　布林带起涨点

布林带起涨点是一种通道型起涨点，也就是在布林带通道内找行情的起涨点，但我们要讲的并不是布林带的常用方法，而是布林带新战法，我们称为布林带撒手锏。布林带撒手锏是指根据布林带三条均线的助涨助跌作用和原始控制点的原理，从数字成本（均线是价格平均成本）规律上，总结出的一种极高概率的交易方法，它是布林带众多交易法中盈利能力最强的战法，也是我们发现布林带的一种新的规律，通常能买到股价的起涨点。

## 5.1　布林带的定义

布林带又叫保利加通道，是根据统计学中的标准差原理设计出来的一种非常实用的技术指标，布林带指标的参数一般设置为20、2，其利用统计原理，求出价格的标准差及其信赖区间，从而确定价格的波动范围及未来走势。它由三条轨道线组成，分别称为布林上轨、布林中轨和布林下轨，其中上下两条线分别可以看作价格的压力线和支撑线；在两条线之间的是布林中轨，它是一条价格平均线，并且布林上轨和布林下轨本质也是两条价格平均线，一般情况下大部分价格线都能落在布林带之内。

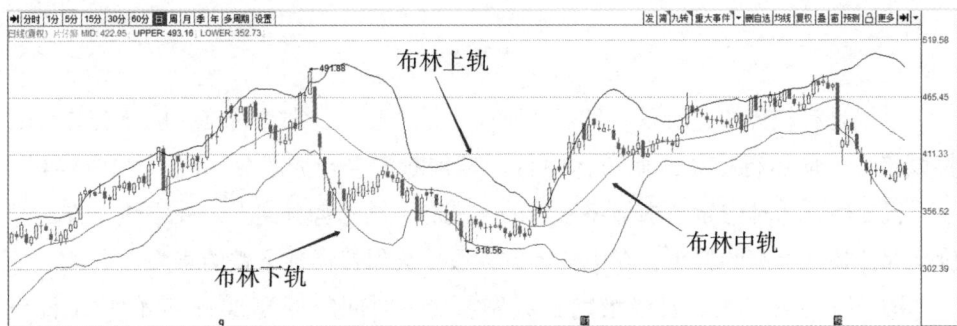

图 5–1

图 5–1 为片仔癀日线级别 K 线图，行情时间跨度为 2021 年 4 月 21 日至 2022 年 1 月 19 日。图中所示，在布林带最上方的一条线是布林上轨，中间的一

条线是布林中轨，最下方的一条线是布林下轨，布林带的三条线一起构成了一个价格通道。我们可以看到，大部分价格都落在布林通道之内，但有时候价格也会超出布林带，运行到布林带上方或者下方。

## 5.2 布林中轨的意义

### 5.2.1 指示趋势方向

在我们通常使用的布林带中，布林中轨是 20 日价格平均线。20 日均线又称万能均线，能真实地反映中短期的价格趋势，所以价格在中轨之上代表中短期强势，价格在中轨之下代表中短期弱势。

图 5-2 为片仔癀日线级别 K 线图，行情时间跨度为 2021 年 4 月 21 日至 2022 年 1 月 19 日。图中所示，当股价在中轨之上时，行情容易持续上升；当股价在中轨之下时，行情容易持续下跌。所以布林中轨具有指示趋势方向的作用。

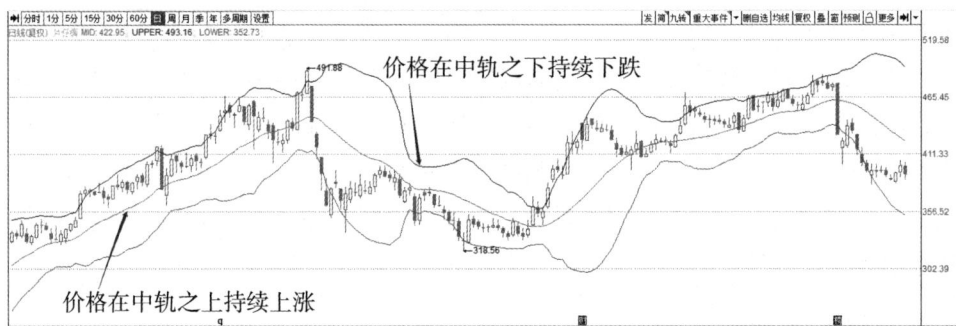

图 5-2

市场是有趋势的，所以一旦行情倾向于某个趋势，那么价格一般就会持续朝着该趋势方向运行很久，而布林中轨正是判断多空趋势的分水岭。如图 5-3 所示，很显然，布林中轨清晰地将股价的上涨和下跌趋势分离开。在中轨上方，股价会保持惯性上涨的势头；在中轨下方，股价会保持惯性下跌的势头。

图 5-3 为泰格医药日线级别 K 线图，行情时间跨度为 2021 年 4 月 21 日至 2022 年 1 月 19 日。图中所示，股价在中轨上方时，总是会保持连续上涨一段时间，而不会很快结束涨势；股价跌破中轨后，总会持续下跌一段时间，而不会很快结束跌势。这就好像行情具有惯性一样，一旦趋势来临，就能顺势运行一段时间。

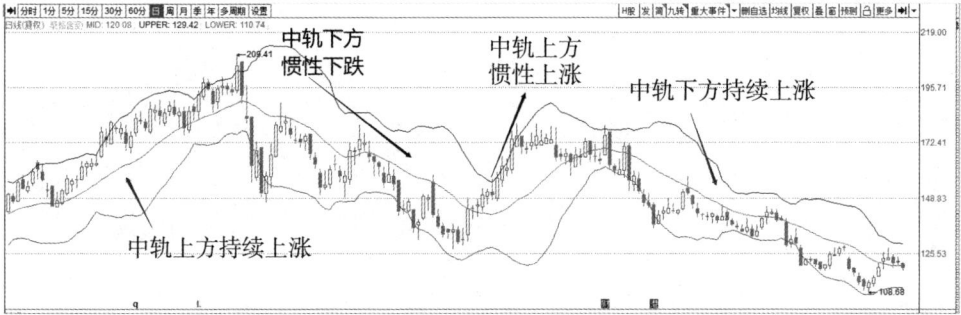

图 5-3

在行情强势的时候，趋势会保持很久，不会很快戛然而止，这是趋势的延续性，也是顺势交易能高概率成功的根本原因。在实际交易过程中，A 股中的大牛股，可能会保持几个月甚至几年，一直持续运行在中轨之上，股价会随着布林中轨不断上涨。因此在中轨之上买入股票，往往更容易赚钱。

图 5-4 为长春高新日线级别 K 线图，行情时间跨度为 2019 年 11 月 15 日至 2020 年 12 月 10 日。图中所示，长春高新在日线级别中轨上方，持续大涨了3 个多月，股价上涨一倍多。

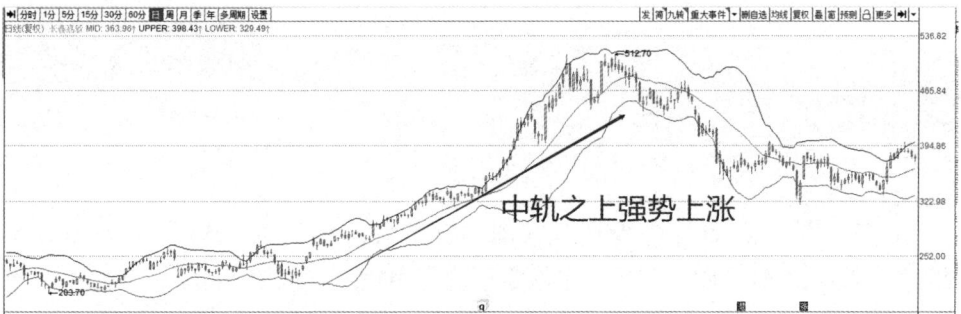

图 5-4

图 5-5 为上海机场月线级别 K 线图，行情时间跨度为 2006 年 10 月 31 日至2022 年 1 月 19 日。图中所示，上海机场在月线布林中轨上方，持续运行近 7 年之久，股价更是大涨 10 倍。如果一直盯着月线布林中轨持有股价，将轻松抓住10 倍大牛股。

在行情弱势的时候，股价可能会保持几个月甚至几年持续运行在中轨之下，股价会随着布林中轨不断下跌。因此当行情处于布林中轨之下时，应当离场观望。

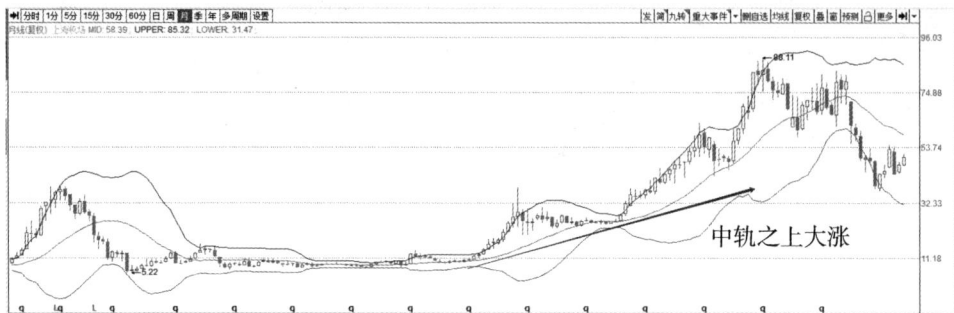

图 5-5

图 5-6 为合盛硅业日线级别 K 线图，行情时间跨度为 2020 年 12 月 31 日至 2022 年 1 月 21 日。图中所示，合盛硅业高位强势跌穿布林中轨之后，始终被中轨压制，连跌三个月，股价下跌逾 60%。

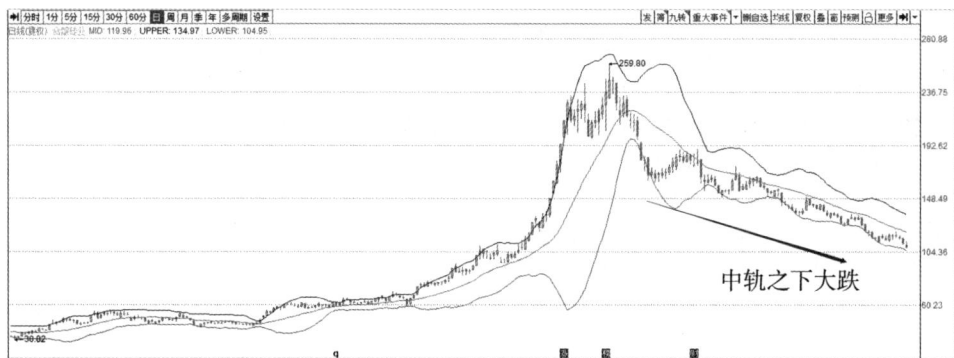

图 5-6

图 5-7 为三六零月线级别 K 线图，行情时间跨度为 2015 年 9 月 30 日至 2021 年 4 月 30 日。图中所示，三六零股价在中轨之下持续下跌近一年之久，市值缩水近 70%。

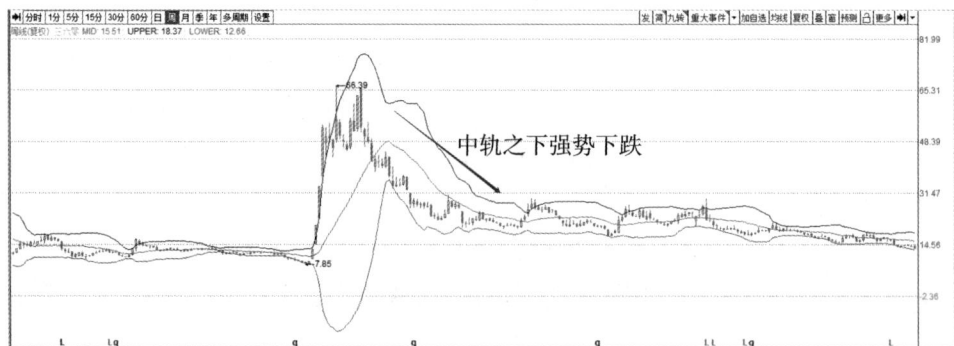

图 5-7

综上所述，布林带中轨可以指示趋势的方向。股价在布林中轨之上，预示多头趋势；股价在布林中轨之下，预示空头趋势。我们应该买行情处在布林带中轨上方的股票，而不能买行情处在布林中轨下方的股票。

### 5.2.2　指示趋势强度

布林中轨是 20 日价格数字的平均线，根据数字运动规律，我们可以知道，当价格上涨越快时，其平均线向上的斜率会越大，表明上涨趋势越强；当价格下跌越快时，其平均线向下的斜率会越大，表明下跌趋势越强；当价格波动缓慢时，其平均线往往会趋于水平状态，表明行情无趋势，也就是震荡趋势。

图 5-8 为片仔癀日线级别 K 线图，行情时间跨度为 2021 年 4 月 21 日至 2022 年 1 月 19 日。图中可见，左边布林带中轨向上的斜率明显大于右边，对应股价也是左边上涨的幅度远大于右边。

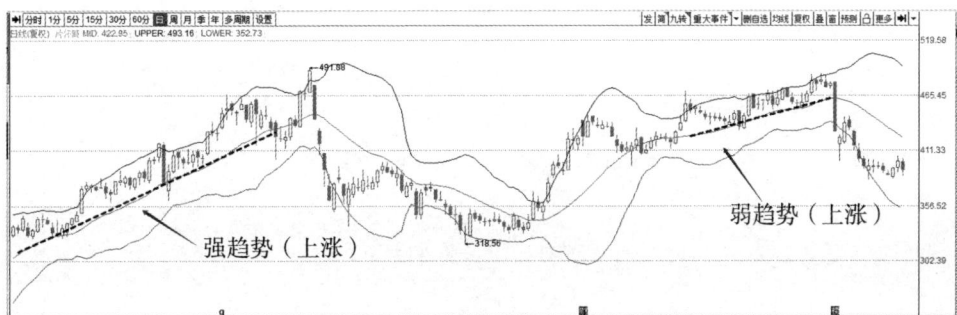

**图 5-8**

图 5-9 为中原证券日线级别 K 线图，行情时间跨度为 2020 年 3 月 10 日至 2021 年 12 月 15 日。图中可见，右边布林带中轨向下的斜率明显大于左边，对应股价也是右边下跌的幅度远大于左边。

当布林中轨的斜率水平时，往往就丧失了趋势意义，股价会围绕中轨上下跳动。

图 5-10 为招商证券日线级别 K 线图，行情时间跨度为 2020 年 3 月 27 日至 2021 年 4 月 30 日。图中所示，布林中轨几乎呈水平状态，表明股价此时处于整理期。

布林中轨的斜率大小可以指示趋势的强度，当布林中轨朝上的斜率极大时，代表着极强的趋势，而趋势又是有延续性的，所以股价一般很难停下来，极容易被动地受中轨不断推升而持续大涨。

图 5-11 为比亚迪日线级别 K 线图，行情时间跨度为 2020 年 4 月 15 日至 2022 年 1 月 19 日。图中所示，比亚迪的布林中轨朝上的斜率极大，表明此时处于极强趋势之中。图中可见，基本任何价位买入，都很容易被动性获利。

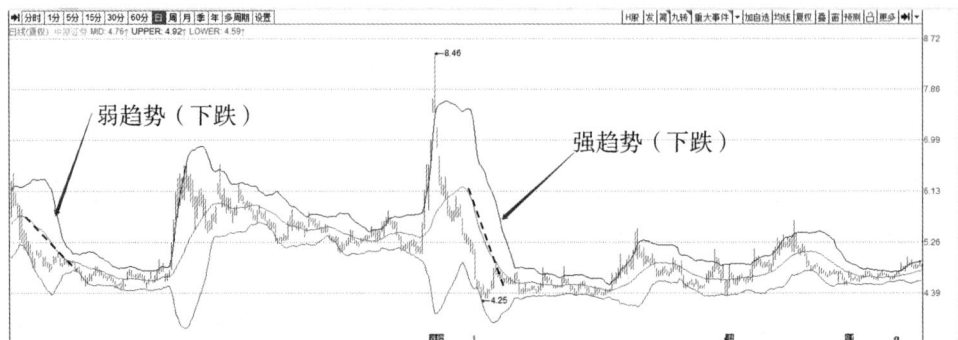

图 5-9

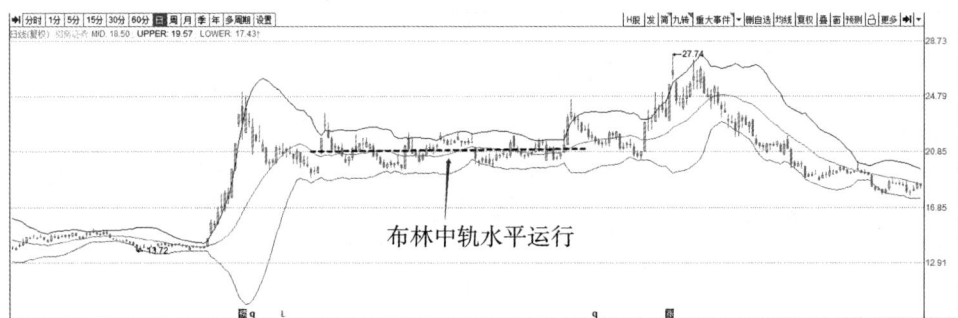

图 5-10

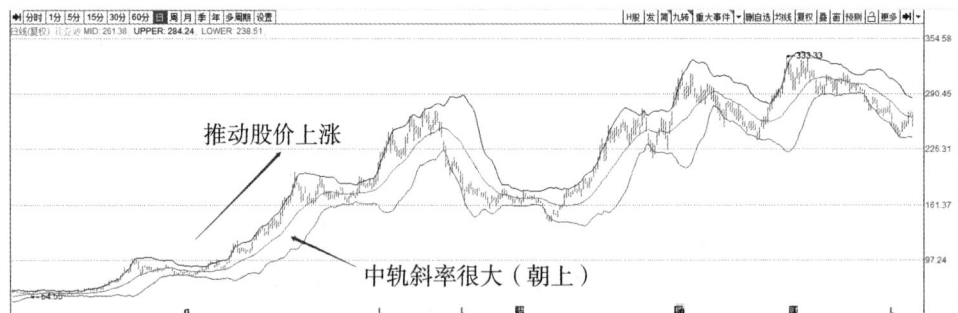

图 5-11

图 5-12 为天银机电日线级别 K 线图，行情时间跨度为 2019 年 9 月 26 日至 2020 年 7 月 6 日。图中所示，天银机电的布林中轨的斜率几乎呈 75°角上扬，说

明股价正处于极端强势之中。图中可见，无论在上涨途中任何价位买进，都能一买就赚。布林中轨就好像背后的推手一样，推动股价一个劲儿地上行。

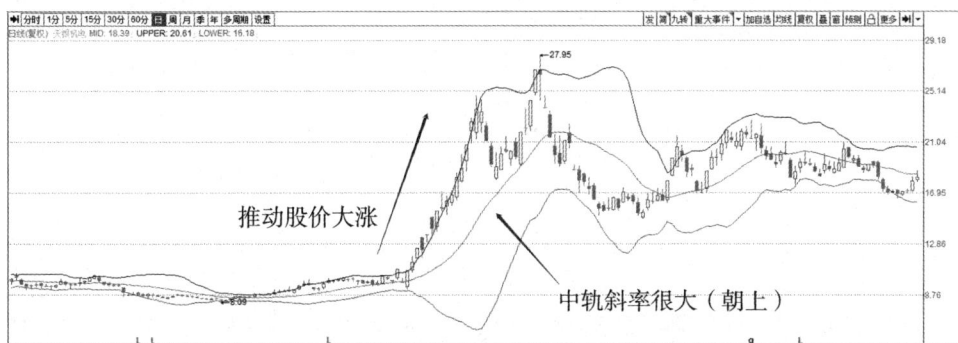

图 5-12

然而当布林带中轨朝下的斜率极大时，代表着极强的下跌趋势，那么股价一般很难企稳，极容易被动地受中轨的向下推力而持续下滑。

图 5-13 为汇金科技日线级别 K 线图，行情时间跨度为 2020 年 4 月 30 日至 2021 年 6 月 11 日。图中所示，汇金科技的布林中轨朝下的斜率极大，表明此时处于极强的下跌趋势之中，切不可逆市抄底。图中可见，在任何点位入市，基本都是接刀子，应该耐心等待行情见涨，中轨朝上之后，再择机入市。

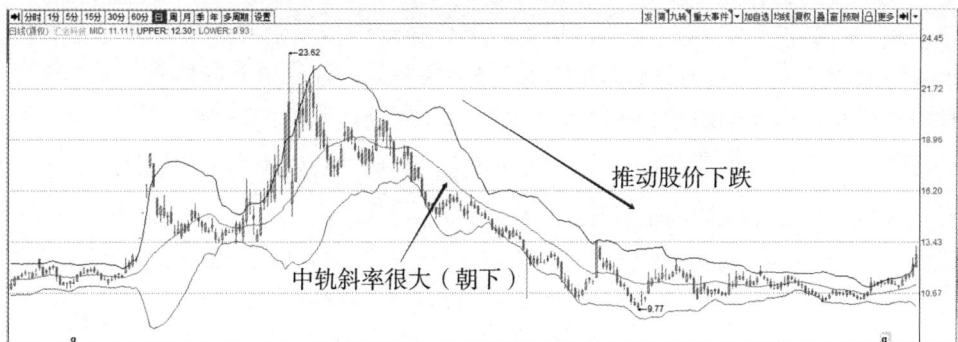

图 5-13

图 5-14 为福瑞股份日线级别 K 线图，行情时间跨度为 2017 年 5 月 22 日至 2019 年 1 月 15 日。图中所示，福瑞股份中轨的斜率大幅朝下运行，说明股价正处于猛烈的下跌趋势之中。图中可见，股价止不住地下跌，就好像是被布林中轨向下推动一样，节节败退。

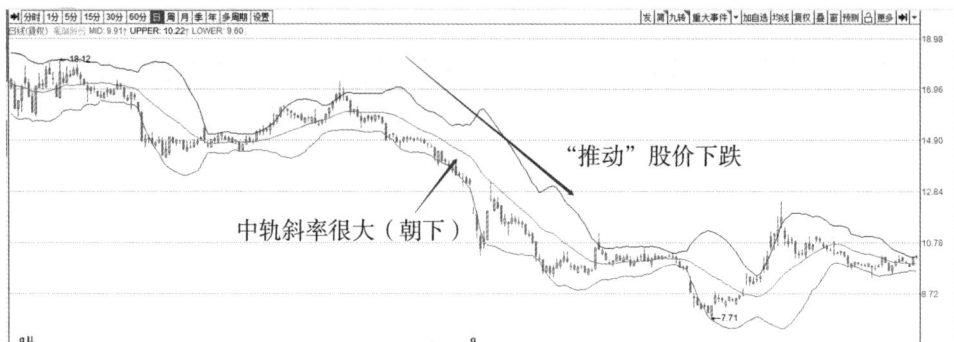

图 5-14

中轨的斜率与趋势强度之间的关系，给我们的启发是不要买中轨斜率极度朝下的股票，这样的股票一般处于强势下跌之中，即使股价开始企稳，也不要去抄底，不要去买价位相对看起来很低的股票。趋势的延续特性告诉我们，永远不要抱有捡便宜的心理，逆势抄底往往是低概率事件，极容易一买就亏。即使你这一刻看到股票企稳了，但它可能是跌累了，只是中场休息而已，下一刻股价就可能跌破抵抗区间，继续下跌。

图 5-15 为新城市日线级别 K 线图，行情时间跨度为 2020 年 3 月 6 日至 2021 年 3 月 31 日。如图 5-15 箭头所示，股价的布林中轨朝下运行，且斜率非常大，表明市场处于极强的下跌趋势之中。而图中圆圈所示，股票迟迟没有下跌，且大阳拉升，好像是见底企稳了，但像这样的情况，一定不要着急入市抄底，你应该清醒一点，价格短期的拉升可能是假象，往往具有骗钱效应。因为布林中轨还是以极大的斜率朝下压制着股价的，根据成本推动原理，股价随时都会被成本这只看不见的手给推下来。图中可见，股价在圆圈中的整理阶段，只不过是中场休息而已，随后向下破位，开启漫长的阴跌之路。

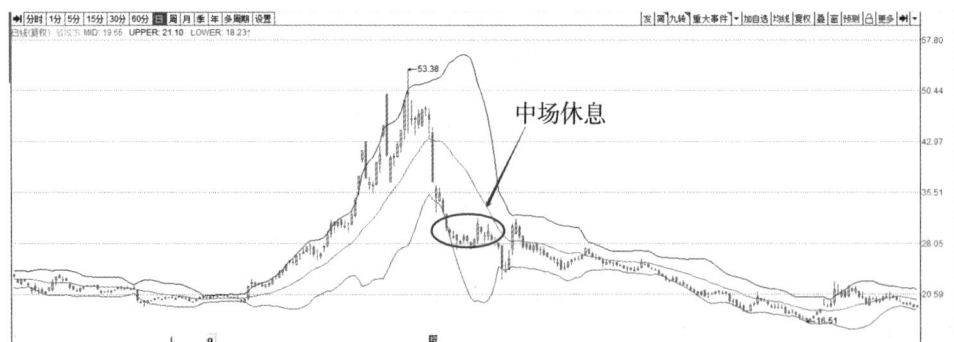

图 5-15

当布林中轨朝上的斜率很大时，如果股价驻足停步，好像涨不动了，那么你一定要有耐心，等股价再次创新高，除非股价跌破中轨且中轨的斜率开始走缓或朝下了，否则应该坚定持有头寸，而不要被股价短暂的受阻而吓退，因为那可能只是股价上涨过程中的中场休息而已。

图 5-16 为新城市日线级别 K 线图，行情时间跨度为 2019 年 1 月 4 日至 2020 年 2 月 13 日。如图 5-16 所示，布林中轨朝上的斜率很大，表明市场处于不可遏制的强劲上涨趋势之中，这时候市场无论出现多少利空消息，往往都会被多头忽略，只要不是出现"黑天鹅"（重大新闻、暴雷事件等）都可以大胆入市。从数字运动规律的角度讲，当股价的成本线斜率极大时，任凭股价短期怎么变动，股价都极容易被高斜率的成本线推动上行，我们称价格平均线的这种推动作用为推动效应。图中可见，新城市股价只是稍做中场休息而已，随后被中轨推动持续上涨。

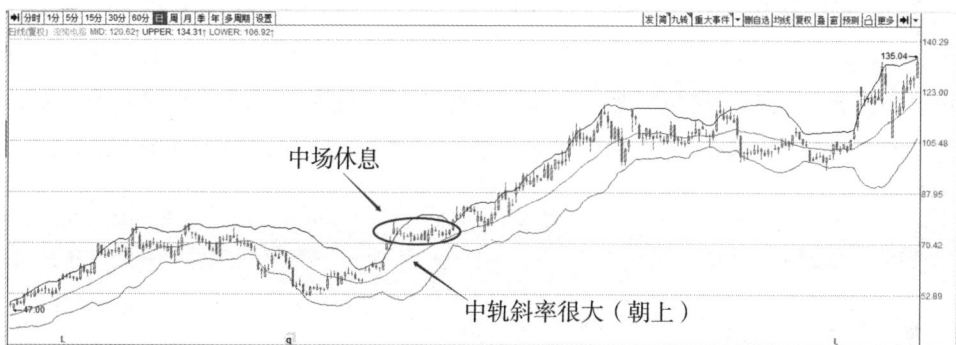

图 5-16

很多时候，即使股价跌破了布林中轨，也不能说明趋势要逆转了。当中轨斜率明显朝上时，向下跌破中轨，往往都会是虚假信号。所以应该始终以中轨的斜率为准，如果斜率非常大，则放心持有股；如果斜率变缓，则应当注意卖出时机，除非中轨的斜率开始变缓或朝下时才应考虑卖出股票。

图 5-17 为赛升药业日线级别 K 线图，行情时间跨度为 2019 年 10 月 10 日至 2020 年 11 月 4 日。如图 5-17 所示，赛升药业的布林中轨斜率明显朝上，股价突然跳空跌破布林中轨，但这只是一次虚破信号而已，所以不但不会卖出，反而是提供了加仓的机会。图中可见，随后股价迅速跳升至布林中轨上方，且涨势变得更加迅猛。

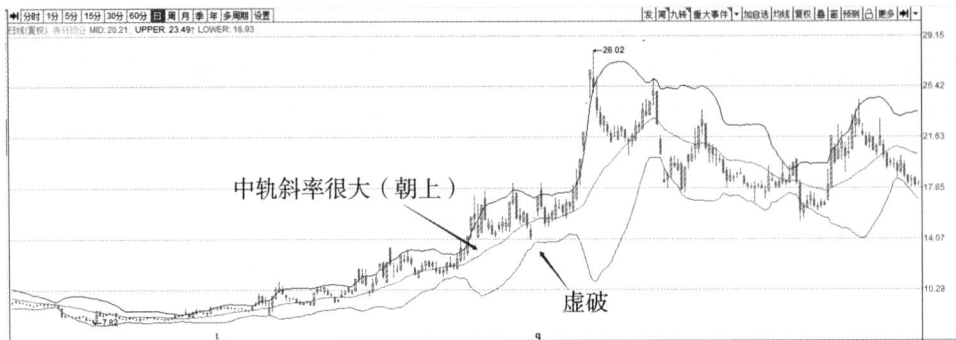

图 5-17

　　同理，当中轨斜率明显朝下时，如果股价升破布林中轨，往往都是虚破，此时不要仓促入市，一定要保持耐心，只有当中轨斜率以肉眼可见的倾斜度朝上延伸时，方可准备入市交易。

　　图 5-18 为中国平安日线级别 K 线图，行情时间跨度为 2020 年 10 月 22 日至 2021 年 11 月 15 日。如图 5-18 所示，中国平安的布林中轨斜率明显朝下，股价虽然升破中轨，但这也只是一次虚破信号而已，此时应该继续坐着不动，耐心等待布林中轨朝上扬起来。图中可见，股价虚破中轨之后，很快掉头下跌，继续创新低。

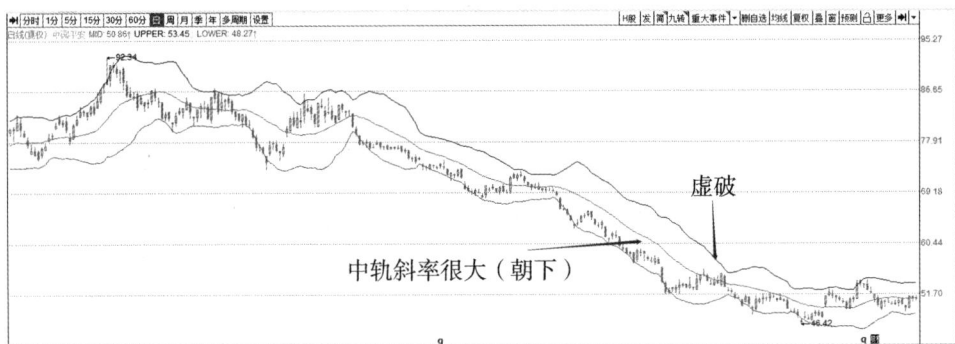

图 5-18

　　逆势交易永远是不可取的，无论你抄底技术是高还是低，最关键的一点是，哪怕你抄到了股票的低点，也很难获得较大的利润。根据价格的一般规律，股票在筑底过程中通常是非常缓慢的，会在低位长时间震荡，很浪费资金时间价值且会较大地消磨你的耐性。所以如果你不是耐力非凡之人，就不要在股票上试图有任何抄底动作，那样对你百害无一利，无论你是否成功抄到底部，你都不会获得多少利润。你所能获得的最好结果，最多只是厌烦于市场的持久震荡，而早早卖出股票，但不会赢的太多。更要命的是，你的耐性被消磨完之时，往往是你犯错之时，一旦你开始犯错，那么你甚至很难保住你的本金。

很多人就是在底部抄到了股票，由于提前卖出而后悔，股票拉升之后，高位追进，结果买进就被套，本来完美地抄到了股票的最低点，结果反而亏了大钱。所以永远不要抄底，始终要去买最强势上涨的股票，因为那样不但会让你快速获利，还能保证你的心态不会受破坏。

图5-19为福瑞股份日线级别K线图，行情时间跨度为2020年9月16日至2021年10月19日。图中所示，哪怕你抄到了福瑞股份的低点，但接下来长时间的震荡洗盘，基本也会将你清理出局。最明智的做法应该是等市场涨起来，等布林中轨的斜率大幅朝上了，再入市交易。图中箭头所示，如果你在布林中轨明显朝上时买进股票，就会快速赢得漂亮的利润。

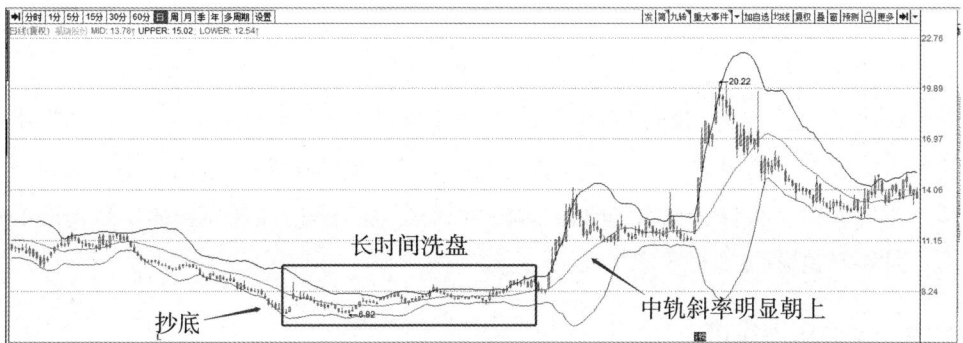

**图 5-19**

很多人说自己的心态很差，拿不住股票，总是一买就跌，一卖就涨，其实很多时候是自己选择的时机不对，而导致自己的心态受损。就像利弗莫尔说的一样："顺便说一句，每当我失去耐心，不是等待关键点到来的时机，而是胡乱交易企图快快获利的时候，就总是赔钱。"

布林带中轨的斜率明显朝上时，其实是入市的关键时机。如果你在中轨斜率朝下时进场，你会极容易赔钱，哪怕你抄到了市场底部，你依然会很难赚钱，因为底部巩固期的上下洗盘，会让你的心态变得很糟糕。因此如果你想要保持一个好心态，就必须坚持买中轨斜率明显朝上的股票。

图5-20为艾比森日线级别K线图，行情时间跨度为2020年9月30日至2021年11月1日。图中所示，如果你在下跌市场中抄底，即便买到了低点，但

市场底部阶段的反复震荡洗盘，也会一点点消磨你的心态，不等市场开启大涨，你很可能就溜之大吉了。但如果你选择等布林中轨明显朝上时买进股票，就比较容易一买就赚，你的心态就会一直处于最佳的状态。就像利弗莫尔所说："一开始的利润储备，是让自己有勇气和耐心持有头寸顺利通过市场各种回调行情的可靠保障。"

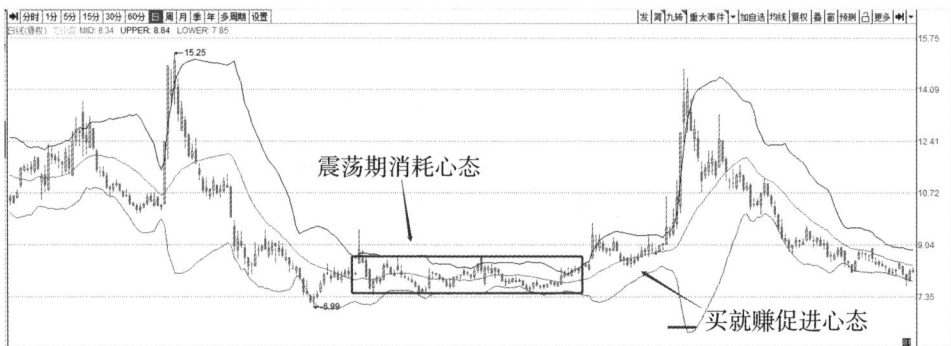

图 5-20

综上所述：因为布林带中轨可以指示趋势强度，所以我们应该买布林带中轨斜率明显朝上的股票，且斜率越大越好，坚决不能碰布林带中轨斜率明显朝下或水平的股票（布林中轨水平时，市场是没有任何趋势的震荡期，属于赌博的心态，且容易消磨意志）。

### 5.2.3 支撑压力作用

（1）当布林中轨斜率大幅度朝上时，能给股价提供高精准的支撑作用——布林带核心规律。

图 5-21 为中联重科日线级别 K 线图，行情时间跨度为 2020 年 9 月 15 日至 2021 年 10 月 18 日。图中箭头所示，中联重科股价的中轨斜率朝上，每当股价跌至中轨时，几乎都是精准的反弹上涨。

图 5-22 为紫光国微日线级别 K 线图，行情时间跨度为 2020 年 12 月 31 日至 2022 年 1 月 21 日。图中箭头所示，紫光国微股价的中轨斜率明显朝上，每当股价跌至中轨时，几乎都是精准的反弹上涨。

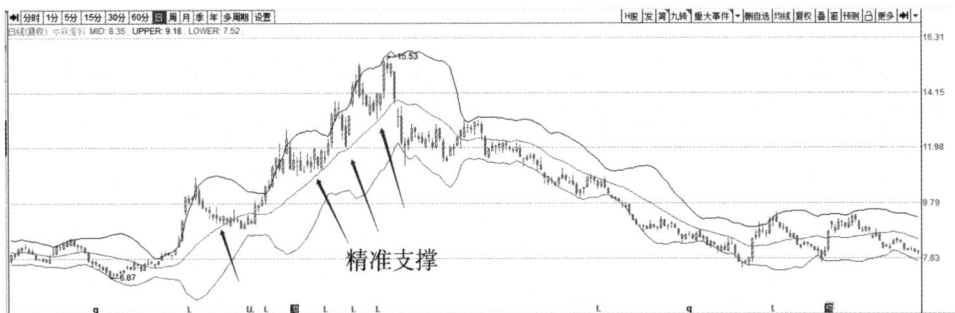

图 5-21

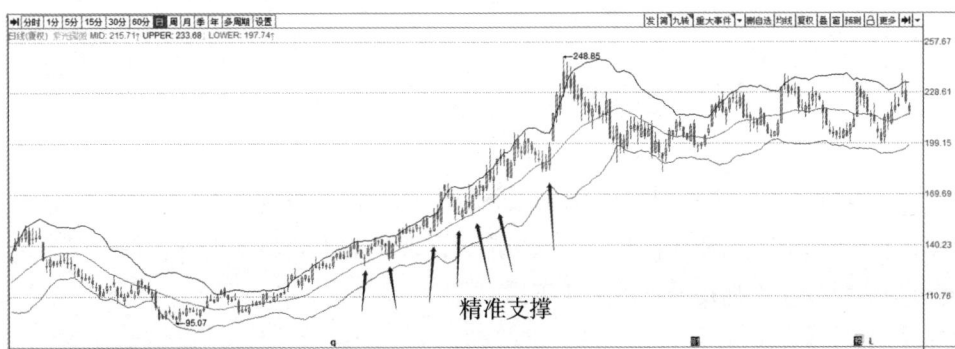

图 5-22

图 5-23 为长江电力日线级别 K 线图，行情时间跨度为 2016 年 11 月 8 日至 2017 年 11 月 28 日。图中箭头所示，长江电力股价的中轨斜率明显朝上，每次股价跌至中轨时，几乎都是精准的反弹上涨。

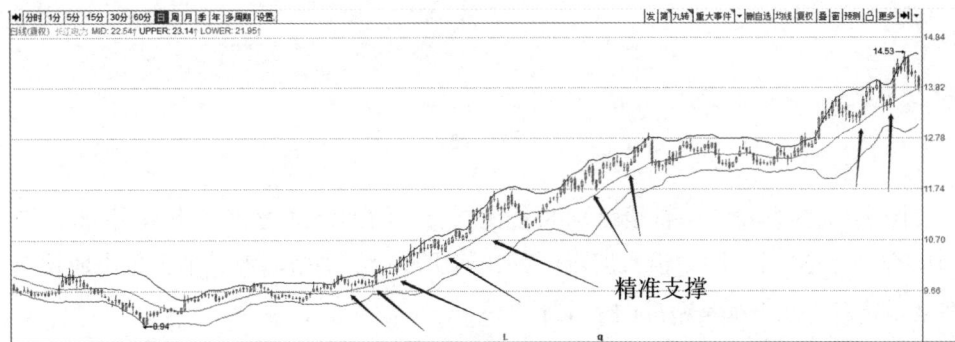

图 5-23

（2）当布林中轨斜率大幅度朝下时，能给股价提供高精准的压力作用——布林带核心规律。

图 5-24 为中联重科日线级别 K 线图，行情时间跨度为 2021 年 3 月 23 日至 2021 年 12 月 23 日。图中箭头所示，中联重科股价的中轨斜率朝下，每当股价反弹至中轨时，几乎都是精准的承压下跌。

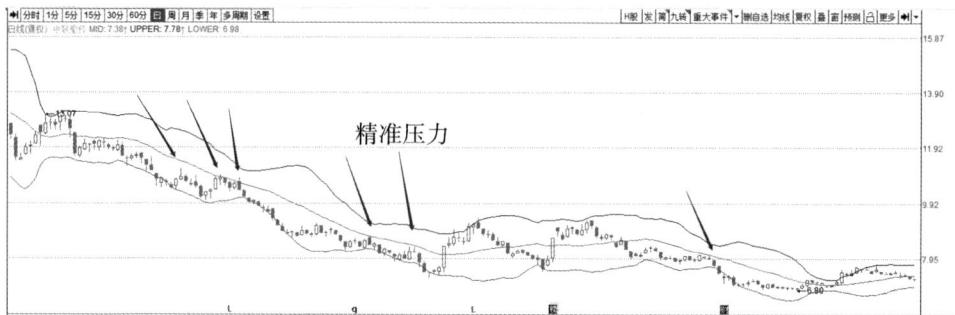

**图 5-24**

图 5-25 为中广天泽日线级别 K 线图，行情时间跨度为 2020 年 5 月 26 日至 2021 年 6 月 18 日。图中箭头所示，中广天泽股价的中轨斜率朝下，每当股价反弹至中轨时，几乎都是精准的承压下跌。

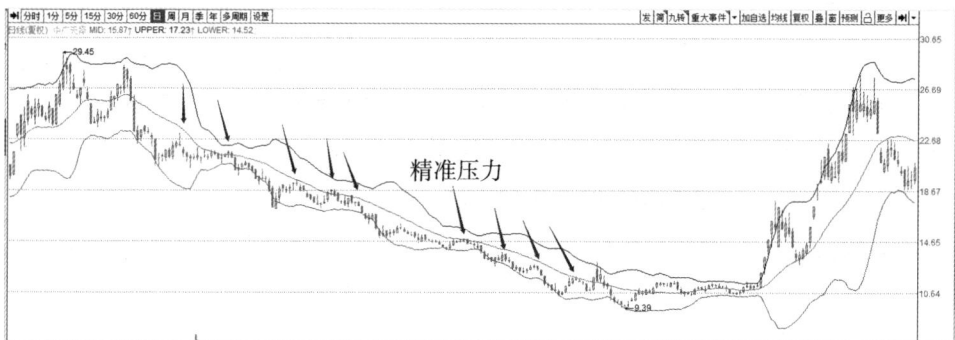

**图 5-25**

图 5-26 为韩建河山日线级别 K 线图，行情时间跨度为 2017 年 4 月 20 日至 2018 年 5 月 24 日。图中箭头所示，韩建河山股价的中轨斜率朝下，每当股价反弹至中轨时，几乎都是精准的承压下跌。

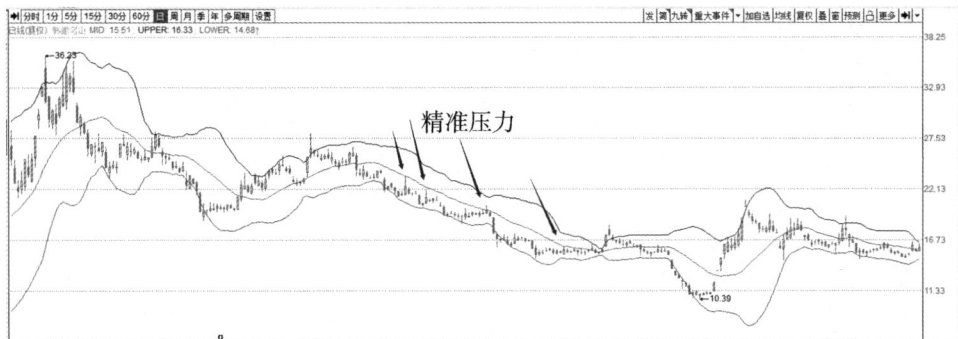

图 5-26

（3）当中轨水平时，不能提供支撑阻力作用，股价会表现为来回穿越中轨。

图 5-27 为中联重科日线级别 K 线图，行情时间跨度为 2021 年 3 月 23 日至 2021 年 12 月 23 日。图中箭头所示，当中轨水平时，中轨的作用完全失效，不能提供任何支撑阻力作用。

图 5-27

本节总结：布林带中轨具有重要意义，在操作过程中，应当追踪布林中轨的斜率，只买布林中轨朝上的股票，且朝上的斜率越大越好。当布林中轨朝下时坚决不进场；当布林中轨朝上时，逢股价回落触及中轨时买入，往往能高概率买到起涨点。

## 5.3 布林上轨的压力作用

（1）一般来说，布林上轨对价格具有压力作用，当股价反弹触及布林上轨时，往往会发生回撤，甚至反转。

图 5-28 为亚太药业日线级别 K 线图，行情时间跨度为 2018 年 9 月 20 日至

2019 年 10 月 30 日。图中箭头所示，股价多数时候在布林上轨会受压回撤，甚至反转下跌。

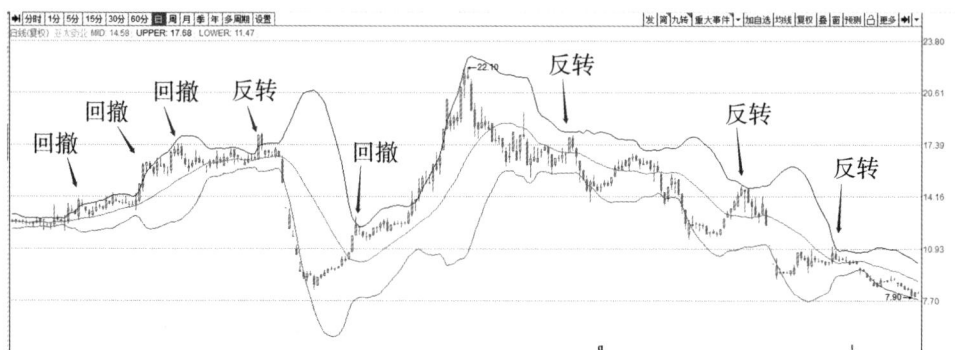

图 5-28

（2）当布林上轨斜率朝上时，往往对股价压力作用不明显，朝上的斜率越大，压力作用越小。

图 5-29 为浙文互联日线级别 K 线图，行情时间跨度为 2014 年 6 月 13 日至 2015 年 8 月 14 日。图中箭头所示，浙文互联布林带上轨朝上，价格无视上轨压力持续上涨。

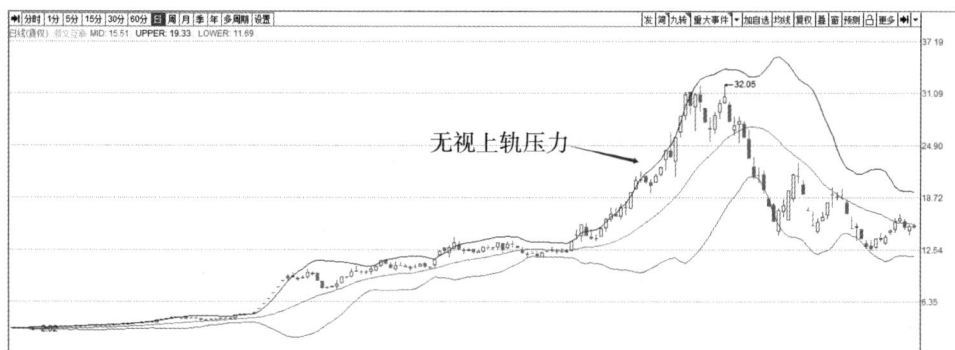

图 5-29

图 5-30 为阳普医疗日线级别 K 线图，行情时间跨度为 2019 年 9 月 11 日至 2020 年 6 月 18 日。图中箭头所示，阳普医疗布林带上轨朝上斜率非常大，价格无视上轨压力近乎直线上涨。

图 5-31 为硕世生物日线级别 K 线图，行情时间跨度为 2019 年 12 月 23 日

至 2021 年 1 月 18 日。图中箭头所示，硕世生物布林带上轨朝上，价格无视上轨
压力快速大涨。

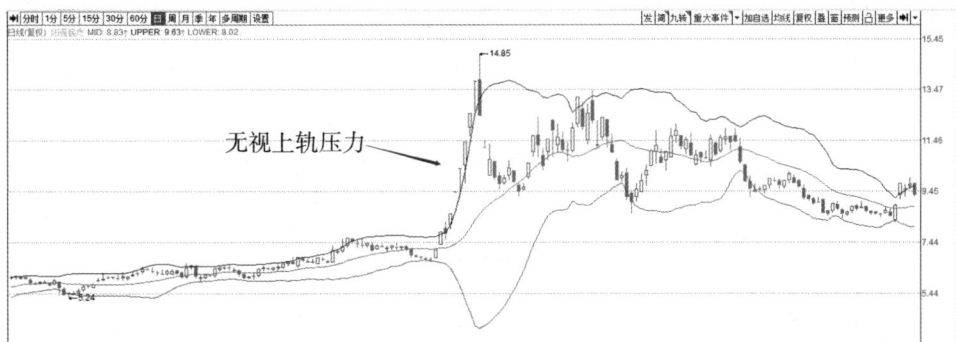

图 5-30

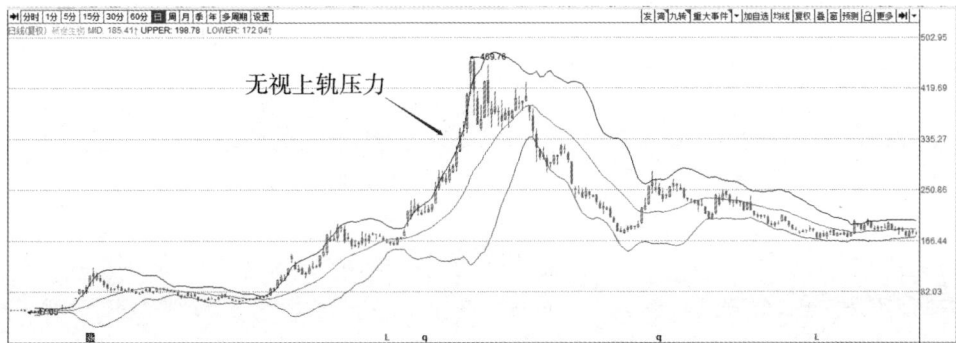

图 5-31

（3）当布林带上轨大幅度朝下时，对股价往往具有精准且强劲的压力作用，
且斜率越大，压力效果越强——布林带核心规律。

图 5-32 为复星医药日线级别 K 线图，行情时间跨度为 2017 年 10 月 20 日
至 2019 年 7 月 29 日。图中箭头所示，复星医药布林带上轨朝下，当股价反弹至
上轨附近时，都是精准的承压下跌。

图 5-33 为汇金科技日线级别 K 线图，行情时间跨度为 2020 年 4 月 2 日至
2022 年 1 月 22 日。图中箭头所示，汇金科技布林带上轨朝下，当股价反弹至上
轨附近时，都是精准的承压下跌。

图 5-34 为神思电子日线级别 K 线图，行情时间跨度为 2016 年 8 月 23 日至
2018 年 10 月 20 日。图中箭头所示，神思电子布林上轨朝下时，当股价反弹至
上轨，都是精准的承压下跌。

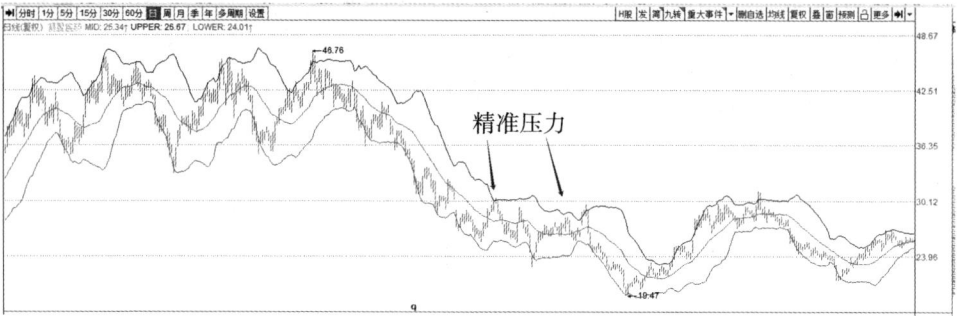

图 5-32

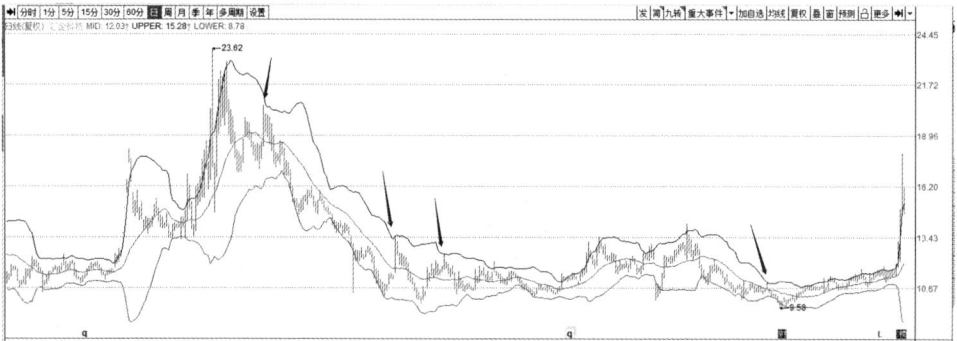

图 5-33

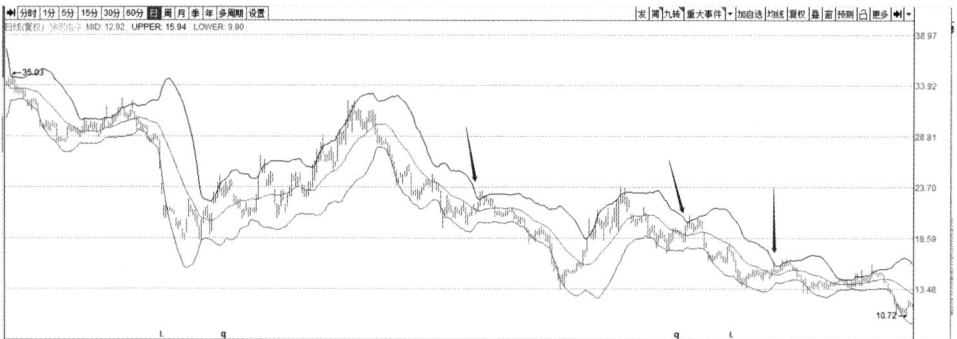

图 5-34

图 5-35 为保力新日线级别 K 线图，行情时间跨度为 2020 年 9 月 24 日至 2021 年 10 月 20 日。图中所示，箭头 1 处上轨朝下的斜率明显大于箭头 2，并且可以看到行情也是在箭头 1 处受到更强更精确的压力。价格在触及 1 处时，当天就下跌收成一根长上影线，随后继续暴跌，表明空头强势；价格在触及 2 处时，只是略微回撤，且后市下跌幅度也远没有 1 处大。所以很明显可以得出，1 处上

轨朝下的斜率大于 2 处，对股价的压力作用也是 1 处远强于 2 处。

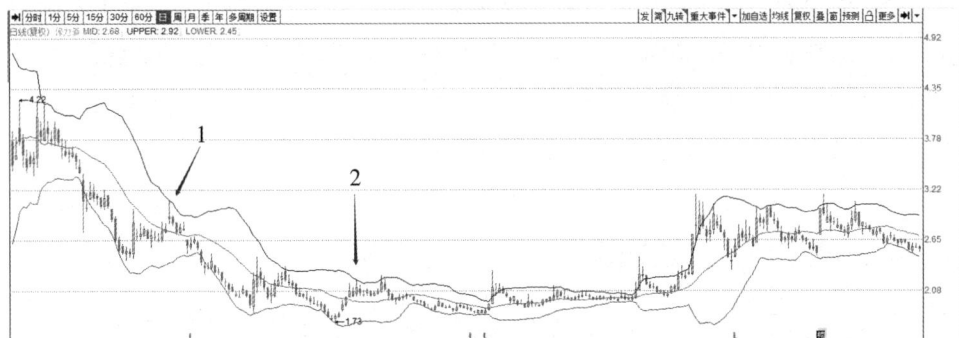

**图 5-35**

（4）布林上轨趋于水平。

当股价布林带上轨走平时，对股价只有微弱的压力或无压力，也就表示股价触碰到上轨，可能下跌，也可能上涨，概率五五分。但即使股价受阻于水平的布林上轨而下跌，其跌幅往往也不大，行情一般会被局限于狭小的布林带之内运行；而有时候股价也会直接冲破上轨压力，向上展开攻势。整体表现就是，当布林带上轨走平时，对股价表现为弱压力性。

图 5-36 为新开普日线级别 K 线图，行情时间跨度为 2016 年 4 月 13 日至 2017 年 15 月 19 日。图中所示，新开普的布林上轨趋于走平，上轨对于股价的压力并不强，呈中性。

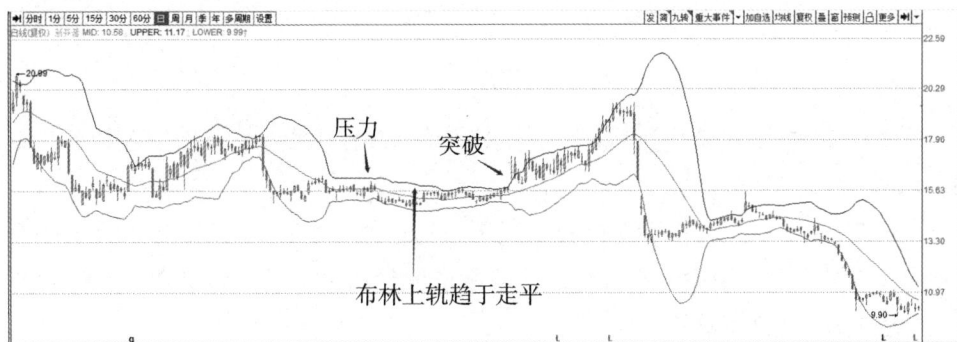

**图 5-36**

综上所述：当股价的运行方向与布林上轨的斜率方向一致时，布林上轨才会表现强劲的压力效果；股价的运行方向和布林上轨的斜率方向相反时，布林上轨基本没有什么压力作用；布林上轨走平时，对股价表现为微弱压力或中性。

在操作过程中，当布林下轨朝上时，可以放心持有股票，让利润奔跑，因为上轨此时对股价的压力非常微弱，斜率越朝上，压力越微弱；当布林上轨朝下时，应及时获利出场，因为上轨此时对股价具有强劲的压力，股价一旦反弹触及布林上轨，回撤的概率极大，斜率越朝下，压力越强大；当布林上轨走平时，上轨对股价几乎没有压力作用，此时行情处于震荡期，应该离场观望。

## 5.3　布林下轨的支撑作用

（1）一般来说，布林下轨对价格具有支撑作用，当股价下跌触及布林下轨时，往往会发生反弹，甚至反转。

图 5-37 为雄帝科技日线级别 K 线图，行情时间跨度为 2019 年 3 月 8 日至 2020 年 4 月 1 日。图中箭头所示，股价多数时候在布林下轨会受到支撑而反弹，甚至反转上涨。

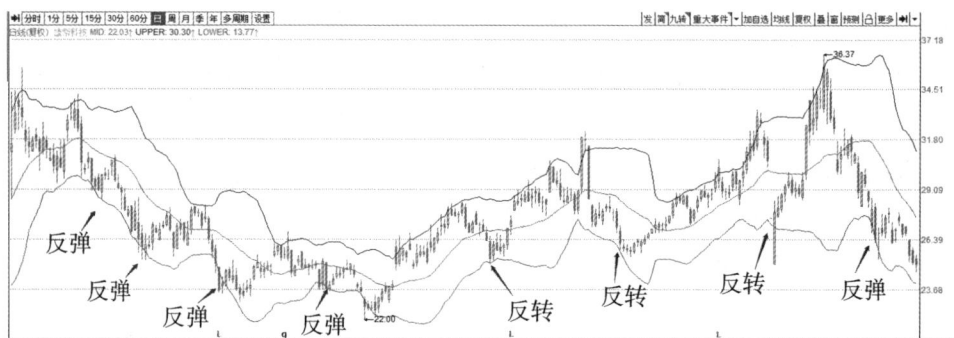

图 5-37

（2）当布林下轨斜率朝下时，往往对股价支撑作用很小，且斜率越朝下，支撑作用越小。

图 5-38 为国联水产日线级别 K 线图，行情时间跨度为 2015 年 1 月 5 日至 2016 年 7 月 5 日。图中箭头所示，国联水产股价布林下轨的斜率朝下，价格基本毫无支撑，持续下跌。

图 5-39 为翰宇药业日线级别 K 线图，行情时间跨度为 2020 年 5 月 25 日至 2021 年 6 月 18 日。图中箭头所示，翰宇药业股价布林下轨朝下，且斜率非常大，价格基本毫无抵抗，持续下行。

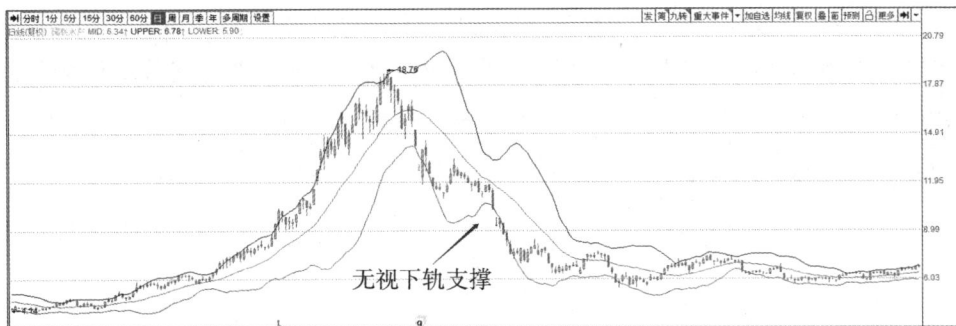

图 5-38

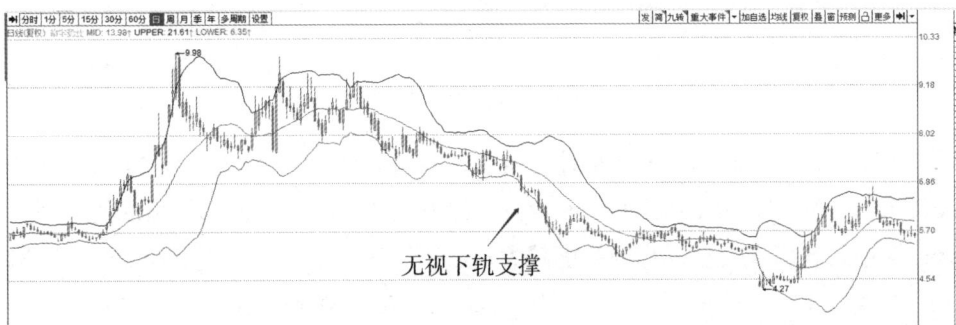

图 5-39

图 5-40 为柳工日线级别 K 线图，行情时间跨度为 2014 年 11 月 19 日至 2015 年 12 月 9 日。图中箭头所示，柳工股价布林下轨近乎呈直线朝下，遭到疯狂抛售，下轨的支撑作用微乎其微。

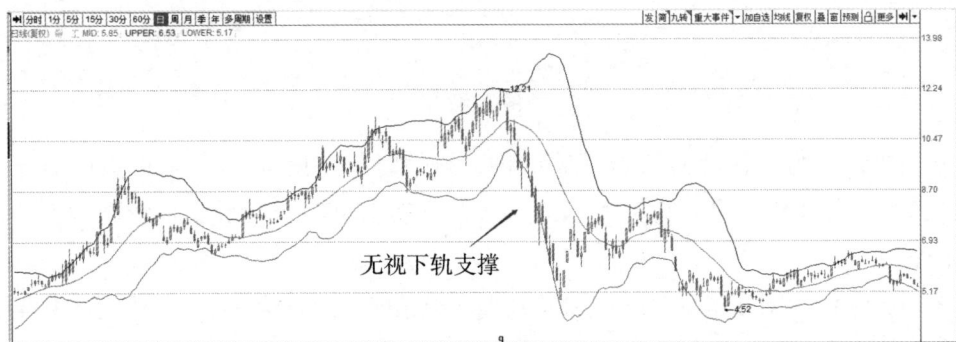

图 5-40

（3）当布林下轨大幅度朝上时，对股价往往具有精准且强劲的支撑作用，斜率越大，支撑效果越强——布林带核心规律。

图 5-41 为通威股份日线级别 K 线图，行情时间跨度为 2019 年 12 月 4 日至 2021 年 9 月 13 日。图中箭头所示，当布林下轨朝上时，股价都是精准的反弹上涨。

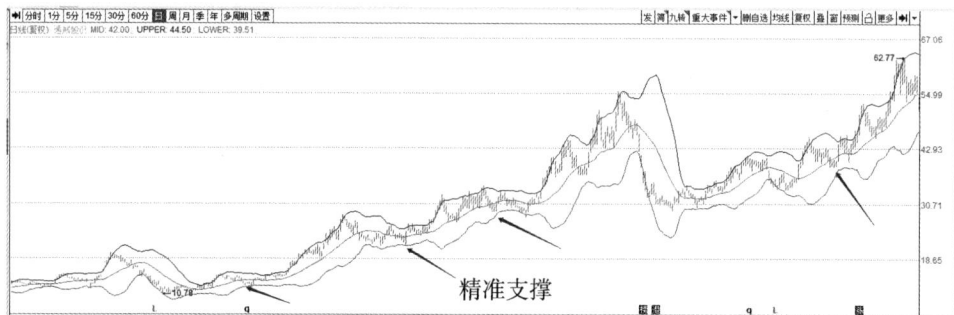

图 5-41

图 5-42 为福耀玻璃日线级别 K 线图，行情时间跨度为 2019 年 11 月 7 日至 2020 年 12 月 2 日。图中箭头所示，当布林下轨朝上时，股价都是精准的反弹上涨，且中轨斜率越大，反弹的幅度越大。

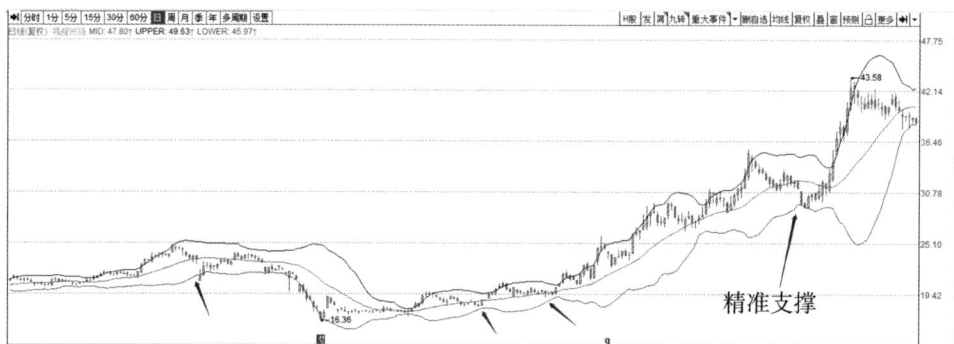

图 5-42

图 5-43 为万科 A 日线级别 K 线图，行情时间跨度为 2017 年 6 月 15 日至 2018 年 7 月 9 日。图中箭头所示，当布林下轨朝上时，股价都是精准的反弹上涨。

图 5-44 为阳谷华泰日线级别 K 线图，行情时间跨度为 2019 年 12 月 5 日至 2020 年 9 月 3 日。图中所示，箭头 1 处下轨朝上的斜率明显大于箭头 2 处，并且可以看到行情也是在箭头 1 处受到更强更精确的支撑。价格在触及 1 处时，当天就大阳上升，随后继续强劲表示，表明多头异常强势；价格在触及 2 处时，只是略微反弹，就受阻布林中轨再次回落。所以很明显可以得出，1 处下轨朝上的

斜率大于 2 处，对股价的支撑作用也是 1 处远强于 2 处。

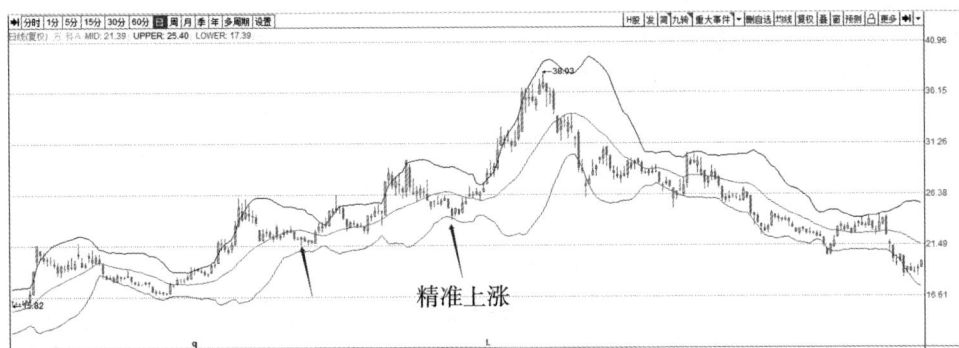

图 5-43

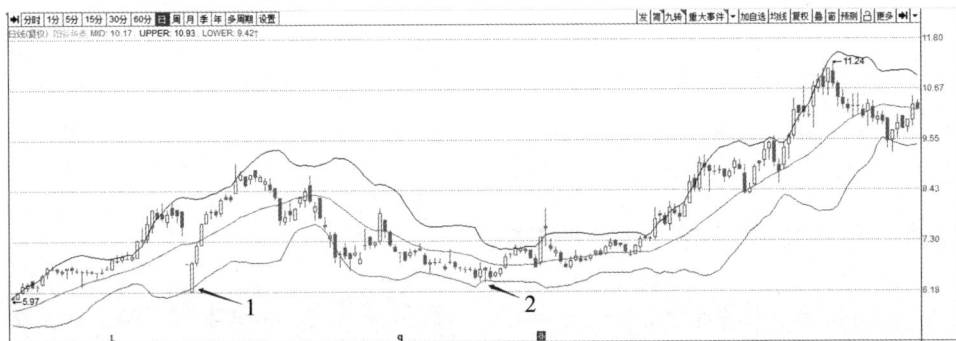

图 5-44

（4）布林下轨趋于水平。

当股价布林带下轨走平时，对股价只有微弱支撑或无支撑，也就表示股价触碰到下轨，可能反弹，也可能下跌，概率五五分。但即使股价受支撑于水平的布林下轨而反弹，其涨幅往往都不大，行情一般会被局限于狭小的布林带之内运行；而有时候股价也会直接跌破下轨支撑，继续大跌。整体表现就是，当布林带下轨走平时，对股价表现为弱支撑性。

图 5-45 为宝港股份日线级别 K 线图，行情时间跨度为 2018 年 2 月 12 日至 2019 年 3 月 12 日。图中所示，布林下轨趋于走平，下轨对于股价的支撑并不强劲，呈中性。

综上所述：当股价的运行方向与布林下轨的斜率方向一致时，布林下轨才会表现强劲的支撑效果；股价的运行方向和布林下轨的斜率方向相反时，布林下轨基本没有什么支撑作用；布林上轨走平时，对股价表现为弱支撑性。

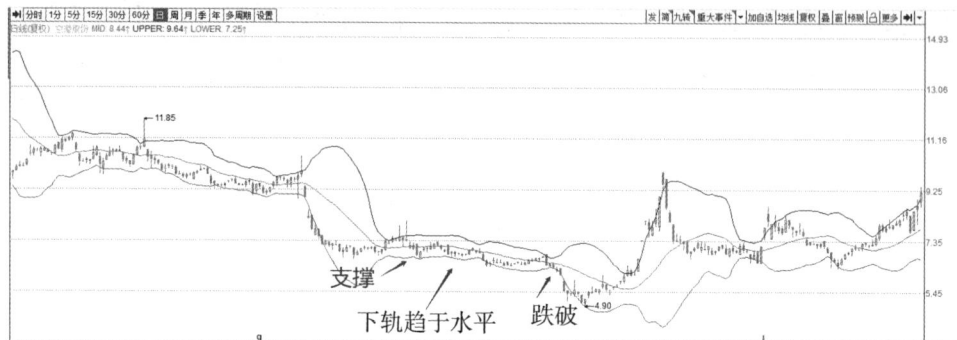

图 5-45

　　在操作过程中，当布林下轨朝上时，可以买入股票，往往能高概率买到起涨点，因为此时下轨对股价具有强劲的支撑，且斜率越朝上，支撑越强大；当布林下轨朝下时，应坚决不入市抄底，此时往往只会越抄越低，因为此时下轨对股价支撑作用非常微弱，且斜率越朝下，支撑越微弱；当布林下轨走平时，下轨对股价无支撑作用，此时行情处于震荡期，应该离场观望。

## 5.4　布林带常规用法及其弊端

　　我们先简单介绍布林带的一般用法，然后再详细阐述布林带撒手锏，这是布林带的一种新战法。读者可以通过比较传统战法与新战法之间的区别，加深理解布林带新战法的优势。

　　布林带用法很多，有几十种，但是大多数并不好用，往往是分析的时候非常准，但是使用的时候，却会让人不知所措。布林带严重的滞后性经常导致错误百出，这也就是俗称的马后炮。

　　图 5-46 为深南电路日线级别 K 线图，行情时间跨度为 2019 年 11 月 29 日至 2020 年 12 月 22 日。图中所示，根据布林带上下轨的压力支撑作用，新手在分析的时候可能主观认为在 A 点和 B 点买入可以完美获利，因此就认为布林带是非常有效的交易方法，而完全忽略 C 点、D 点和 E 点买入是亏损的。

　　虽然布林带交易方法很多，但我们对其进行改进归类后发现，事实上它只有三种用法，分别为震荡用法、趋势用法和突破用法，但每种用法都有无法规避的弊端。

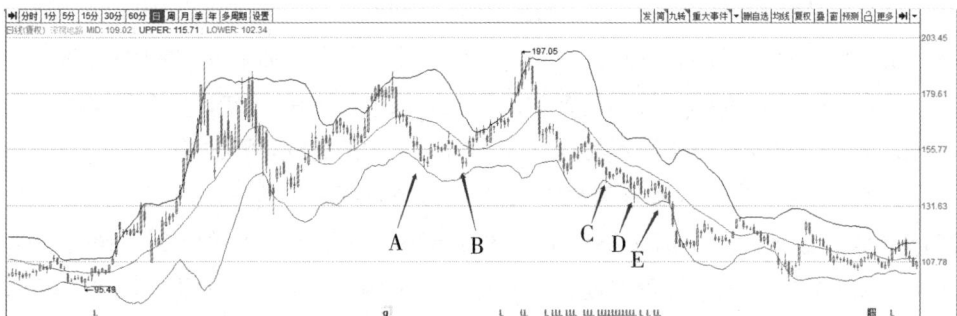

图 5-46

## 5.4.1 震荡用法及其弊端

### 1. 震荡用法

布林带震荡用法是，当布林带变窄走平时，布林带下轨为买入信号，上轨为获利目标。

图 5-47 为中国平安日线级别 K 线图，行情时间跨度为 2019 年 4 月 3 日至 2020 年 4 月 28 日。图中箭头所示，布林带的上下轨是趋于走平的，因此采用下轨买入的策略，大部分情况短线都有所获利，但是利润都比较小。

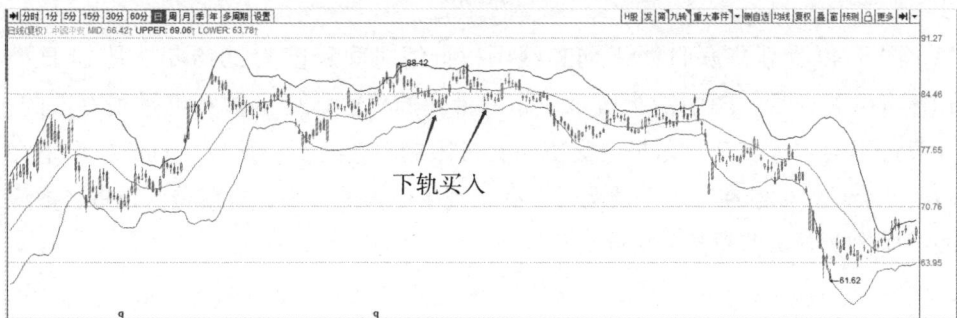

图 5-47

### 2. 震荡用法的弊端

布林带震荡用法的弊端主要有两点：一是容易赚小亏大，二是信号非常滞后。

①赚小亏大

震荡用法是依据缩口布林带操作设计的，所以一般适用于短线交易，利润比较小。有时候在布林带下轨买入，刚好是行情的最低点，使用震荡用法就容易卖飞行情；而一旦出错则又容易大亏，因为布林带总是告诉你行情会回到布林带之内，诱发你抗单，以期行情的反弹，但有些时候，行情会单边下跌，持续运行于布林带下方。所以震荡用法容易让你陷入赚小亏大的恶性循环之中。

图 5-48 为汇嘉时代日线级别 K 线图，行情时间跨度为 2018 年 3 月 26 日至 2019 年 4 月 8 日。图中箭头所示，布林带走平，震荡用法的策略是当股价回落触及布林下轨时买入，等价格反弹至布林上轨出场。理论上在震荡区域可以反复获利数次，但是每次盈利都相对较小，无法把握大的单边行情，有时候可能刚卖出，股价就大幅上涨冲破布林带压制。

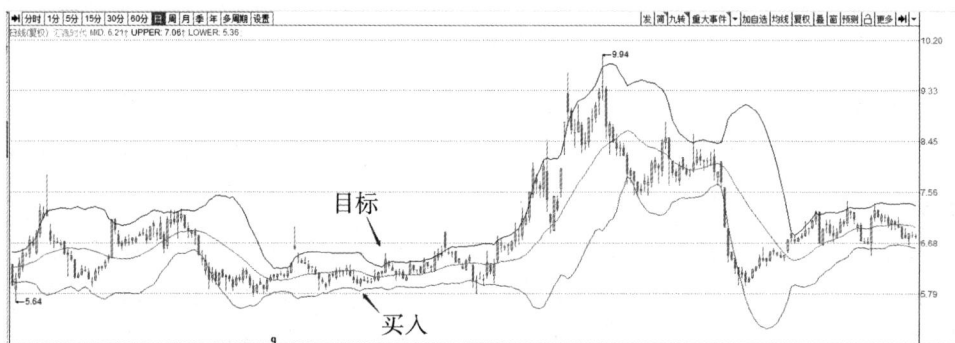

图 5-48

图 5-49 为新华联日线级别 K 线图，行情时间跨度为 2018 年 3 月 14 日至 2019 年 4 月 8 日。图中箭头所示，布林带在震荡区域中的盈利都是很有限的，且股价不会永远震荡，迟早会突破布林带限制单边运行，所以一旦股价向下突破，就会导致你刚在布林下轨买进，就出现了巨大的亏损，也就是像投资者抱怨的一样："为什么我总是一买就大亏。"

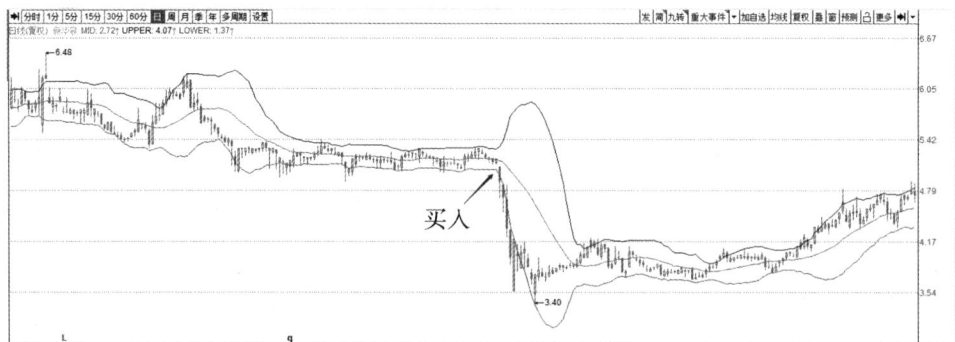

图 5-49

②滞后性

我们无法提前预测布林带什么时候走平，当我们发现布林带走平的时候，很可能行情震荡已经到了尾声，如果继续按照震荡用法操作，很可能买进就会立刻开始亏损。

图 5-50 为天虹股份日线级别 K 线图，行情时间跨度为 2020 年 2 月 24 日至 2021 年 3 月 18 日。图中箭头所示，当股价第一次触及布林带下轨时，此时下轨并没有明显趋于水平，根据震荡用法的原则不会买进，但股价偏偏是快速反弹，让我们错过短线盈利机会。当股价第二次触及布林带下轨时，此时下轨明显趋于水平状态，根据震荡用法的原则应该买进，但这次买进，股价就立刻击穿下轨，持续下跌。因此布林带的滞后性容易导致错的时候总是会买进，而对的时候却总是无法入场。

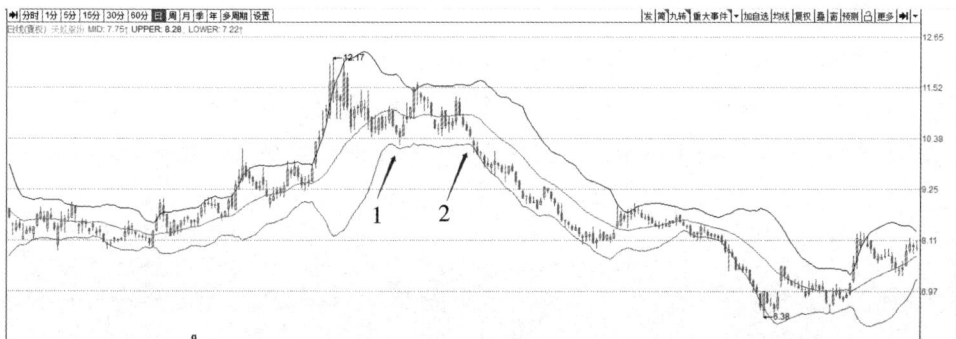

图 5-50

我们采取布林带震荡用法时，最苦恼的莫过于布林带刚走平又立刻开口向下，这是布林带滞后性造成的现象，往往会给我们带来巨大的损失。

图 5-51 为新华联日线级别 K 线图，行情时间跨度为 2020 年 3 月 2 日至 2021 年 3 月 24 日。图中箭头所示，按照之前缩口呈水平状的布林带判断，行情可能处于震荡趋势，但在下轨买入后，行情却突然转势，带动布林带开口朝下，导致交易发生亏损，这种布林带滞后性导致亏损的情况，是无法提前避开的。

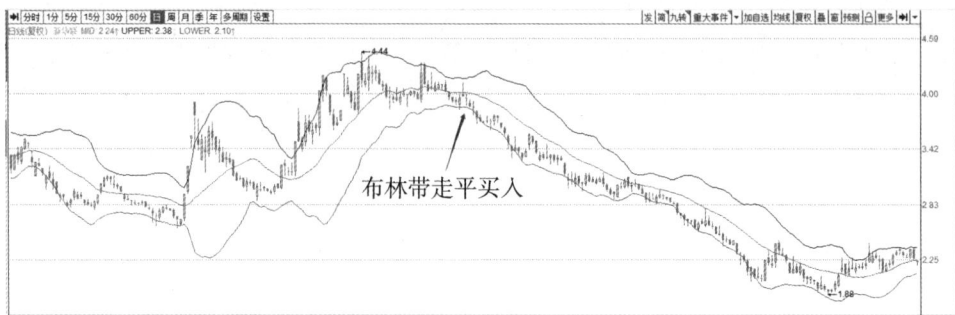

图 5-51

## 5.4.2 趋势用法及其弊端

### 1.趋势用法

布林带趋势用法，是当布林带朝上开口时，顺势买入。

图 5-52 为闻泰科技日线级别 K 线图，行情时间跨度为 2021 年 4 月 22 日至 2022 年 1 月 19 日。图中所示，当布林带开口朝上时，顺势跟进都能轻松获利。

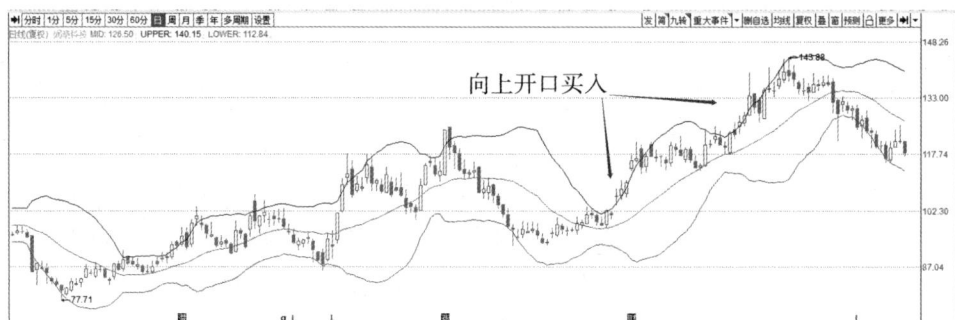

图 5-52

### 2.趋势用法的弊端

布林带趋势用法的弊端主要有两点：一是布林带趋势用法不能提供明确的出场目标，二是信号非常滞后。

①没有明确的目标

布林带是一个价格通道，总是告诉我们价格会在通道内运行，而事实上，价格强势的时候经常会在通道之外运行，布林通道对价格的限制作用非常有限，所以采用布林带趋势用法，很难找到应该在哪里离场。如果用布林上轨作为离场点，很显然作用不大，因为当行情强势上涨的时候，上轨压力基本失效，很容易导致卖飞的后果；如果等行情跌破中轨时出场，则往往又会丢失一大波利润，并且还会在出现虚假破位中轨时，被清洗出场。

图 5-53 为证通电子日线级别 K 线图，行情时间跨度为 2014 年 11 月 18 日至 2015 年 9 月 17 日。图中箭头所示，股价在布林上轨之外连续上涨，很显然布林上轨对股价毫无压力，无法提供有效的离场点。

图 5-54 为人人乐日线级别 K 线图，行情时间跨度为 2017 年 8 月 25 日至 2018 年 9 月 26 日。图中箭头所示，在布林带朝上时，顺势买入，如果以布林带跌破中轨为卖出原则，那么非但要回吐所有利润，还会导致亏损，所以采用跌破中轨作为出场信号，多数时候太晚了。

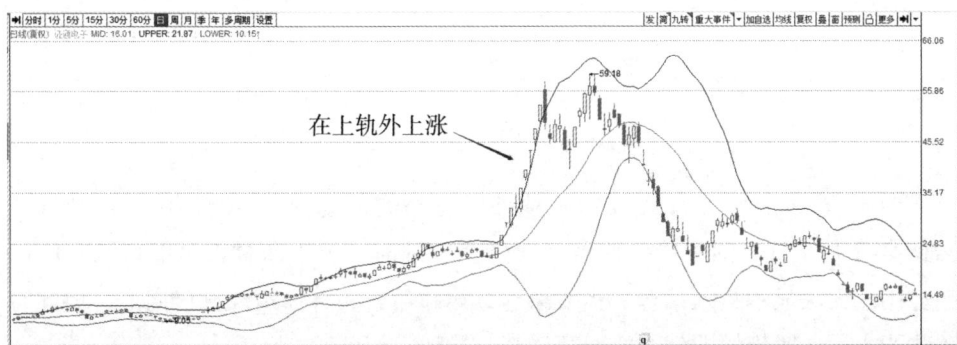

图 5-53

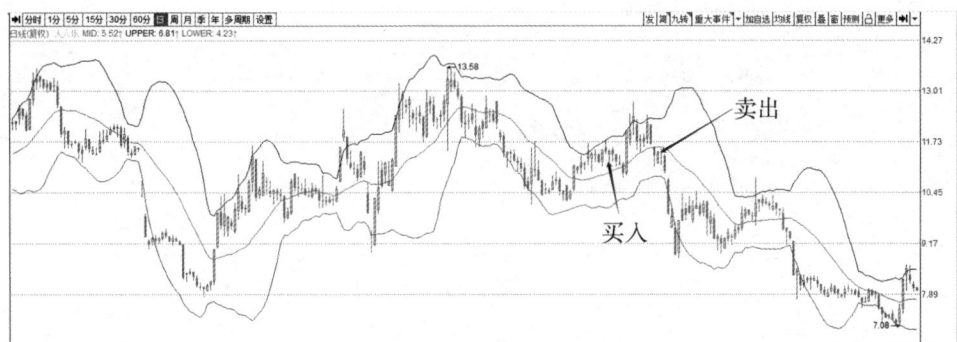

图 5-54

图 5-55 为湘邮科技日线级别 K 线图，行情时间跨度为 2014 年 8 月 25 日至 2015 年 9 月 24 日。图中箭头所示，股价向下虚破中轨，如果以布林带跌破中轨

为卖出原则，同样会导致过早出场，错过后市大好的风景。

②滞后性

虽然布林带的趋势用法会比震荡用法效果好一些，但其滞后性依旧是硬伤，入场点通常可能并不理想，也许买进就开始回调，这是布林带第一个滞后的特点。

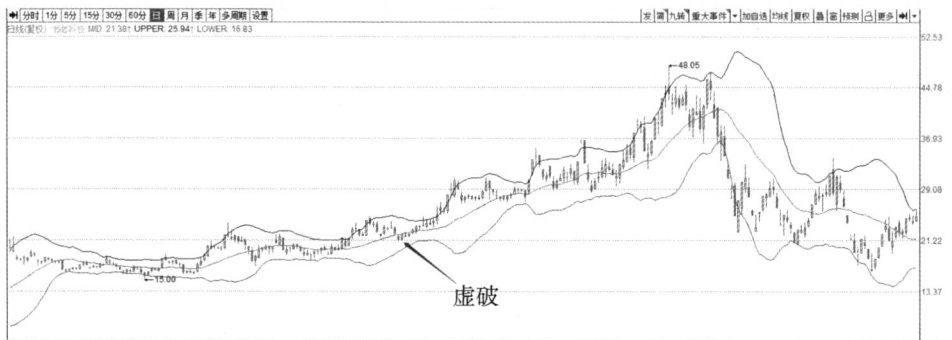

图 5-55

图 5-56 为生意宝日线级别 K 线图，行情时间跨度为 2017 年 8 月 17 日至 2018 年 9 月 7 日。图中箭头所示，股价在底部时，由于布林带呈缩口状，所以趋势用法无法显示买入信号；当股票连续爆拉后，布林通道才开口向上，但此时顺势买入后，股价随即就开始回落调整，导致一买就亏。

图 5-56

布林带第二个滞后的特点是，我们无法预测单边行情中开口的布林带什么时候走平，很容易导致买入就立刻被套在了最高点。

图 5-57 为深南电路日线级别 K 线图，行情时间跨度为 2020 年 4 月 21 日至 2022 年 1 月 19 日。如图中箭头所示，当我们按照之前开口朝上的布林带顺势跟

进时，就容易追涨到天花板而导致亏损。

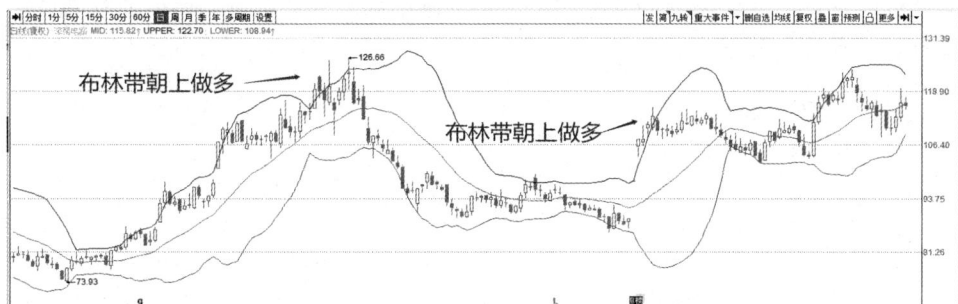

图 5-57

### 5.4.3 突破用法及其弊端

#### 1. 突破用法

布林带的突破用法，是指当股价突破布林带缩口区域时顺势跟进。

图 5-58 为亚光科技日线级别 K 线图，行情时间跨度为 2019 年 12 月 13 日至 2020 年 12 月 30 日。图中所示，当股价向上突破缩口布林带时，直接追涨，一般能有比较大的获利。

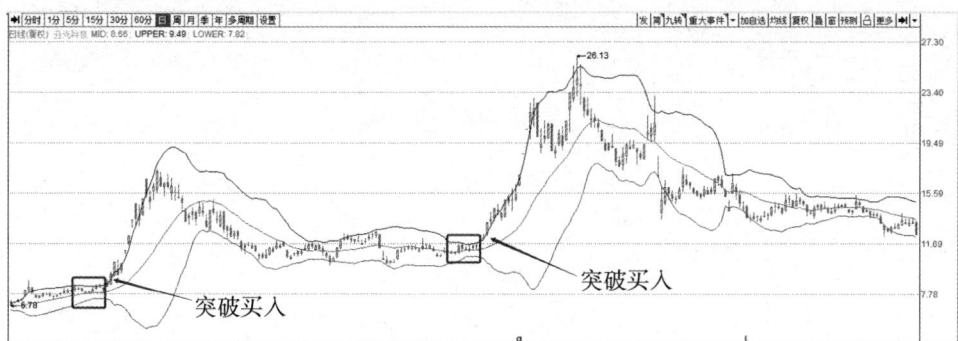

图 5-58

#### 2. 突破用法的弊端

虽然突破用法是布林带用法中相对比较高效的一种方法，但依然有巨大的弊端，总是让投资者晕头转向，反复亏损，这个弊端就是股价对于缩口布林带的突破经常会出现虚假信号。

图 5-59 为安科生物日线级别 K 线图，行情时间跨度为 2020 年 4 月 21 日至

2022年1月19日。如图中箭头所示，当行情刚刚突破布林带时，可能价格立刻又被打回去，形成虚破，如果采取布林带突破用法，顺势跟进，那么很容易被左右打脸。

图 5-59

图 5-60 为威帝股份日线级别 K 线图，行情时间跨度为 2017 年 7 月 25 日至 2018 年 8 月 14 日。如图中箭头所示，威帝股份多次向上试探冲破缩口布林带，但都是虚假信号，这会让投资者反复亏损，甚至抓狂。

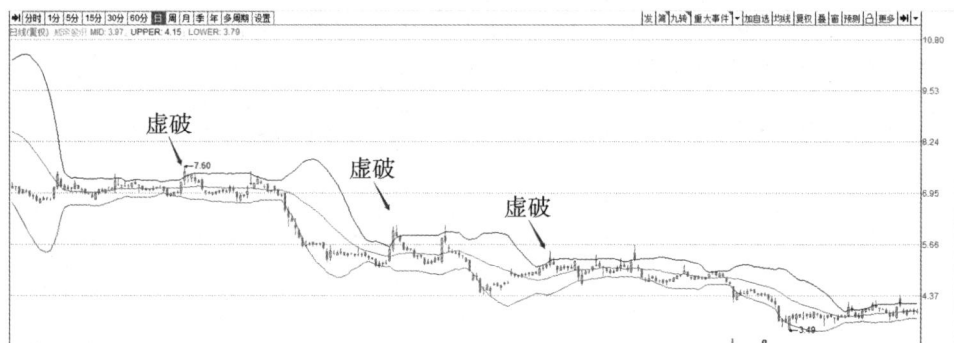

图 5-60

最让人痛恨的莫过于刚止损割肉，股价就飞涨。很多时候，股价跌破缩口布林带后，并没有继续下行，只是虚假打压，随后迅速强势拉升，大幅上涨，这样很容易让投资者看到股价跌破缩口布林带，而惊慌失措地卖出筹码，不料却卖在了最低点，导致本应该大赚却亏损卖出。

图 5-61 为亚光科技日线级别 K 线图，行情时间跨度为 2021 年 11 月 18 日至 2022 年 1 月 28 日。图中所示，亚光科技跌破缩口布林带后，只是略微下行，然后反转大涨，这也是一种虚破信号，主力故意造成技术性下跌信号，以清理散户，抢夺筹码。

图 5-61

## 5.5 布林带新战法

本节我们要讲的是布林带的新战法，也是布林带的撒手锏，该方法往往能买到股价的起涨点，甚至起爆点，与布林带一般用法不同，该方法不会受布林带滞后性的影响。

其实每一种技术指标都有很多种交易方法，其中概率最高、效果最好的却只有一种，比如斐波那契的 0.618 战法、MACD 的二次金叉战法等。所以对于某个技术指标，它可能有 20 种甚至 50 种使用方法，但我们不要所有方法都采用，而是要总结出该指标最为厉害的一种使用方法，这样就可以大大提升盈利能力。布林带指标也是如此，虽然布林带大部分使用方法都有弊端，但是仍然有一个交易绝招滞后性较低，胜率极高，且往往能买到行情的起涨点。布林带撒手锏中有两个买入信号通常能抓到行情的起涨点，分别为中轨起涨点和下轨起涨点。

### 5.5.1 布林带新规律

在讲解布林带撒手锏前，我们先介绍从原始控制点理论中得到的一个重要启发——第一次，从这个启发中我们可以找到布林带的新规律。

第一次在原始控制点中起着决定性的作用，它反映的是人们的心理，揭示的是人性。而根据利弗莫尔的观点，华尔街永不变，口袋变了，股票变了，但华尔街永不变，因为永不变，我们可以知道人性在金融市场起着恒定不变的作用，所以我们也可以把第一次用在布林带撒手锏交易法里。

我们可以把布林带的三条线看作移动的原始控制点，那么我们可以发现布林带的四条新规律。

规律一：在一轮单边行情中，当布林上轨朝下时，永远是股价第一次反弹触及上轨时，被打压的概率最高，跌幅也往往最大。

图5-62为杰克股份日线级别K线图，行情时间跨度为2018年12月17日至2020年1月9日。图中所示，股价第一次触及朝下的布林带上轨时，立刻掉头大幅下行，显示出强大的压力；当第二次触及布林带上轨时，只是下跌了一点；到了第三次触及布林带上轨时，行情并没有立刻下跌，而是继续攀升，此时布林带上轨的压力作用基本丧失殆尽。

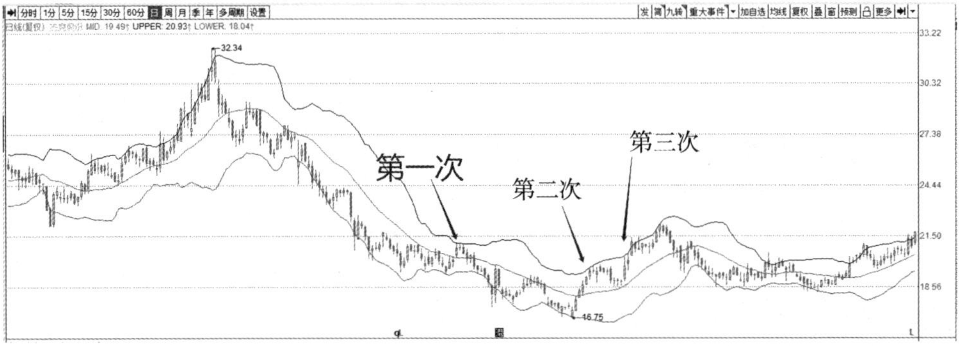

**图5-62**

从原始控制点的角度讲，第一次触及朝下的布林带上轨时，此时布林带上轨朝下，表明空头气焰强盛，空头认为趋势应该是强势下跌的，认为这么大的反弹幅度是不能容忍的。因此空头第一次看到股价反弹至布林上轨，对此不认可的程度最高，股价容易被空头强势打压，造成快速下跌；但随着价格多次试探布林带上轨，空头慢慢接受了这一现象，对股价触摸上轨的行为，打压力度在不断变弱。

其实我们还可以从能量和成本的角度解释第一个规律。

从能量的角度讲，这就好比空头在布林带上轨三次打压股价的过程中，能量在不断递减，"一鼓作气，再而衰，三而竭"，古人云，"事不过三"就是这个道理。所以在空头行情中，股价永远是初次反弹至布林上轨时，压力最强。

其实从成本的角度讲，股价触及布林带上轨次数越多，表明股票的均价越接近上轨，会将布林上轨的斜率向上推升，当布林上轨斜率越来越缓，甚至朝上时，对股价的压力自然会减弱。图中可见，布林上轨只有被股价第一次触及时，才是朝下的，第二次和第三次被股价触及时，布林上轨就开始朝上了。

需要注意的细节是，判断布林上轨某一点斜率的大小依据，是以在盘中观察价格触碰该点那一刻的上轨斜率大小或以该点之前的上轨斜率为准，而不是我们现在举的例子中，图表显示的行情已经发生之后的斜率，因为布林带本质是均线，是有滞后性的。

图5-63为金财互联日线级别K线图，行情时间跨度为2018年12月13日至2020年1月7日。图中所示，当布林上轨被股价第一次触及时，在我们现在举例的图表中，可以看到布林上轨是略微朝上的，但在盘中，布林上轨被股价第一次触及的那一刻一定是明显朝下的！只是行情第二天上涨，向上拉高了中轨的斜率。

所以我们在分析的时候，应该观察股价触及布林带上轨时，前面行情布林上轨的斜率朝上和大小；而在盘中交易的时候，应该观察股价触及布林带上轨那一刻时，上轨的斜率朝向和大小。

图中可见，股价第一次触及布林带上轨时，快速掉头，大幅下跌，布林带上轨显现出对股价强大的压力；而被股价第二次触及布林带上轨时，基本看不出任何压力所在，因为股价继续向上攀升，布林上轨也随之朝上运行。

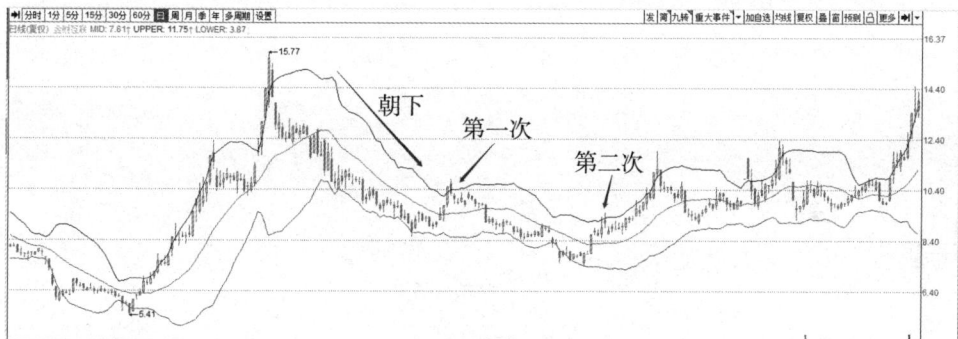

图 5-63

图5-64为株治集团日线级别K线图，行情时间跨度为2020年3月17日至2021年4月9日。图中所示，当股价第一次触及朝下的布林上轨时，几乎是秒速下跌，体现了布林上轨精确而强大的压力效应；而股价第二次触及布林上轨时，股价只是略微跌了一点，又继续上行，表明上轨对价格的压制力度变得很微弱。

规律二：在一轮单边行情中，当布林中轨朝上时，永远是股价第一次回撤触及中轨时，受支撑的概率最高，涨幅也往往最大。

图5-65为平煤股份日线级别K线图，行情时间跨度为2017年1月6日至

2018年1月29日。图中所示，股价第一次触及朝上的布林中轨时，上涨的幅度是最大的，因此从利润空间的角度来说，最佳的选择也应该是在股价第一次回落触及布林中轨时买入。而股价之后的每次触及布林中轨，不但反弹的概率会不断减小，获利空间也会下降。

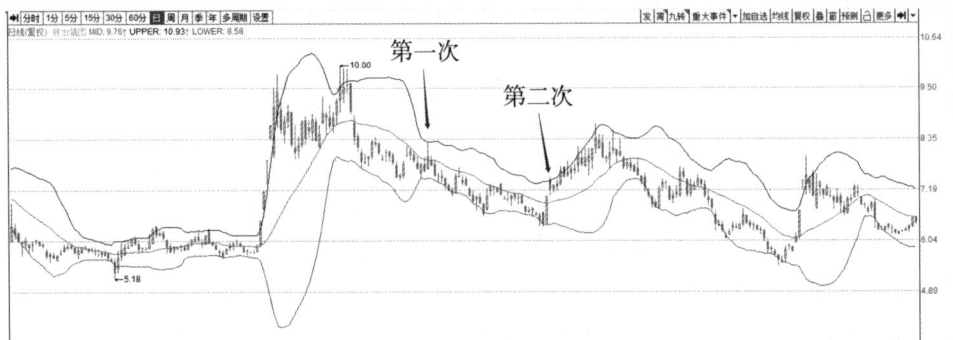

图 5-64

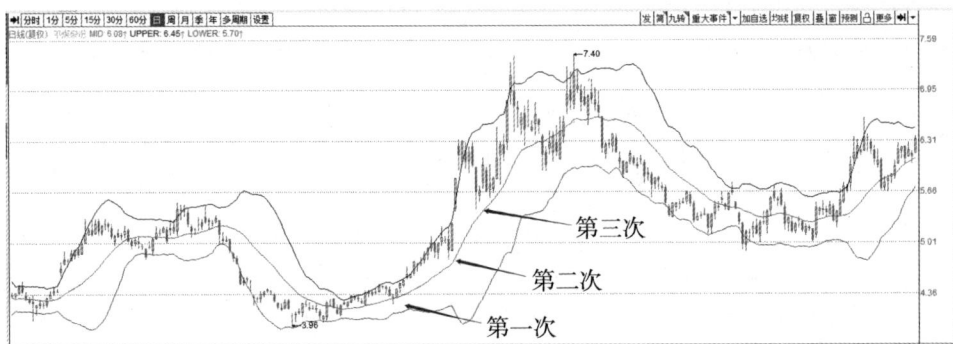

图 5-65

　　需要注意的是，朝下的布林中轨是不能去参与的。判断布林中轨是否朝上的方法是，观察之前行情的布林中轨趋向，如果在第一次回落触及布林中轨之前（时间临近）是朝上的，则往往就是买入时机；或在股价第一次回落触及布林中轨的那一刻，布林中轨是朝上的，则就是买入良机。趋势交易的原则是，眼睛看到什么就是什么，不能事后再去评判，因为布林带具有一定的滞后性，这一点也给我们举例分析带来一定的麻烦。

　　图 5-66 为金陵体育日线级别 K 线图，行情时间跨度为 2019 年 1 月 17 日至 2019 年 10 月 24 日。图中所示，股价第一次回落触及朝上的布林中轨时，快速回升并创新高，布林中轨显现出强劲的支撑；而股价第二次回落触及朝上的布林

中轨时，股价涨幅小于第一次，布林中轨支撑力度开始减弱；到了第三次股价触及布林中轨时，次日直接跳空跌破中轨，打破了上涨趋势，说明布林中轨此时对股价基本毫无支撑。

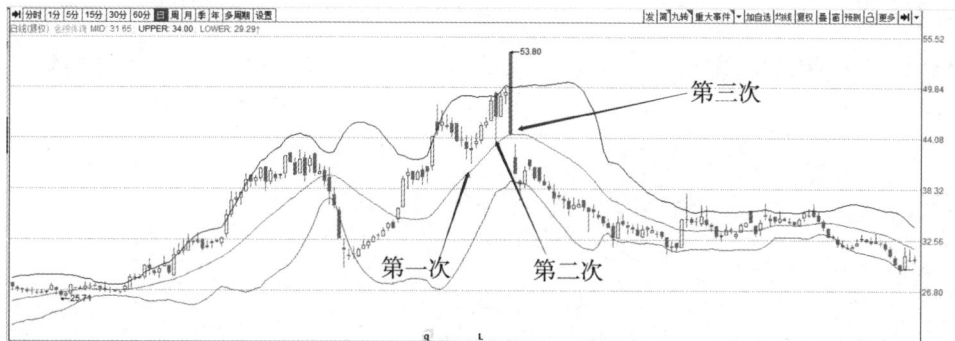

图 5-66

图 5-67 为天铁股份日线级别 K 线图，行情时间跨度为 2020 年 10 月 12 日至 2021 年 7 月 13 日。图中所示，股价第一次触及朝上的布林中轨时，迅速回升，当天就收取一根长下影线，随后继续上涨，显现出布林中轨强大的支撑力度；股价第二次触及布林中轨时，只是小幅反弹，随后跌破布林中轨，表明布林中轨的支撑力度比较弱。

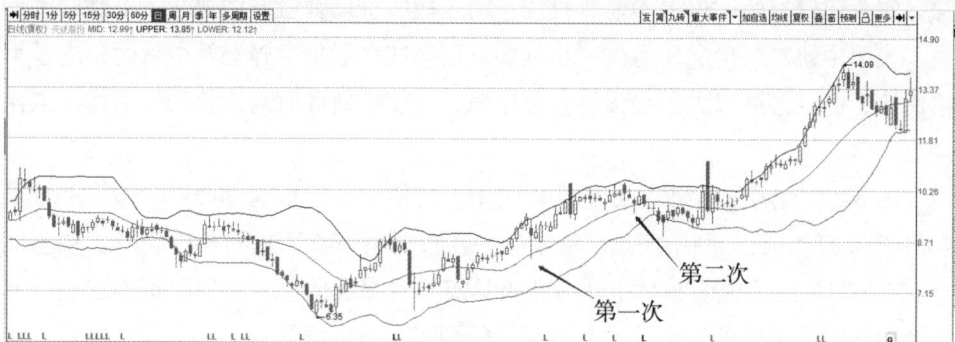

图 5-67

规律三：在一轮单边行情中，当布林中轨朝下时，永远是股价第一次反弹触及中轨时，受阻的概率最高，跌幅也往往最大。

图 5-68 为上汽集团日线级别 K 线图，行情时间跨度为 2019 年 11 月 25 日至 2020 年 8 月 27 日。图中所示，股价第一次反弹触及向下的布林中轨时，快速掉头，大阴下跌，表明布林中轨此时对股价具有强劲的压力；股价第二次反弹触

及布林中轨时，价格下跌的速度明显慢于前一次，表明布林中轨对股价的压力开始减弱；而股价第三次反弹至布林中轨时，次日直接强势穿越布林中轨，直线拉升，股价在布林中轨附近基本没有任何停留，表明此时布林中轨对股价毫无压力。

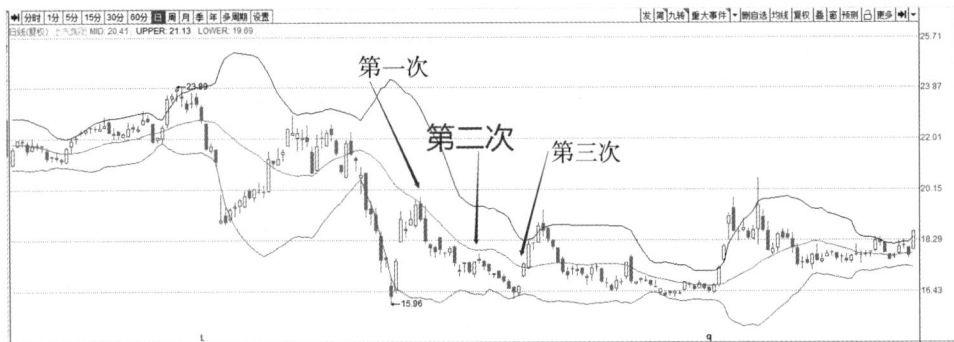

图 5-68

图 5-69 为海大集团日线级别 K 线图，行情时间跨度为 2020 年 12 月 27 日至 2021 年 1 月 12 日。图中所示，股价第一次反弹触及朝下的布林中轨时，快速掉头，近乎直线下挫，表明布林中轨对股价具有极强的压力；股价第二次反弹触及中轨时，直接站上中轨之上，形成虚破，表明中轨对股价的压力作用不强，空头比较迟疑，迟迟不愿意打压；第三次股价反弹触及中轨时，下跌幅度不大，表明中轨对股价的压力进一步减弱；而第四次股价反弹触及中轨时，先是小幅回落，但是最终以大阳线强势破位中轨，表明中轨此时对股价的压力作用消耗殆尽。

图 5-70 为用友网络日线级别 K 线图，行情时间跨度为 2020 年 8 月 19 日至 2021 年 9 月 10 日。图中所示，股价第一次反弹触及朝下的布林中轨时，快速下行，7 连阴下跌，说明布林中轨对股价具有异常强大的压力；但股价第二次反弹触及中轨时，中轨的压力性质就没那么管用了，股价略微跌了一点点，然后直接破位中轨。所以如果是融资融券，当布林中轨朝下时，应该选择股价第一次反弹触及布林中轨时，果断做空，这样往往能快速赢得不菲的利润，甚至比买涨股票获利更轻松。因为从股价的运动规律上看，下跌的速度总是会大于上涨的速度。

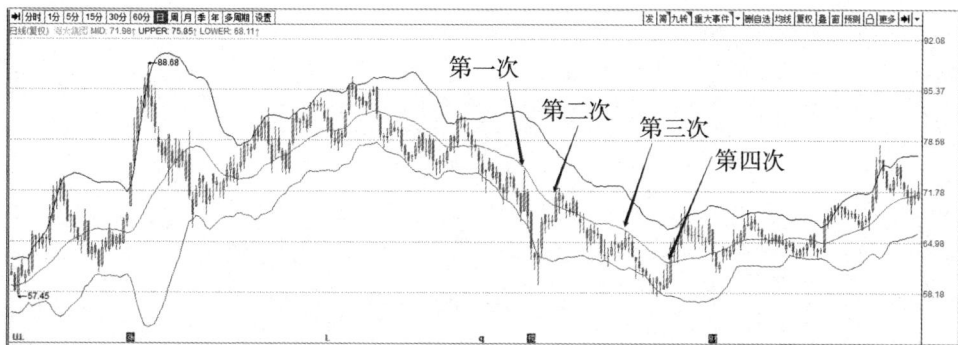

图 5-69

图 5-70

规律四：在一轮单边行情中，当布林下轨朝上时，永远是股价第一次回撤触及下轨时受支撑的概率最高，涨幅也往往最大。

图 5-71 为兆易创新日线级别 K 线图，行情时间跨度为 2020 年 12 月 16 日至 2022 年 1 月 11 日。图中所示，股价第一次回落触及朝上的布林下轨时，行情迅速反转，价格 10 连阳大涨，直线腾飞，表明布林下轨对股价具有极强的支撑；股价第二次回落触及布林下轨时，股价缓慢反弹，且在中轨就受到压力，掉头下跌，说明下轨对股价支撑明显不强。

图 5-72 为海康威视日线级别 K 线图，行情时间跨度为 2019 年 7 月 16 日至 2020 年 8 月 12 日。图中所示，股价第一次触及朝上的布林下轨时，快速反转大涨，表明下轨对股价具有极强的支撑。所以我们在交易过程中，应该选取股价第一次触及朝上的布林下轨时买入股票，往往能够在极短时间内收获颇丰。股价第二次触及布林下轨时，只是小幅反弹了一个交易日，随后连续跳空，断崖式下跌，说明布林下轨对股价毫无支撑。

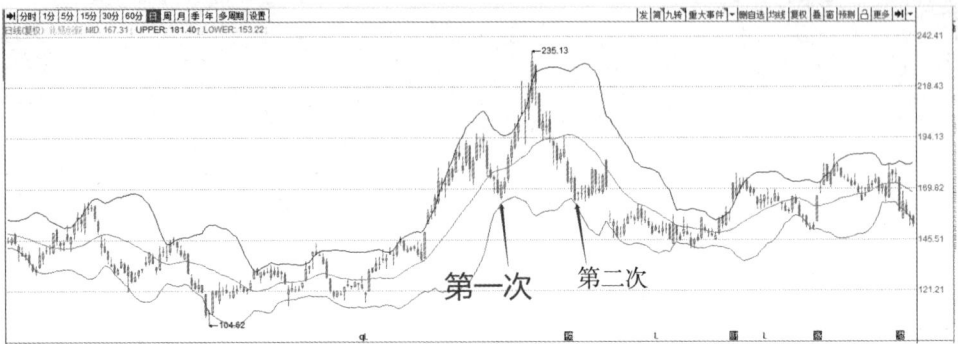

图 5-71

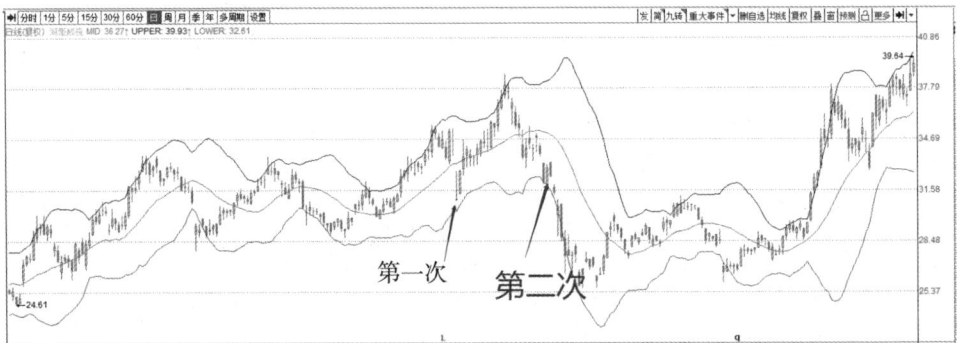

图 5-72

　　图 5-73 为宁德时代日线级别 K 线图，行情时间跨度为 2020 年 7 月 22 日至 2021 年 8 月 12 日。图中所示，股价经过一轮单边大涨之后，布林下轨朝上，股价第一次回落触及布林下轨时，价格马上回升，虽然没有再次创新高，但也回升到布林上轨，上涨了 20%；股价第二次触及布林下轨时，此时布林下轨也走平了，价格并没有反弹，而是继续下跌。

　　从成本的角度解释，股价第一次反弹时，并没有大涨，触碰上轨后立刻回落，那么价格的平均作用一定会把均线的斜率拉缓；当价格第二次回落触及布林下轨时，下轨朝上的斜率一定比前一次的斜率小，甚至可能是水平或者朝下的，那么自然就无法给股价提供支撑效应。所以当布林下轨朝上时，永远是价格第一次回落触及布林下轨时，受到的支撑力度最强，因此我们必须依据第一次作为交易时机。

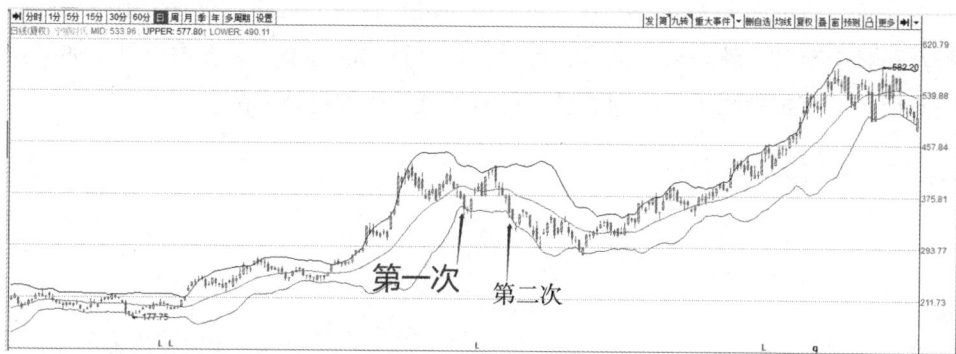

图 5–73

### 5.5.2　中轨起涨点

结合布林带的第二条新规律，我们可以总结出布林带撒手锏之一——中轨起涨点。

中轨起涨点的买入条件如下：

第一，行情突破缩口布林带，形成一轮快速上涨行情，然后开始第一波向下回撤。

布林带前期缩口，突破后往往会有一个回抽动作，第一次回抽往往能形成行情的起涨点。需要注意的是，股价必须强势突破布林带收敛区间，布林带缩口区域的股价越收敛越好，蓄势时间越长越好。注意，只在第一次回抽中寻找起涨点。

第二，布林带中轨强势朝上。

其实股价快速突破缩口布林带后，往往就能将布林中轨的斜率拉起来，使布林中轨朝上延伸。

而当布林带中轨强势朝上的时候，那么由于布林中轨是均线，所以根据数字运动规律，后市行情几乎一定会被成本推动而上涨，就算不涨也都会有一定的反弹空间。

第三，回调触及布林中轨为买入点。

布林带中轨强势朝上的时候，中轨能提供精准的支撑作用，所以在中轨买入往往一买就赚，通常是后市行情的起涨点。

图 5–74 为元隆雅图日线级别 K 线图，行情时间跨度为 2021 年 4 月 15 日至 2022 年 1 月 19 日。图中所示，股价突破了缩口型布林带，且突破了前期震荡区

间的高点，股价向上大涨一波后，布林中轨也开始朝上延伸。当股价第一次回撤触及布林中轨时，就是买入信号，此时往往是行情的起涨点。图中可见，如果在箭头所示的布林中轨买入，则买进就是最低点，能够迅速大赚。

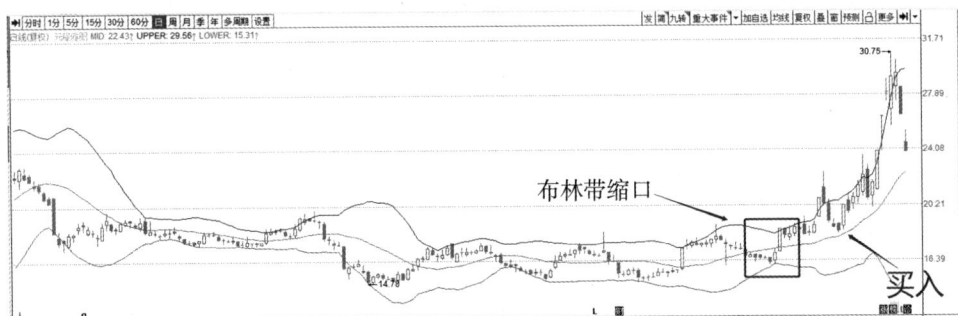

图 5-74

图 5-75 为济民药业日线级别 K 线图，行情时间跨度为 2021 年 4 月 15 日至 2022 年 1 月 19 日。图中所示，股价先是经过窄幅整理，布林带也跟着缩口，随后行情慢慢向上攀升，突然大阳拉升，冲破布林带，并突破前期矩形震荡的高点，布林中轨也开始朝上运行，这个时候就要注意了，一旦股价首次回撤至布林中轨就要立刻买入。图中可见，股价随后步步攀升，首次回撤中轨的价位就是行情的起涨点。

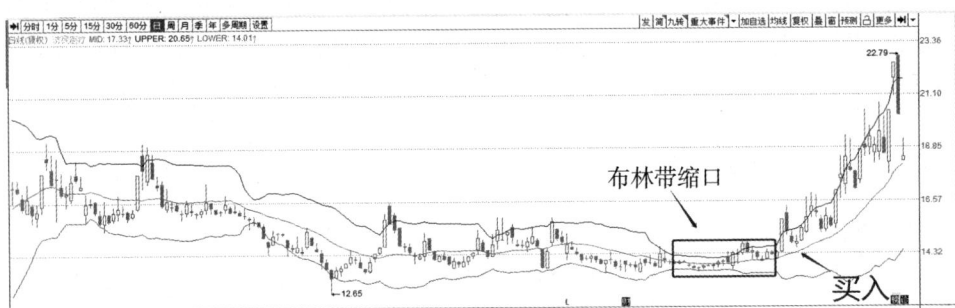

图 5-75

布林带撒手锏之中轨起涨点是非常高效的交易方法，成功率非常高，获利幅度也非常大。

图 5-76 为株治集团日线级别 K 线图，行情时间跨度为 2021 年 3 月 26 日至 2021 年 12 月 27 日。图中所示，股价冲破缩口布林带后，第一轮涨到 8.3 元附近，开始向下第一波回撤，当股价触及中轨 7 元时，我们就应该毫不犹豫地买入

股票。图中可见，股价像拉满的弓一样，立刻向空中发射，上涨 110%，入场点就是行情的起爆点。

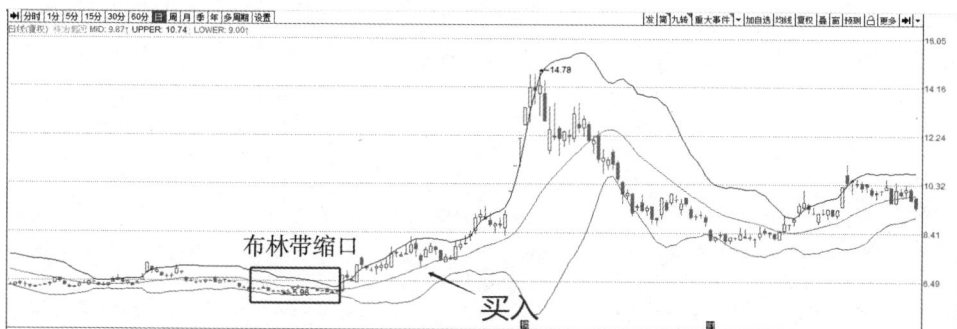

图 5-76

布林带撒手锏之中轨起涨点的三个条件必须严格遵守，缺一不可。如果股价突破缩口布林带后，快速上涨，始终不给回抽触及布林中轨的机会，这时我们一定要耐心等待，不要急于入场，不然你很可能刚买进就大幅回撤，让你陷入较大的浮亏之中。不必担心行情不给机会，市场不可能也不会直线上涨，其实就算不给机会最多也只是不赚钱而已，起码你不会亏钱。要记住只有第一次反抽至中轨时，才是最佳的入场时机，并且需要强调的是，无论中轨起涨点距离底部有多远，你都不要恐高，依据原则行事，行情往往没有最高，只会更高。

图 5-77 为国旅联合日线级别 K 线图，行情时间跨度为 2014 年 10 月 20 日至 2015 年 11 月 18 日。图中所示，股价 8 连阳，强势突破缩口布林带，你可能一直在等，想等股票回撤一点再买进，但股价好像被托住了一样，始终没有半点回调的意思，此时一定不要着急，如果它能直线上天，那就当作看一场金融史上最精彩的表演吧，事实上这是绝对不可能的，永远也不会有直线上涨的股票。我们入场的依据不应该是觉得有多大把握股票会涨，而更应该考虑的是风险会有多大，如果在高位追涨，一旦回撤浮亏是难以忍受的，所以应该耐心等调整到中轨再入市，这样你的止损风险会小很多，且更容易让你买到起涨点，但必须注意的是，中轨朝上延伸，且斜率越大越好。图中可见，如果急于高位追涨，你就会立刻套 20% 多；而如果你有耐心等到初次触及朝上的中轨时买入，则一买就赚，马上出现浮盈，股价触及中轨后，连续跳升。

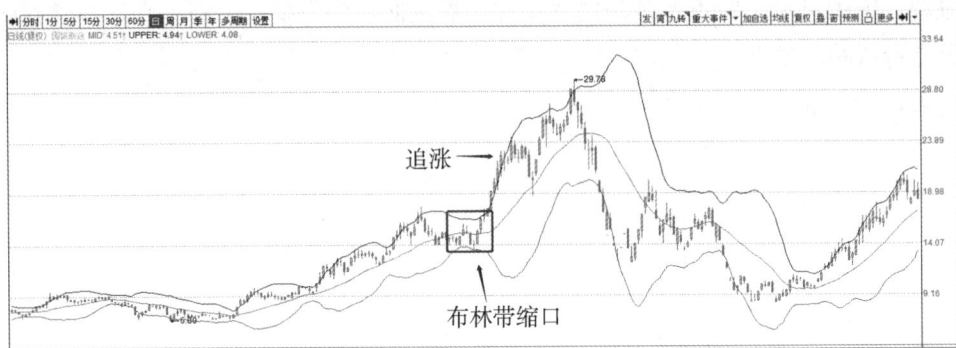

图 5-77

图 5-78 为恒天海龙日线级别 K 线图，行情时间跨度为 2018 年 8 月 30 日至 2019 年 9 月 30 日。图中所示，虽然股价初次触及中轨时，已经大涨很多，看起来已经相当高了，但是此时中轨斜率极大，你应该毫不犹豫地买进。图中可见，股价随后再度直线飙升。

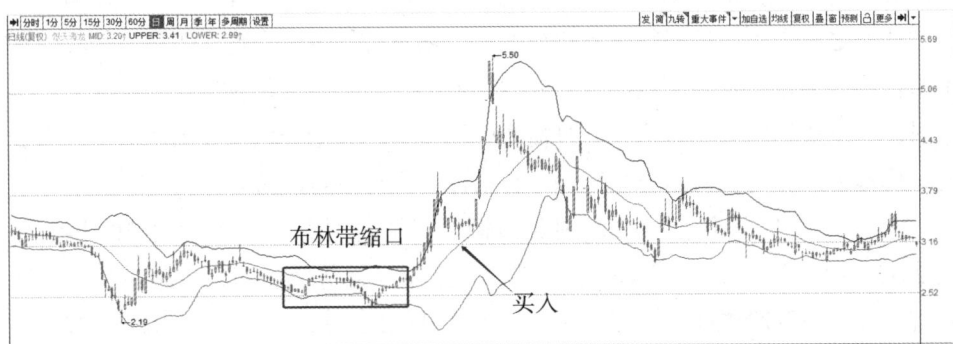

图 5-78

图 5-79 为江特电机日线级别 K 线图，行情时间跨度为 2017 年 1 月 20 日至 2018 年 2 月 12 日。图中所示，江特电机的股价波动完全符合中轨起涨点的三个条件，如果你在股价第一次触及朝上的布林中轨时买入，立刻就能获利，轻松抓住行情的起涨点，不到 2 个月股价就上涨 100%。

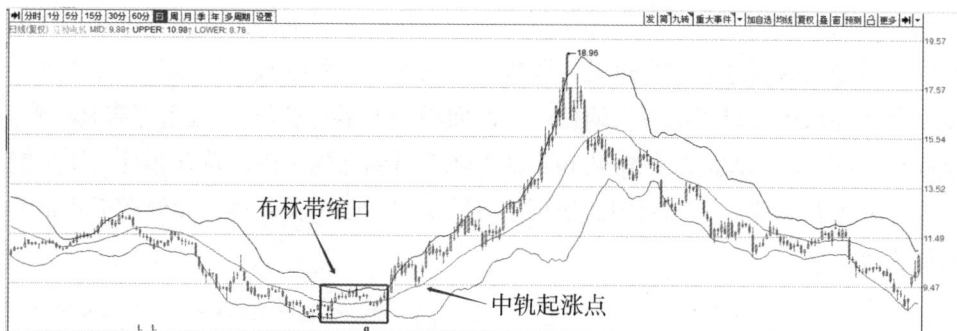

图 5-79

### 5.5.3  下轨起涨点

结合布林带第四条新规律，我们可以总结出布林带撒手锏之二——下轨起涨点。

下轨起涨点的买入条件如下：

第一，行情突破缩口布林带，形成一轮快速上涨行情，然后开始第一波向下回撤。

布林带前期缩口，突破后往往会有一个回抽动作，这第一次回抽往往能形成后市行情的起涨点。需要注意的是，股价必须强势突破布林带收敛区间，布林带缩口区域的股价越收敛越好，蓄势时间越长越好。注意只在第一次回抽中寻找起涨点。

第二，布林带中轨和下轨都朝上，尤其是布林带中轨也必须强势朝上。

布林带中轨强势朝上，布林下轨也朝上时，逢股价回落触及下轨则买入，往往能高概率买到起涨点。如果布林中轨强势朝上，且布林下轨也朝上，那么根据数字运动规律，价格的回落只是正常回调，在两条斜率朝上的成本线的拉动之下，后市行情几乎一定会被成本推动而上涨，就算不涨也会有一定的反弹空间。其实可以把回落至下轨的行情看作是一次错杀，因为正常的突破行情，一般在布林中轨就会得到支撑而反弹回升，所以这种情况是比较少见的。

第三，股价回调触及布林下轨为买入信号。

布林带下轨强势朝上的时候，下轨能提供精准的支撑作用，所以在下轨买入往往一买就赚，通常是后市行情的起涨点。

图 5-80 为新华联日线级别 K 线图，行情时间跨度为 2020 年 10 月 30 日至 2021 年 11 月 23 日。图中所示，股价快速上涨，突破了缩口型布林带，且突破

了前期震荡区间的高点，将布林中轨强势向上拉升，股价第一次回撤触及布林中轨时，就是买入信号。图中可见，股价第一次在中轨附近直线反弹。随后股价再度回落（注意中轨只买第一次回撤，二次回撤一定不要参与），且击穿布林中轨，下跌至布林下轨，此时布林中轨和布林下轨都是朝上的，因此符合布林带撒手锏之二——下轨起涨点买入法则，如果在下轨买进，则一买就赚，股价在下轨精准反弹大涨。

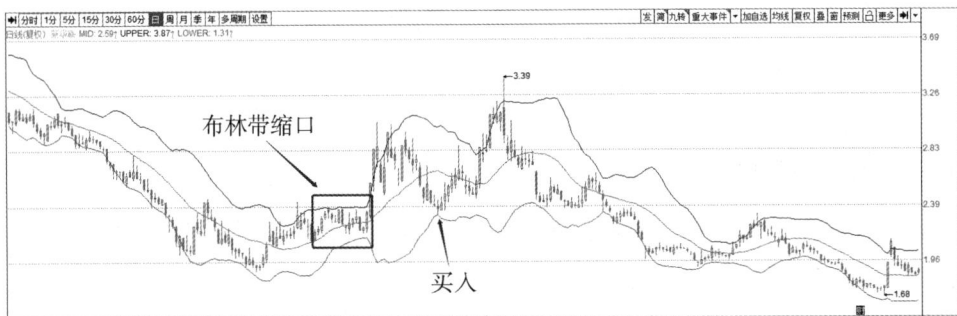

图 5-80

图 5-81 为谱尼测试日线级别 K 线图，行情时间跨度为 2021 年 4 月 15 日至 2022 年 1 月 19 日。图中所示，股价先是小幅整理，使得布林带收敛缩口，随后价格开始连续上涨，冲破布林带，并突破了前期震荡区间的高点；之后价格没有快速回撤，而是缓慢震荡下行，这个过程中，布林中轨被不断地向上拉升（根据成本推动效应，缓慢震荡调整，一定会将布林中轨的斜率拉起来）。股价第一次触及中轨时，就可以买入，不过股票并没有大涨，而是继续小幅震荡下行，并跌至下轨，其实整体股价从中轨到下轨并没有跌很多，表明卖空意愿不强，多头异常强劲，此时中轨和下轨都是朝上扬的，因此下轨依旧是很好的买入机会。图中可见，随后股价从下轨附近开始起涨，快速翻倍。

布林带撒手锏之下轨起涨点是对中轨起涨点的补充，因为市场有时候会虚破中轨，但是随后又会快速拉升。

图 5-82 为粤宏远 A 日线级别 K 线图，行情时间跨度为 2014 年 12 月 8 日至 2015 年 9 月 9 日。图中所示，股价突破缩口布林带，然后首次快速回撤至下轨附近，此时布林带下轨斜率明显朝上，根据下轨起涨点原则应该买入。图中可见，股价首次触及布林带下轨后，立即反弹大涨。

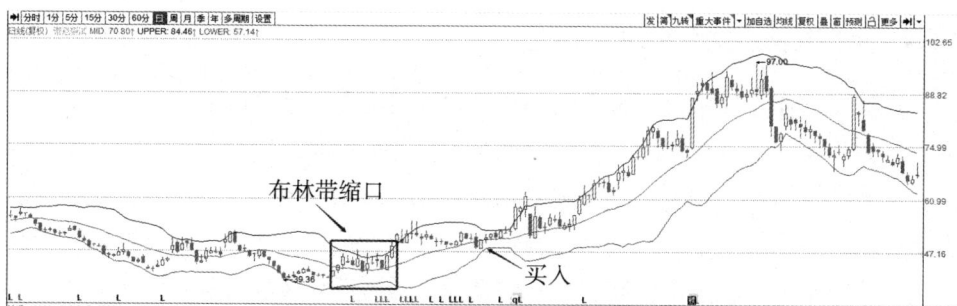

图 5-81

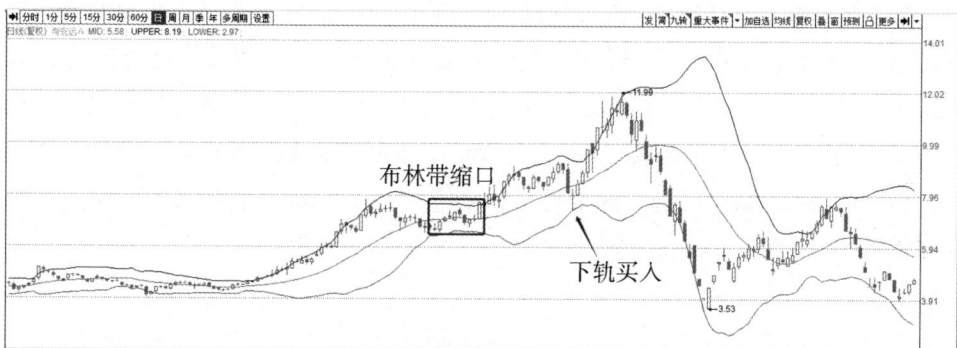

图 5-82

图 5-83 为中微电子日线级别 K 线图,行情时间跨度为 2014 年 11 月 21 日至 2015 年 12 月 14 日。图中所示,中微电子的股价波动完全符合下轨起涨点的三个条件,买入就是起涨点,股价嗖嗖地向上穿梭。

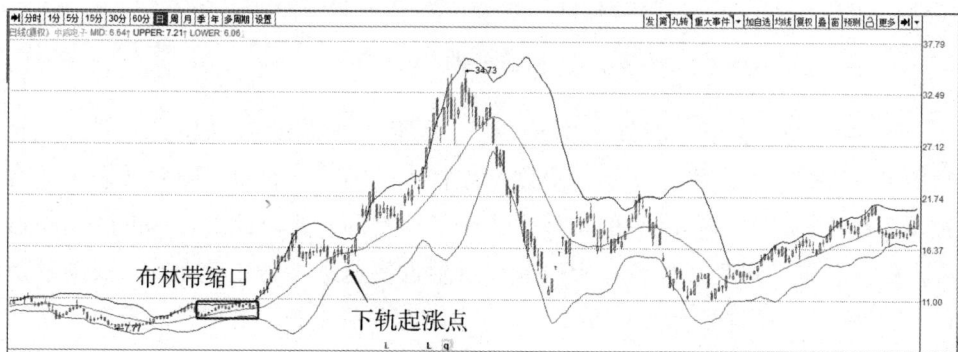

图 5-83

### 5.5.4 两大起涨点结合用法

在实际操作过程中可以将中轨起涨点和下轨起涨点结合起来使用，在中轨起涨点开始建仓，一旦盈利后，待股价触及下轨起涨点时再加仓买入。需要注意的是，中轨起涨点和下轨起涨点都是在股价突破缩口布林带后，首次回调中出现，也就表示在一轮行情中，只有一次建仓和一次加仓机会，第一单建仓就是中轨起涨点，第二单加仓就是下轨起涨点。如果股价随后反复多次触及中轨和下轨，都不再是买入信号。

图 5-84 为岭南股份日线级别 K 线图，行情时间跨度为 2014 年 10 月 13 日至 2017 年 1 月 6 日。图中所示，股价突破缩口布林带后，第一次回调触及中轨起涨点（满足起涨点三个条件），此时开始建仓第一单；随后价格继续拉升大涨，账面已经有了非常大的盈利，股价在 10.2 元附近再次回撤，注意此时回撤至中轨不是买点（因为是第二次），当股价继续回落至下轨起涨点（满足起涨点三个条件）时，加仓买进。图中可见，加仓之后，股价再度起飞，一路上涨至 13.59 元。

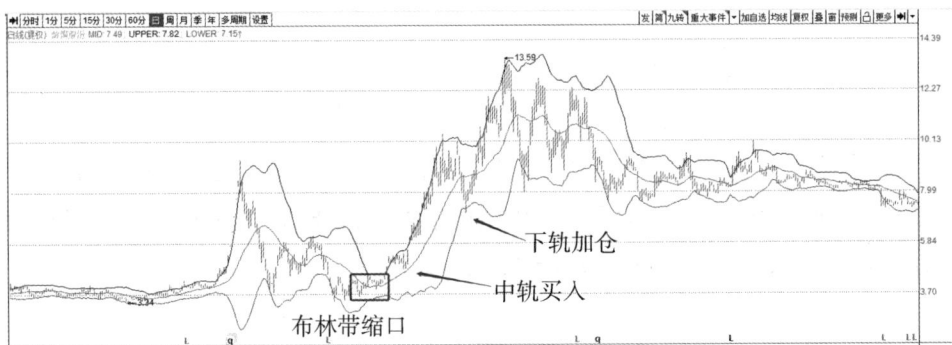

图 5-84

图 5-85 为东信和平日线级别 K 线图，行情时间跨度为 2018 年 3 月 2 日至 2019 年 12 月 19 日。图中所示，股价突破狭小的缩口布林带，随后回撤第一次触及布林中轨，且东信和平的布林中轨也是朝上的，所以此时是标准的起涨点买入信号。图中可见，股价在中轨起涨点附近快速进行第二轮上升，最高触及 10.87 元附近，此时股价再度回撤，且一直跌至布林下轨，此时是股价第一次回撤至布林下轨，布林下轨朝上，因此是标准的下轨起涨点，又因为第一单已经有了很大的账面利润，因此可以再次加仓买进。我们可以从图中看到，股价在下轨

起涨点附近直接起飞上涨，快速冲高。

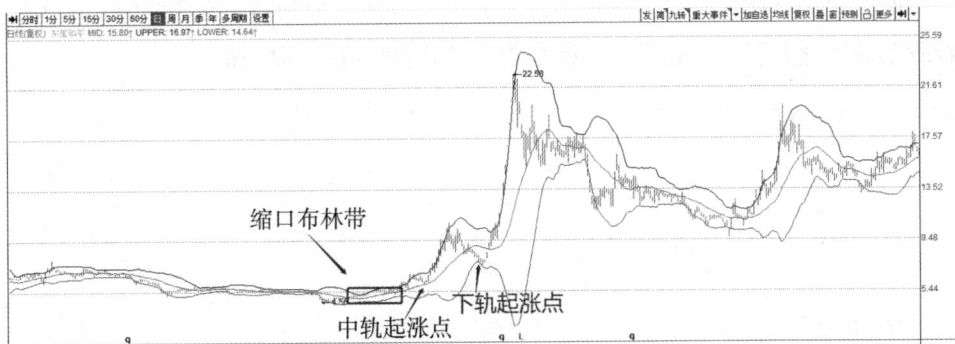

图 5-85

图 5-86 为电科数字日线级别 K 线图，行情时间跨度为 2020 年 12 月 11 日至 2022 年 1 月 21 日。图中所示，在中轨起涨点开始建仓，在下轨起涨点加仓，两次买入都是精准的一买就赚，建仓点都是股价的最低点，也几乎都是股价上涨的启动点，不用承受行情来回震荡的煎熬。

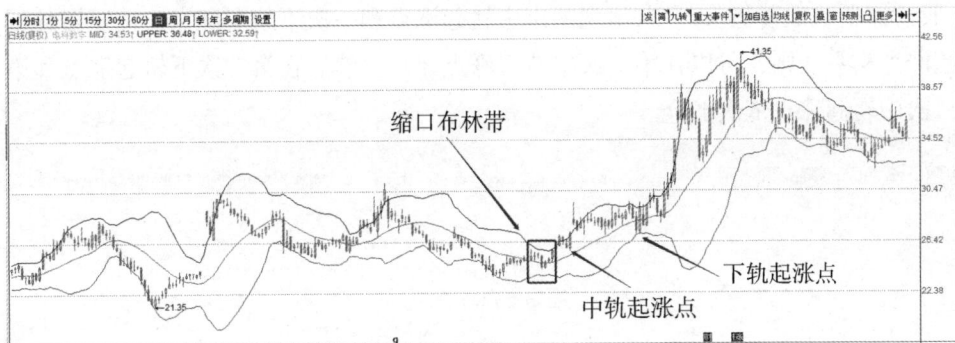

图 5-86

一般情况下，布林带撒手锏只有一次中轨起涨点建仓和一次下轨起涨点加仓机会，途中不会再开其他单。但如果股价在上涨途中进行整理，再度形成布林带缩口形态，价格就可能再次形成新的中轨起涨点和下轨起涨点，那么我们就可以继续在中轨起涨点和下轨起涨点进行加仓。这样的加仓机会往往出现在处于大级别上涨周期的股票上，所以机会并不多见，但只要出现这样的机会，利润将会是难以想象的。

图 5-87 为广宇发展日线级别 K 线图，行情时间跨度为 2014 年 5 月 6 日至 2015 年 6 月 2 日。如图所示，股价第一次突破缩口布林带，出现了中轨起涨点

和下轨起涨点，随后股价持续大涨，并在上涨途中布林带又进行了三次缩口，形成了四次起涨点加仓机会。这样大级别的上涨行情，利润是非常丰厚的，因为随着股票的持续上涨，加仓机会不断涌现，持仓量也在不断增加。

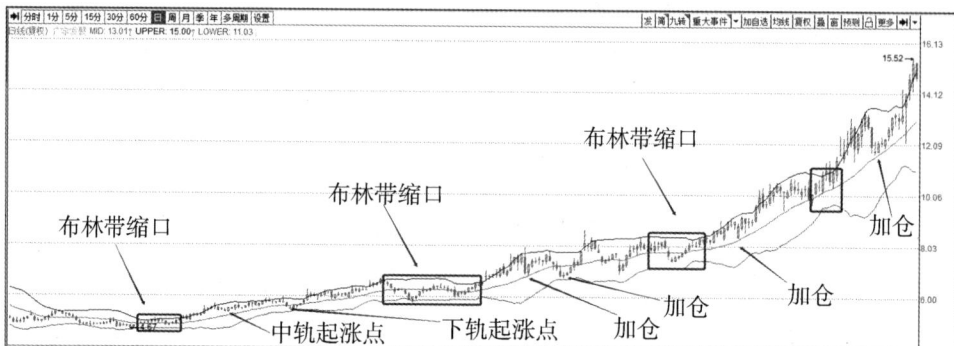

图 5-87

图 5-88 为山西汾酒日线级别 K 线图，行情时间跨度为 2019 年 9 月 20 日至 2021 年 7 月 7 日。图中所示，山西汾酒在上涨过程中，布林带进行了两次缩口（股价需要收敛蓄势），一共出现两次中轨起涨点和一次下轨起涨点，按照布林带起涨点交易法则，可以在第一次中轨起涨点建仓，然后在第一次下轨起涨点和第二次中轨起涨点依次加仓。

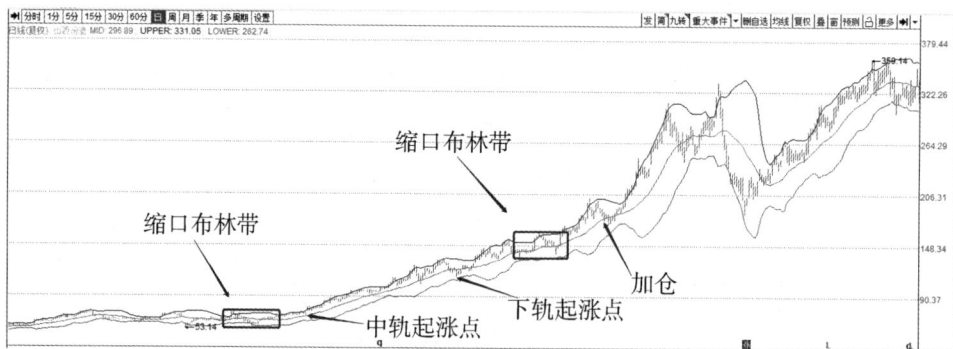

图 5-88

图 5-89 为顺丰控股日线级别 K 线图，行情时间跨度为 2019 年 8 月 23 日至 2021 年 6 月 17 日。图中所示，顺丰控股在上涨过程中，布林带进行了两次缩口（股价需要收敛蓄势），一共出现了两次中轨起涨点和一次下轨起涨点，按照布林带起涨点交易法则，可以在第一次中轨起涨点建仓，然后在第一次下轨起涨点和

第二次中轨起涨点依次加仓。

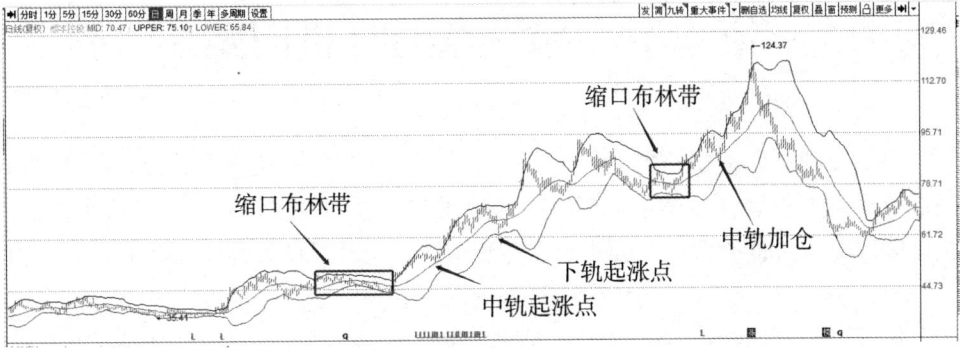

图 5-89

# 第六章　起涨点的时机因素

起涨点和利弗莫尔的关键点一样，总是会一买就赚，且大多数会买在行情的最低点，甚至能抓住行情的起爆点。在运用起涨点的时候，时机因素非常重要，在正确的时机买进股票，会强化起涨点的赚钱效应，抓住行情的起爆点。

时机因素对于起涨点的作用主要分为以下三点：

第一，时机因素可以强化起涨点的赚钱效应，提升起涨点的成功率，并且结合时机因素的起涨点，往往会成为大行情的起爆点。

第二，时机因素可以减少交易者受行情震荡的折磨。你一定要有耐心等待时机到来，等股票活跃起来，如果过早入市，那么持久的震荡会折磨得你疲惫不堪，最终无论对错，你都将难以从中获得任何收益。比如，布林带起涨点的三大条件之首，是必须要等股价突破缩口布林带，这其实就是在做强势行情，避免在股票震荡时开仓，受震荡行情的折磨。

第三，时机因素可以告知我们风险，让我们及时采取行动，减少损失。就像利弗莫尔在其书中讲到的，一旦行情朝着不利于你的方向运行，则必须谨慎关注卖出时机。

本章中我们将介绍五种时机因素，分别为止损时机、跳空时机、收敛蓄势时机、成交量时机和底背离时机。

## 6.1　止损时机

当我看见一个危险信号的时候，我不跟它争执，我躲开！几天以后，如果一切看起来还不错，我就再回来。这样，我会省去很多麻烦，也会省很多钱。

——利弗莫尔

止损是交易过程中重要的环节，也是最重要的时机因素。当我们在起涨点买入股票后，如果股价没有发生它该有的表现，就要密切注意风险，一旦方向不对，我们要立刻止损。

### 6.1.1　止损的意义

交易中没有圣杯，所以我们必然要面对失败，失败时就要认错，认错就得执行止损。

止损对于交易具有重要作用，主要分为以下三点：

### 1. 生存的成本

赚钱之前先要学会生存，止损是交易的一种保险成本，能避免我们陷入无法负担的灾难之中。

根据市场的不可测定理，你每次下单都可能会输，而每个人的资金都是有限的，所以不要产生较大的损失，这是保证你有能力继续交易的根本。无数投资者离开市场，并不是因为他们赚钱的技术不够好，而是忘记了止损。

成功交易的核心是在排除致命风险的前提下达成盈利。当亏损发生时，你要做的不是挽回损失，而是应该避免损失更多。盈利可以自己照顾自己，而亏损不会，且它往往会像病毒一样，肆虐扩散，直至将你击垮。

错误并不可耻，可耻的是错误已经显而易见还不去修正。永远不要高估自己的判断，市场永远不会跟随你的意志，更不会被你打败，所以不要固执己见，要顺从市场。聪明的交易者往往都是无知的，而又是大智若愚的。

止损永远都不会太晚，千万别破罐破摔，身在市场，你就得时刻准备忍受痛苦。当价格触及止损时，必须无条件离场；超过止损时，更要不择手段离场。

什么时候应该止损？那就是当你错的时候。判断错误也很简单，只要浮亏了那就是错了，亏损超过承受的限度就放手，没有任何其他理由。入市之前就要设好止损，时刻留意可能出现的危险信号，盯住你的止损，不要轻易改动，除非市场朝着于你有利的方向运行（追踪止损）。

### 2. 提升心态

止损绝对不仅仅是减少损失这一个作用，它还可以提升你的心态。太多的人害怕市场，其实这没什么可怕的，因为市场本身是没有风险的，失控的投资才是风险所在。市场无非要么多头，要么空头，你总能有机会抓住一个。丢钱不可怕，可怕的是丢了大钱，让自己陷入不确定、无法掌控的局面之中。

我的经验表明那些赚大钱的头寸，从来都不是因为自己判断的有多准确，而是因为自己严格设好止损，把风险缩小到自己完全能接受的范围内，才让自己有勇气和耐心持有盈利的头寸，坐等市场更大规模的波动，不会因时刻担忧出现较大的风险而草木皆兵、夜不能寐。

一次好运气不足以改变命运，而一次坏运气却足以摧毁整个交易生涯，并且坏运气会发生连锁反应，当一笔亏损很大时，你会心烦气躁、迷失方向，可能导致持续出错。所以应该坚持止损，毕竟一笔小的亏损，是微不足道的，不要在小事情上浪费太多的时间和成本，这样只会让你的心态和运气越来越差。

交易真正的成熟不是追求完美，而是接受不完美和缺陷，在面对不利的情况时果断止损。

### 3. 提高收益

人们讨厌亏损，所以往往喜欢把止损归结为坏事情，总是想避开他，但是你越想避开，它越会伤害你。任何事情都没有好坏之分，就在于我们怎么去看它。其实如果你拥抱止损，热爱止损，它会帮助你很多，甚至因为严格止损，你的收益率才会显著提高。

我们应该看好自己的本金，别让损失扩大，愚蠢的错误犯一次就好，千万不能一而再、再而三地犯。放手让亏损持续扩大，这几乎是所有投资者都可能犯下的最大错误，所以不要嫌弃止损，应该让其与我们日夜为伴、形影不离。

交易是非确定性的，所以没有常胜将军。亏损和盈利是构成交易的必要元素，错误会常伴我们左右。因此成功不但要抓住机会，还要正确处置错误。正确而恰当的止损可以提高收益率，这听起来是不是有点不可思议？但它却是对的！你的收益率的最低水平取决于你的止损能力。假如把交易看作水桶盛水的事件，那么盈利和止损就是水桶的组成部件，根据短板效应，能盛多少水取决于你的止损能力，而非盈利能力，因为止损才是交易的短板。

我早期过多的损失都是因为蹩脚的止损能力，让我陷入赚小赔大的漩涡之中，而现在的多数利润都应该归功于良好的止损机制，是止损让我的交易变得相对轻松起来。我们无法避免这样的情况，那就是你卖出的股票经常会重新上涨，甚至大涨，这确实很让人懊恼。但千万不要因此痛惜，你没有过大的损失，就已经是漂亮的操作了，更不要认为自己止损错了而否定止损的作用，因为那样会是你噩梦的开始。

## 6.1.2　止损原则

### 1. 前期低点

上升趋势的定义：由连续一系列的涨势构成，每段涨势都持续向上穿越先前的高点，中间夹杂的下降走势都不会向下跌破前一波跌势的低点。总之，上升趋势是由高点与低点都不断抬高的一系列价格走势构成。

根据上升趋势定义，我们可以知道，前期低点具有判断趋势是否反转的功能。股价如果低点不断在抬高，则表明一定不会是下跌趋势；而如果股价跌破前期低点，则表明股价可能处于下跌趋势之中。因此，我们可以将前期低点作为起涨点的止损依据（见图6-1）。

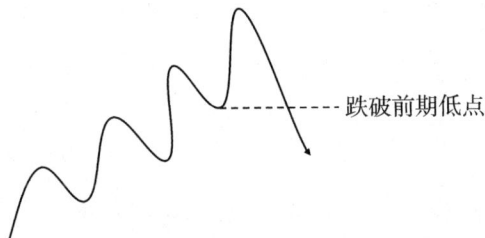

跌破前期低点

图 6-1

## 2. 颈线

止损要满足合理原则，即不能把止损设置太小，使它不足以过滤日内杂波，也不能把止损设置太大，让它造成较大的风险。在形态起涨点中，当前期低点的止损幅度过大时，应当以形态的颈线作为止损依据。比如，像圆弧底这样大型的见底形态，往往可能前期低点距离起涨点过大，应该根据颈线设置合理止损，一般不要超过10%。

## 3. 起涨点止损时机

图6-2为中国核电日线级别K线图，行情时间跨度为2019年7月25日至2021年5月13日。图中所示，楔形起涨点的前期低点也是行情的最低点，且最低点与起涨点的距离不大，因此根据止损原则，在楔形的起涨点买入后，一旦股价跌穿最低点，则应该抛售股票。

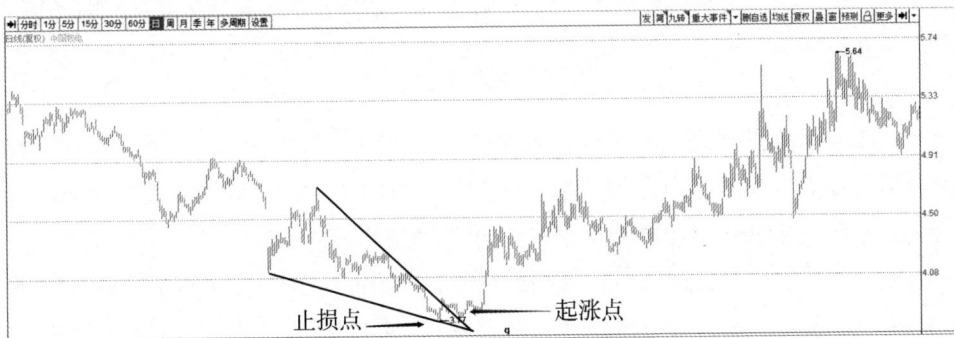

止损点　　　　起涨点

图 6-2

图 6-3 为深南电路日线级别 K 线图，行情时间跨度为 2020 年 11 月 3 日至 2021 年 11 月 26 日。图中所示，股价突破圆弧底颈线时，并没有直接上涨，而是在颈线处小幅震荡，此时应该重点关注前一波行情的低点，一旦股价跌破该位置，则应该卖出止损。

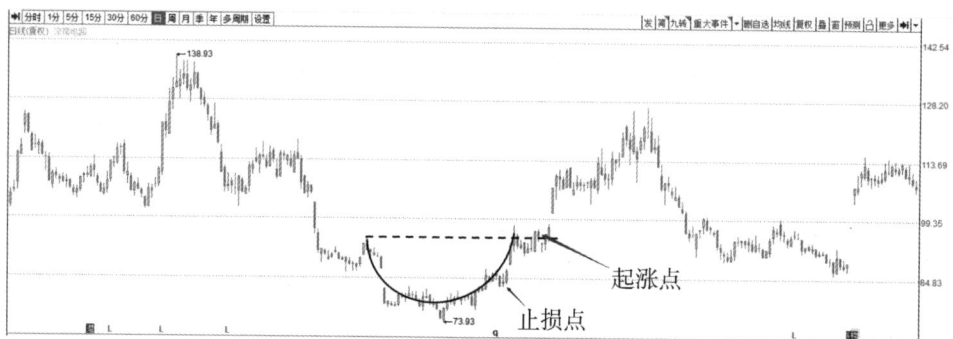

图 6-3

图 6-4 为牧原股份日线级别 K 线图，行情时间跨度为 2019 年 7 月 26 日至 2020 年 8 月 20 日。图中所示，前期低点距离 V 形的起涨点距离太远，因此应该选择颈线作为止损依据，将止损设置为颈线下方 10% 左右。

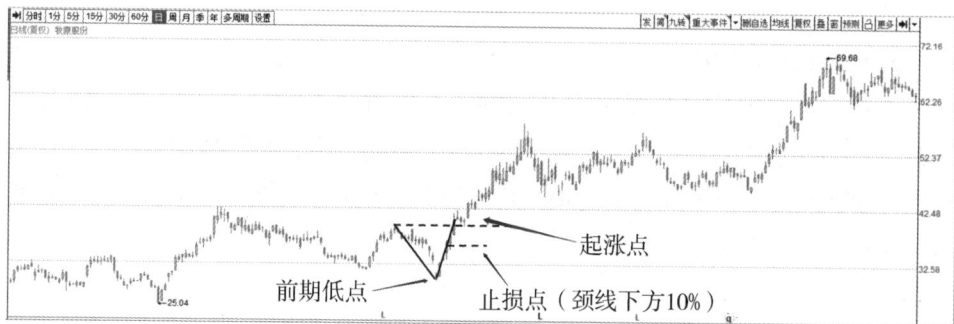

图 6-4

对于缺口突破起涨点，可以将止损设置在前期整理区间高点的下方。前期震荡行情的高点发生了支撑阻力转换，之前是行情的压力，突破后，现在变成了行情支撑，所以将其作为止损依据是较为合理的。

图 6-5 为美迪西日线级别 K 线图，行情时间跨度为 2020 年 9 月 1 日至 2021 年 6 月 9 日。图中所示，股价跳空突破前期震荡区间的高点，那么一旦股价跌破前期高点位置，就是止损时机。

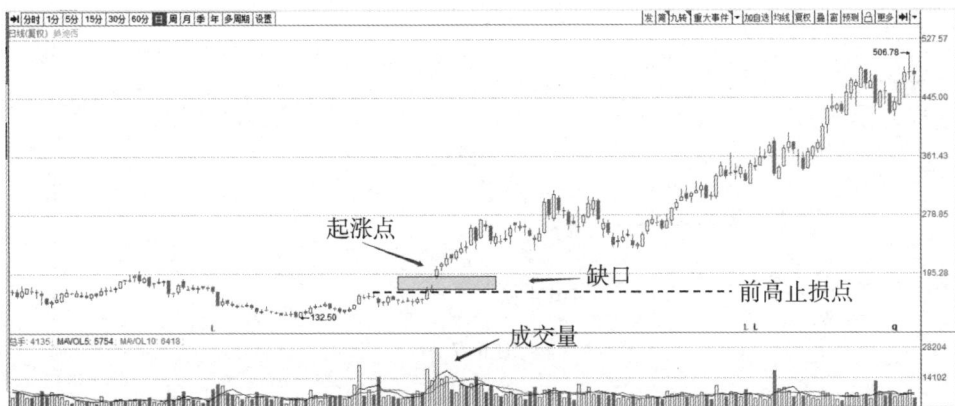

图 6-5

对于一日反转起涨点，一旦股价跌破下方跳空的最低点时，就是止损时机。

图 6-6 为广聚能源日线级别 K 线图，行情时间跨度为 2015 年 3 月 3 日至 2015 年 12 月 1 日。图中所示，股价在下跌末尾连续向下跳空两次，随后上演地天板，次日再次向上跳空，形成起涨点。如果我们在起涨点买入后，止损应该锚定第一个向下跳空的位置，如果跌破该位置，则应当认赔出局。

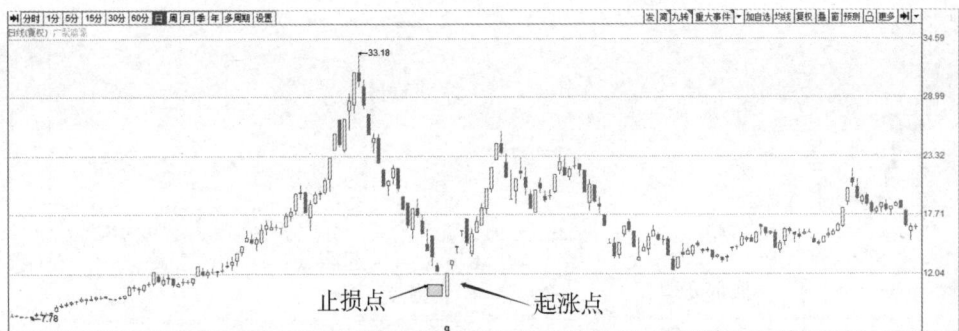

图 6-6

突破缺口起涨点一般止损应该设置在前期最低点，但如果前期低点止损幅度过大，则应以固定止损 10% 作为卖出依据。

图 6-7 为中联重科日线级别 K 线图，行情时间跨度为 2008 年 1 月 23 日至 2010 年 2 月 1 日。图中所示，股价向上突破前期的下跌缺口，从而形成起涨点；下方是一个大型头肩底，但是右肩的最低点距离起涨点位置太远，因此应以当 10% 亏损作为止损时机。

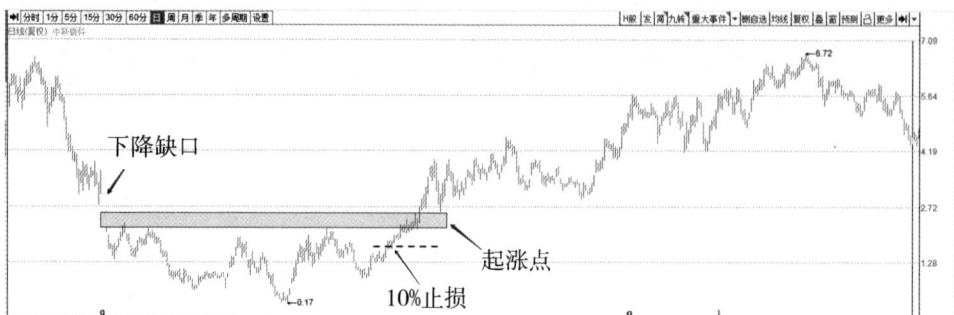

图 6-7

底部岛型起涨点的止损是以左侧缺口的最低点作为止损依据的。如图 6-8 所示，一旦股价跌破左边下降缺口的最低点，则应该卖出止损。

当然有时候左侧缺口的低点高于右侧缺口的低点，则应该以前期低点作为止损依据。

图 6-8 为川金诺日线级别 K 线图，行情时间跨度为 2018 年 7 月 19 日至 2019 年 1 月 28 日。图中所示，股价在行情末尾形成底部孤岛，此时就是行情的起涨点，买入股票后，应该将左侧衰竭缺口的最低点作为止损时机。

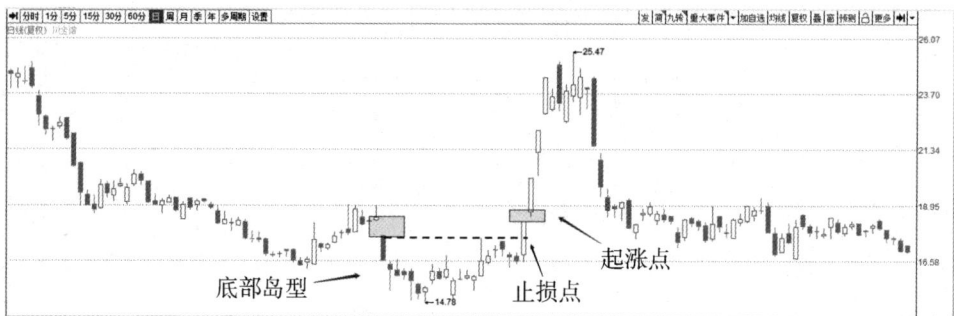

图 6-8

采用原始控制点买入股票时，一旦股价跌破控制区域的最低点，就表明行情极有可能反转下跌，此时为止损时机。

图 6-9 为卓胜微日线级别 K 线图，行情时间跨度为 2019 年 6 月 18 日至 2021 年 3 月 30 日。图中所示，在原始控制点买入后，止损应该设置在控制区域的最低点。

当股价跌破布林带缩口区域的最低点时，为止损时机。

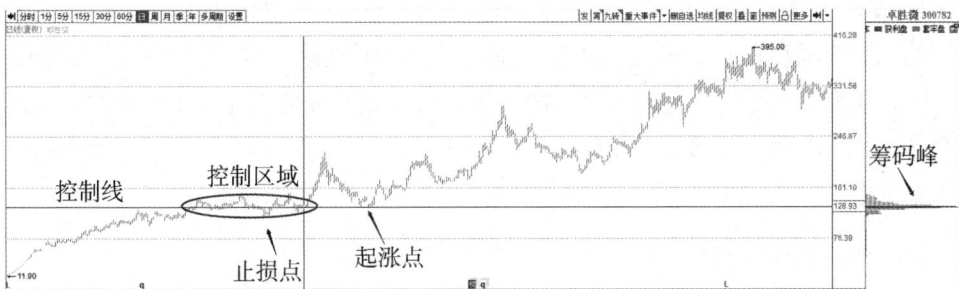

图 6-9

图 6-10 为新华联日线级别 K 线图，行情时间跨度为 2020 年 10 月 30 日至 2021 年 11 月 23 日。如图 6-11 所示，在布林带起涨点买入后，止损应该设置在布林带缩口区域的最低点。

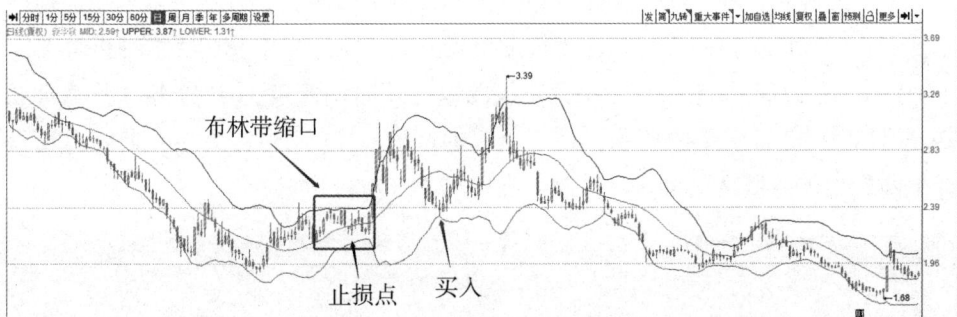

图 6-10

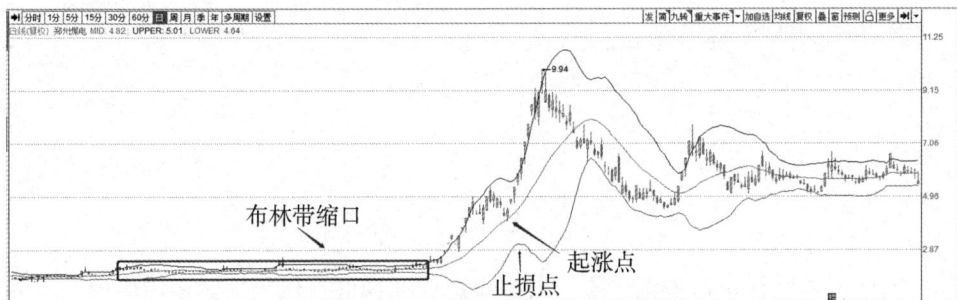

图 6-11

当股价中轨距离布林带缩口区域的最低点很远时，应该以布林下轨作为止损依据。

图 6-11 为郑州煤电日线级别 K 线图，行情时间跨度为 2020 年 5 月 22 日至

2021 年 6 月 16 日。图中所示，股价在缩口的布林带内长期运行，聚集了强大的能量，股价随后向上突破后，快速大涨，等行情开始第一次回抽至布林中轨时，已经大幅远离最低点，此时已经不能使用缩口区域的最低点作为止损依据，应该选择布林下轨作为止损依据，因为此时布林下轨也是朝上的，同样对股价有精准的支撑作用。

**4. 追踪止损时机**（出场时机）

追踪止损是指持仓出现大幅盈利时，为了防止利润回吐，遵循一定的原理，提高止损，锁定获利的行为。

起涨点交易法追踪止损主要是以前期低点为依据。追踪止损也是起涨点交易法出场的时机，即不主动离场，总是以追踪止损方式，最终被动止损出场，这样可以最大限度地抓住行情，以免过早地卖出股票。

形态起涨点出场方式主要是以自身预测幅度为依据，此外还可以采用追踪前期低点止损和原始控制点止损作为辅助出场方式（第七章中我们将详细讲解）。

图 6-12 为尚品宅配日线级别 K 线图，行情时间跨度为 2017 年 3 月 9 日至 2022 年 1 月 22 日。图中所示，在三重底的起涨点 71 元附近买入，最终出场目标是前轮牛市的最高点 110 元附近，获利 57.7% 左右。

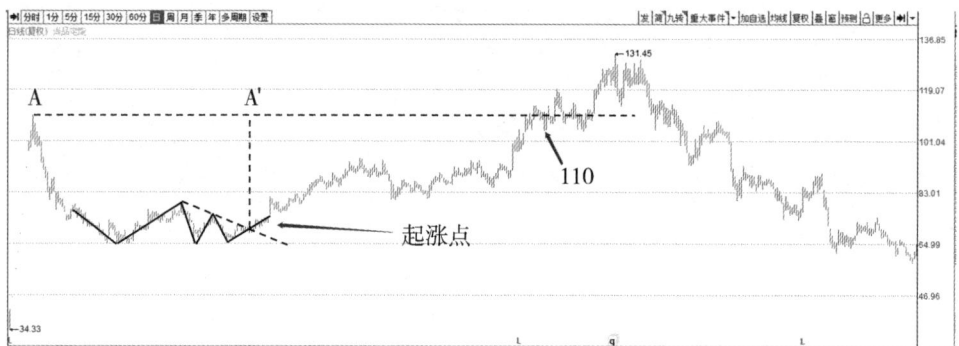

**图 6-12**

跳空起涨点往往涨幅非常大，我们主要以前期低点作为追踪止损依据，此外还可以采用缺口预测涨幅止损和原始控制点止损作为辅助出场方式（第七章中我们将详细讲解）。

图 6-13 为明德生物日线级别 K 线图，行情时间跨度为 2020 年 3 月 16 日至 2020 年 9 月 21 日。图中所示，在跳空起涨点 35 元附近进场后，股价稍做震荡

后，强劲上涨，当股价回撤跌破前期低点 58 元附近时，追踪止损出场，整波获利近 40%。

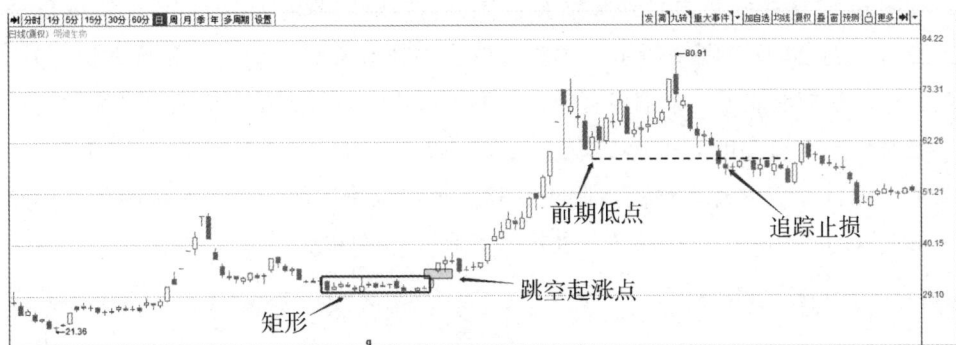

图 6-13

原始控制点的追踪止损原则是前期低点，但原始控制点的出场方式有两种，第一种是把上方原始控制点作为出场点，第二种是追踪前期低点设置止损，最终被动止损出场。趋势交易告诉我们，获利的时候就要大胆，千万不要在赚钱的时候胆小如鼠。因此可以将两种方式结合运用，选择更远的那个目标作为出场点，即如果上方原始控制点距离较近，则以追踪前期低点设置移动止损，被动出场；如果上方原始控制点距离较远，则以上方原始控制点为合理出场点。

图 6-14 为万东医疗日线级别 K 线图，行情时间跨度为 2016 年 9 月 22 日至 2022 年 1 月 21 日。图中所示，在原始控制点 9.67 元附近买入后，刚好是行情的起爆点，出场点可以是上方原始控制点 17.2 元，也可以是价格跌破前期低点 20.5 元附近，二者距离原始控制点都较远，都会有不错的利润。

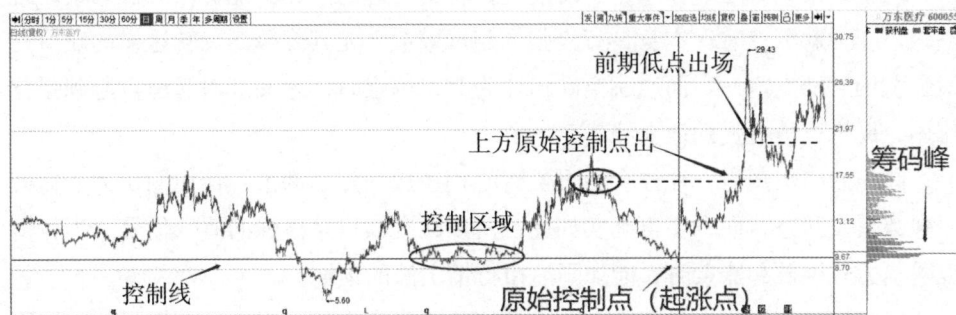

图 6-14

布林带起涨点是以两阶段缩口布林带的距离作为后市预测涨幅，且涨幅等于两阶段缩口布林带的距离，这是布林带起涨点的主要出场方式，此外还可以采用原始控制点止损作为辅助出场方式（第七章中我们将详细讲解）。

图6-15为中航机电日线级别K线图，行情时间跨度为2021年1月24日至2022年1月24日。图中所示，中航机电在中轨起涨点入场后，股价大幅上升，在上涨过程中形成了三个缩口区域，我们可以用第一个和第二个缩口区域的距离预测股价的上涨幅度为A'点，其中AB为前两个缩口区域的距离，且AB=BA'。图中可见，A'点刚好在最高点附近。其实也可以用后两个缩口区域的距离预测后市上涨的幅度，预测目标基本也差不多是A'点左右。

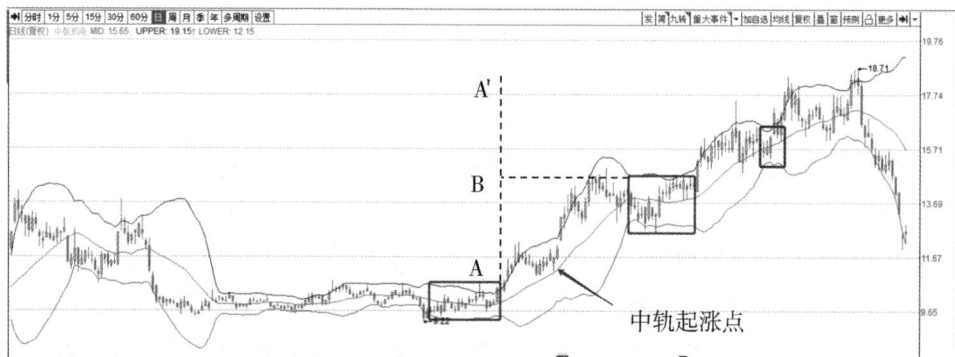

图 6–15

## 6.2 跳空时机

跳空缺口具有双重作用，它既能提供行情的起涨点，又能提供时机因素。跳空缺口作为起涨点时，本身具有极强的赚钱效应，尤其像孤岛反转这样的缺口是最强大的起涨点之一。而当跳空缺口作为时机因素时，它又能对起涨点起到强化作用，助推行情更强劲地上涨。

跳空缺口出现时，往往会给投资者心理造成强烈的冲击，让他们认为行情处于强势爆发状态，而事实也确实如此，所以跳空缺口是极强的看涨信号。当行情以跳空方式突破起涨点时，能加强后市行情上涨的预期。

跳空缺口往往是大量交易者集中情绪化买卖产生的结果，具有极强的支撑阻力作用。当行情处于某种形态整固，如果股价以跳空方式突破形态起涨点，往往具有爆破效应，它将冲破特定形态的束缚，炸开股价上涨的空间。

图 6-16 为引力传媒日线级别 K 线图，行情时间跨度为 2021 年 4 月 22 日至 2022 年 1 月 20 日。图中所示，股价高开跳空击穿矩形，表明股价对前期震荡行情的强劲突破，投资者一致看好后市，强烈的做多情绪，猛烈地炸开行情的上涨空间。图中可见，股价随后继续往上跳涨，赚钱效应极强。

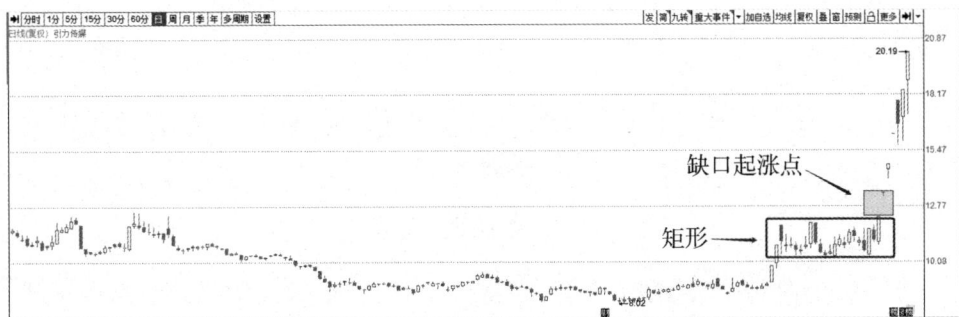

图 6-16

当缺口作为自身的时机因素时，也就表示缺口起涨点配合缺口时机，这是一种自我强化，市场对缺口压力强烈地跨越，往往会形成孤岛反转。

图 6-17 为海伦钢琴日线级别 K 线图，行情时间跨度为 2015 年 5 月 8 日至 2016 年 2 月 17 日。图中所示，股价形成孤岛反转后，直线飙升。事实上所有的孤岛反转几乎无一例外地都能强势获利，孤岛反转起涨点买入的股票基本都会是起爆点，可堪称最强交易形态。

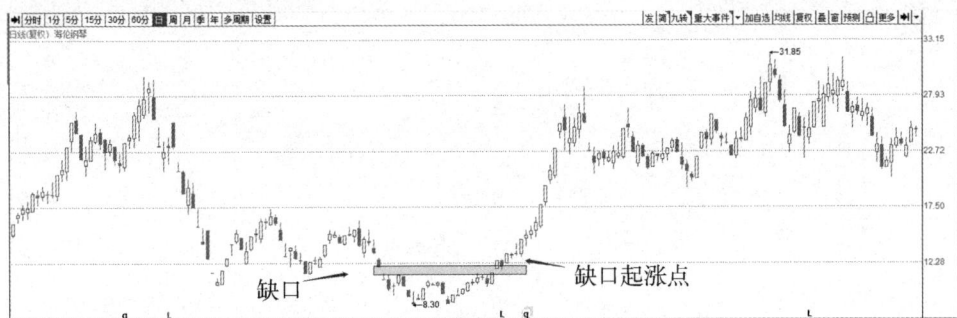

图 6-17

当股价触及原始控制点后，出现跳空上涨，表明原始控制点得到了市场强烈的认同，绝大多数人在该价位买进，市场强劲的上涨趋势自然会快速展开。

图 6-18 为晶华新材日线级别 K 线图，行情时间跨度为 2020 年 11 月 16 日

至 2021 年 12 月 9 日。图中所示，股价触及原始控制点后，迅速拉升，且跳空大涨，随后股价更是井喷式上升。

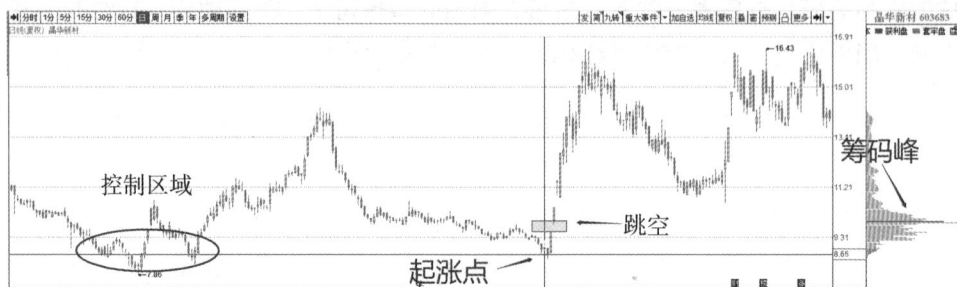

图 6-18

股价在布林带中轨起涨点附近向上跳空，表明市场对中轨支撑的强烈认可；并且从数字成本变化的角度来讲，突然的跳空，会拉大平均价格，从而使得中轨更向上地倾斜；从边际成本的角度分析，股价后市会更容易被推升上涨，就算不涨，下跌也会变得缓慢且困难；下轨起涨点同理。因此当布林带起涨点出现跳空时机时，可以更加放心持有股票，让利润奔跑。

图 6-19 为重庆啤酒日线级别 K 线图，行情时间跨度为 2020 年 4 月 27 日至 2021 年 1 月 27 日。图中所示，在中轨起涨点附近，股价向上跳空，进一步拉大中轨朝上的斜率，股价会变得更加易涨难跌。图中可见，重庆啤酒后市持续震荡上扬，每次回调力度都非常小。

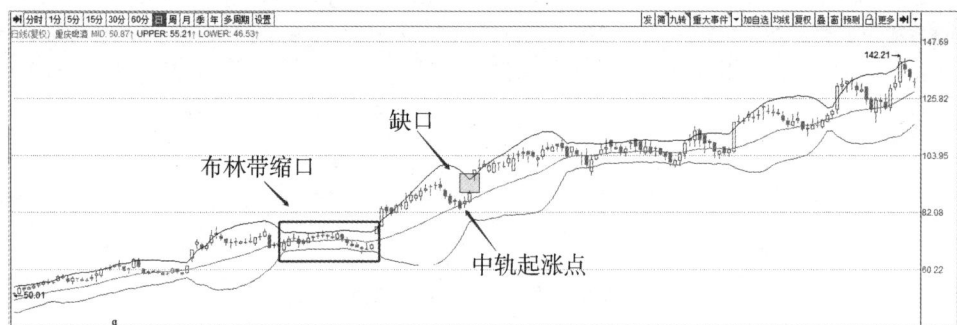

图 6-19

图 6-20 为信维通信日线级别 K 线图，行情时间跨度为 2020 年 1 月 16 日至 2020 年 10 月 22 日。图中所示，在下轨起涨点附近，股价向上跳空，进一步拉大下轨朝上的斜率，股价会变得容易上涨。图中可见，信维通信跳空后，直接强

势击穿布林中轨，并继续向上跳空，可见多头对下轨起涨点极度认同，做多意愿非常强烈，使得股价快速远离下轨起涨点。

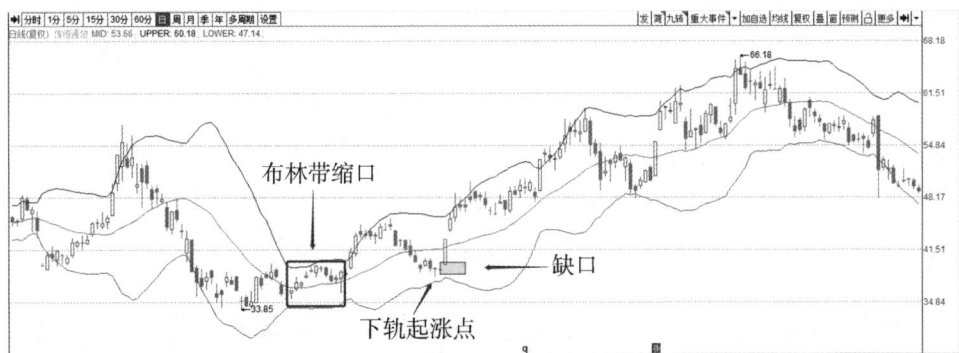

图 6-20

## 6.3　收敛蓄势时机

收敛是行情波动幅度越来越小，高点越来越低，低点越来越高，甚至慢慢会趋于聚于一点，向某一点靠近。收敛性越强，代表筹码越集中，突破后市股价上涨的力度越强劲。

蓄势是指股价暂停趋势运动，在一个平台上下盘整的现象。在蓄势阶段，主力资金往往会上下震荡洗盘，清洗不坚定的投资者，吸收筹码，为后市拉升做准备。蓄势时间越长，主力吸收筹码越集中，后市上涨力度会越强。

蓄势与收敛是配套的，当行情出现收敛时，一般都会蓄势；当行情开始蓄势时，一般都会收敛。收敛蓄势的时间越长，筹码成本越集中，后市在拉升中，卖压会越小，所以爆发力越强，持续性也越强，这就是我们通常说的"横有多长，竖有多高"的道理。所以收敛蓄势时间越长的股票，突破时的起涨点有效性也越强，尤其当股价在市场底部出现超长时间的收敛蓄势时，通常会酝酿波澜壮阔的行情，一旦突破区间形态，往往都会产生爆发式行情。

收敛蓄势是形态起涨点必备的条件，因为宽松的形态往往会导致失败。

图 6-21 为大胜达日线级别 K 线图，行情时间跨度为 2020 年 12 月 30 日至 2022 年 1 月 19 日。图中所示，股价在矩形区间，波动变得非常小，反复震荡进行收敛蓄势，最后一举突破区间，股价大幅上涨。

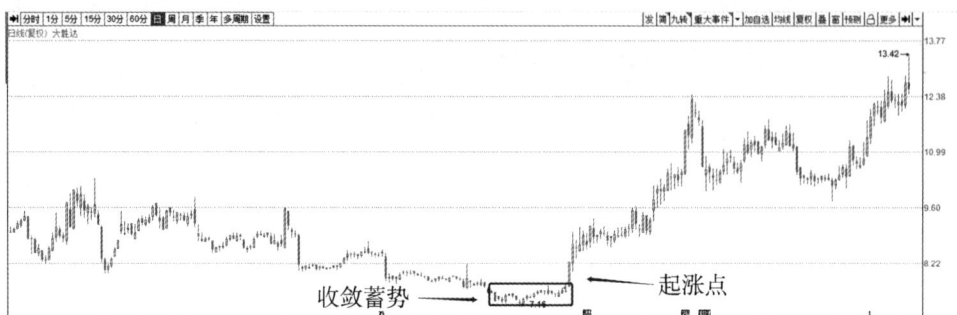

图 6-21

　　股价出现跳空起涨点时，如果跳空前的行情是处于收敛蓄势状态的，则成功率往往更高，上涨幅度也会更大，其实这是属于形态跳空时机。

　　图 6-22 为海利生物日线级别 K 线图，行情时间跨度为 2020 年 1 月 21 日至 2020 年 10 月 31 日。图中所示，股价在跳空起涨点之前，长时间进行收敛蓄势，随后股价也是径直上涨。

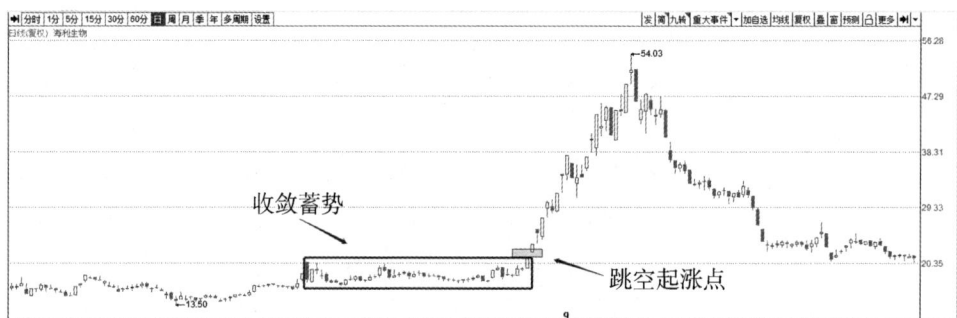

图 6-22

　　控制区域如果收敛蓄势性越强，则原始控制点的盈利性会越强。

　　图 6-23 为朗迪集团日线级别 K 线图，行情时间跨度为 2019 年 5 月 7 日至 2021 年 2 月 18 日。图中所示，股价在控制区域长时间收敛蓄势，表明该控制区域形成的原始控制点对股价具有极强的支撑。图中可见，在原始控制点处，股价精准反弹，快速脱离成本。

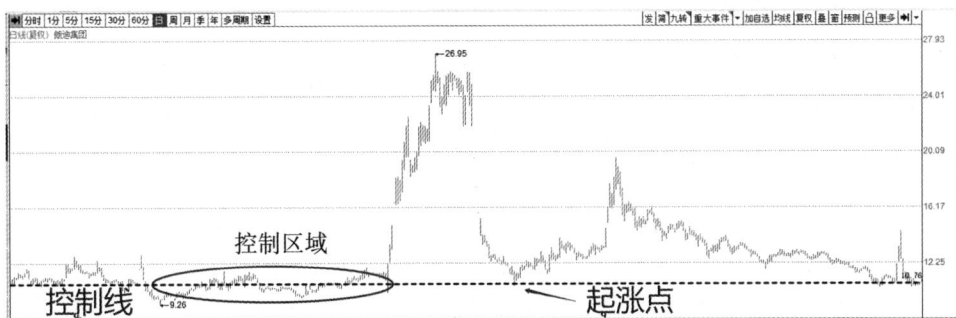

图 6-23

其实布林带缩口区域本身就是一种收敛蓄势。

图 6-24 为道森股份日线级别 K 线图，行情时间跨度为 2020 年 12 月 28 日至 2021 年 1 月 20 日。图中所示，布林带在缩口区域长时间进行收敛蓄势，预示后市一旦向上突破，在中轨形成起涨点时，往往会有超级巨大的单边上涨行情，起涨点会变为巨大行情的起爆点。

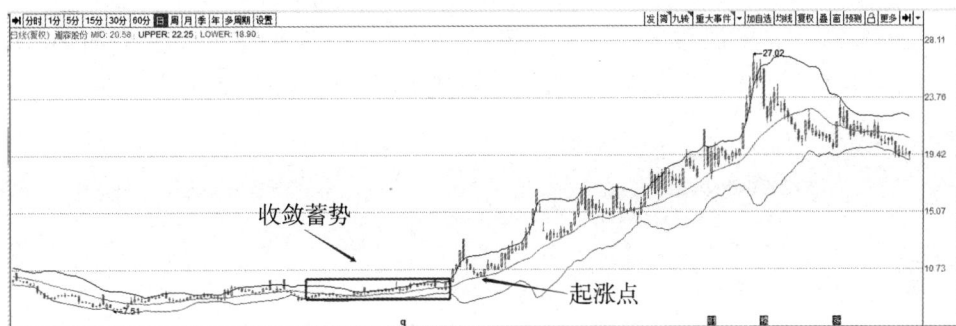

图 6-24

从成本的角度讲，股价在布林带缩口区域长时间收敛蓄势，那么市场成本会接近缩口区域，布林带三条线也会更加趋于水平，后市只要股价向上突破，就能更轻松地将布林中轨和上轨拉上去，从而使得布林中轨和上轨的斜率明显朝上延伸，这更有利于成本推动效应的发挥，更容易助推股价上升。

## 6.4 成交量时机

交易量指标是表示重要趋势结束的关键信号，不管对整个市场还是单只股票都适用，所以我一直对此非常警觉。我还观察到，如果一个趋势保持了很长时间，在结束时，股票很多情况下会突然一崛而起，同时交易量巨大，但随即就停滞下来，再慢慢爬到顶部，终于筋疲力尽撤退下来，再无力创新高，最终就是重大调整的降临。

——利弗莫尔

成交量时机大多是用在形态起涨点之中，是行情突破时必备的条件之一，也就表示量价突破往往成功率更高，而无量突破大多都是假信号。

成交量是一种供需的表现，当供不应求时，市场活跃，成交量自然放大；反之，供过于求，市场冷清，成交量势必萎缩。价格在突破形态时，如果成交量随之放大，则表明市场分歧减少，大多数人朝一个方向买卖，会增加突破的有效性；而如果只是价格突破，缺乏成交量的配合，那么预示市场尚未真正改变趋势，应多加谨慎。

成交量放大的时候，也会出现假突破，但真实有效的突破，一般都伴随成交量的放大，所以我们使用成交量的时候，只用来删除那些没有放量的突破，因为它们大概率是假突破，而不以成交量放大作为真实突破的唯一证据。

图 6-25 为豪能股份日线级别 K 线图，行情时间跨度为 2020 年 12 月 30 日至 2022 年 1 月 4 日。图中所示，股价突破矩形时，伴随成交量放大，随后行情成功大涨 70%。

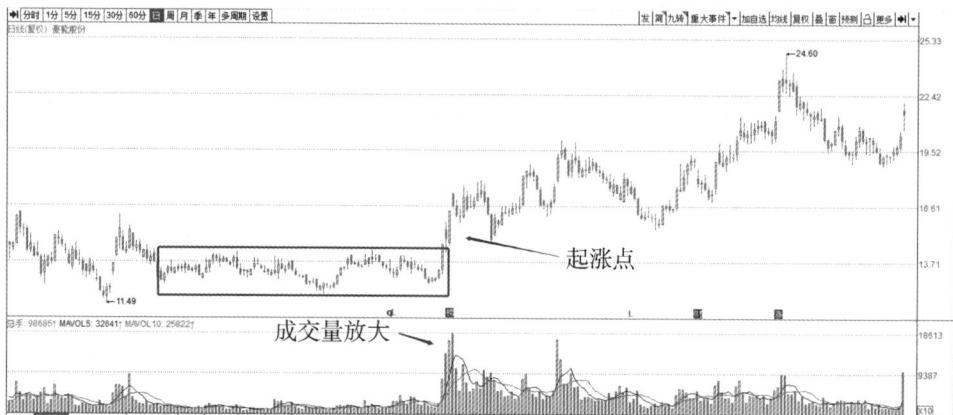

图 6-25

图 6-26 为丰山集团日线级别 K 线图，行情时间跨度为 2019 年 10 月 15 日至 2020 年 11 月 10 日。图中所示，股价以跳空方式突破三角形，伴随成交量放大，且三角形进行了长时间的收敛蓄势，这相当于成交量时机、收敛蓄势时机和

跳空时机三者共振，此时往往起涨点更具赚钱效应。图中可见，丰山集团股价几乎没有任何回调，2个月左右大涨近100%。

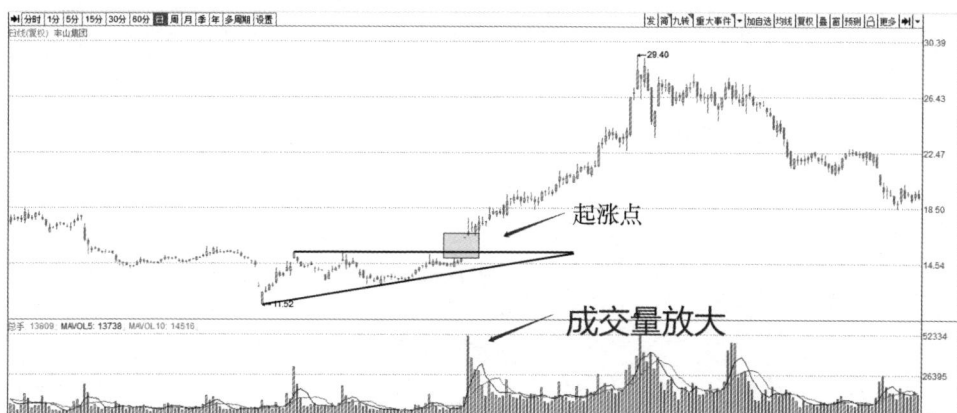

图 6-26

图 6-27 为众信旅游日线级别 K 线图，行情时间跨度为 2019 年 11 月 22 日至 2021 年 9 月 15 日。图中所示，众信旅游在下跌触及原始控制点时，交易量不断缩小，表明市场参与意愿越来越弱，随后放量上涨表明市场开始苏醒，多头将会不断发力推动股价上涨，这时配合成交量时机的原始控制点胜率会更高，更容易把握起涨点。图中可见，股价在原始控制点附近快速反转，2个月不到大涨近90%。

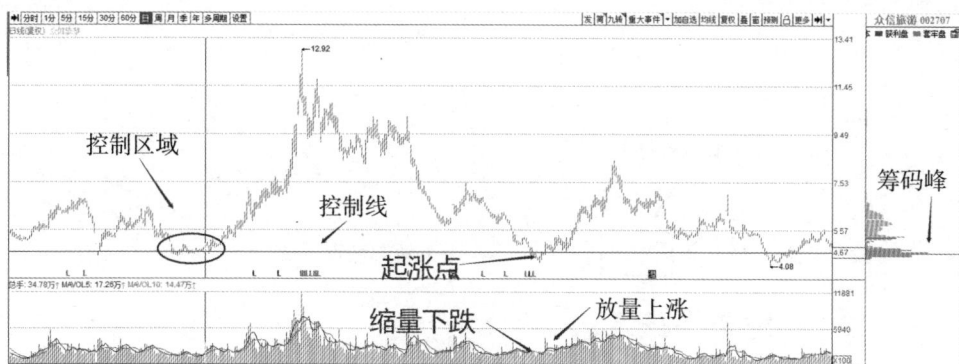

图 6-27

图 6-28 为金圆股份日线级别 K 线图，行情时间跨度为 2017 年 4 月 25 日至 2018 年 5 月 18 日。图中所示，金圆股份突破缩口布林带，首次回调布林中轨，此时布林中轨是明显朝上的，且成交量不断缩小，表明市场惜售心理，大多数投

资者都看好后市，因此股价在中轨起涨的概率更大。图中可见，股价当天快速脱离中轨，次日大阳拉升，随后持续创新高。

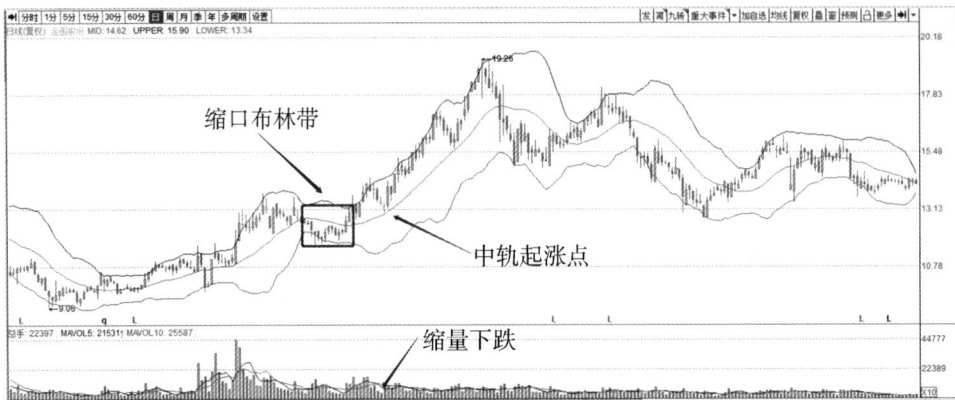

**图 6-28**

图 6-29 为昊华能源日线级别 K 线图，行情时间跨度为 2016 年 12 月 21 日至 2018 年 1 月 12 日。图中所示，昊华能源突破缩口布林带，股价第一次回落触及布林下轨，此时布林下轨明显朝上，且成交量不断缩小，表明市场卖压很弱，结合成交量时机因素能更充分地确定后市大概率上涨。图中可见，股价在布林下轨精准起飞，大幅上涨。

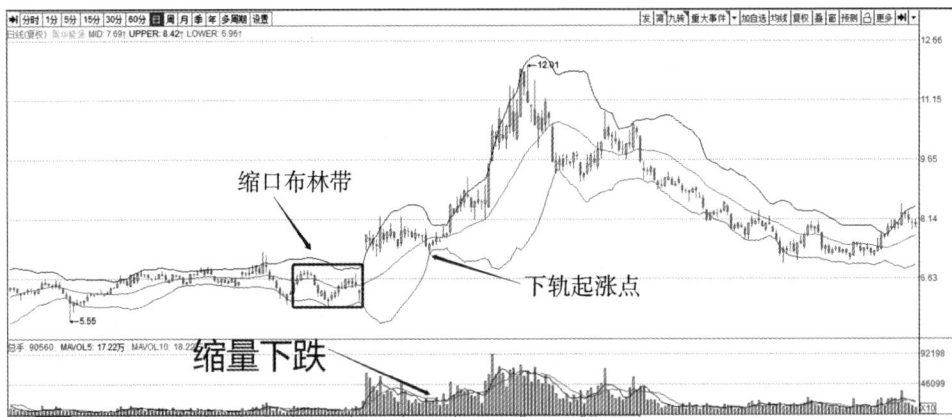

**图 6-29**

## 6.5 底背离时机

底背离又称底背驰，是指股票在下跌过程中，不断创新低，而一些技术指标不跟随创新低的现象。我们在起涨点买入的时候，配合技术指标背驰，可提高突破的有效性，经常用来判断行情底背离的指标是 MACD。

图 6-30 为伊利股份日线级别 K 线图，行情时间跨度为 2018 年 6 月 21 日至 2019 年 7 月 16 日。图中所示，行情底部形成了头肩底形态，且股价发生了底背离，此时起涨点的获利概率会更高。图中可见，头肩底形态突破后，不到 5 个月即可获利 60%。

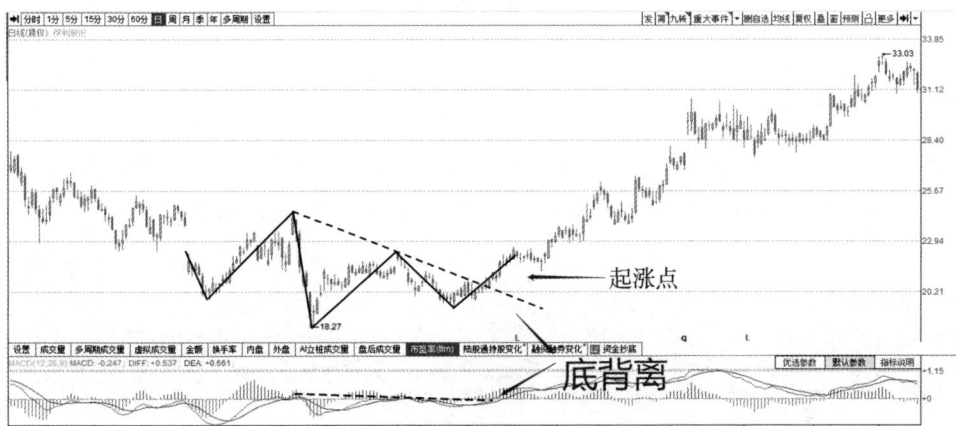

图 6-30

图 6-31 为美的集团日线级别 K 线图，行情时间跨度为 2018 年 3 月 9 日至 2019 年 6 月 4 日。图中所示，行情底部形成一日反转跳空起涨点，且股价产生了底背离，此时就是最佳的入场时机。图中可见，股价连续跳升，直线上涨。

图 6-32 为财新发展日线级别 K 线图，行情时间跨度为 2020 年 12 月 31 日至 2022 年 1 月 23 日。图中所示，股价回落触及原始控制点在 2.59 元附近，同时价格也产生了底背离（价格下跌创新低，但是 MACD 指标未创新低），此时买入股价时机将会最好。图中可见，如果在原始控制点处买入，则抓到了行情的起爆点，股价一月不到上涨近 400%。

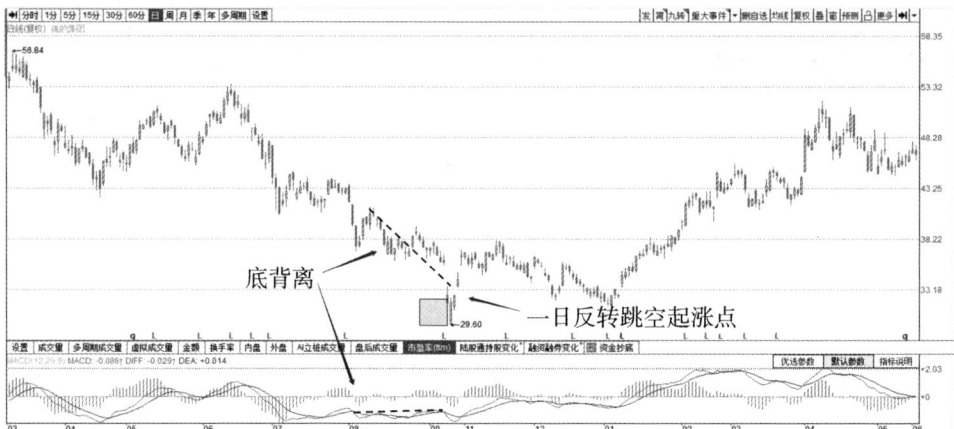

图 6-31

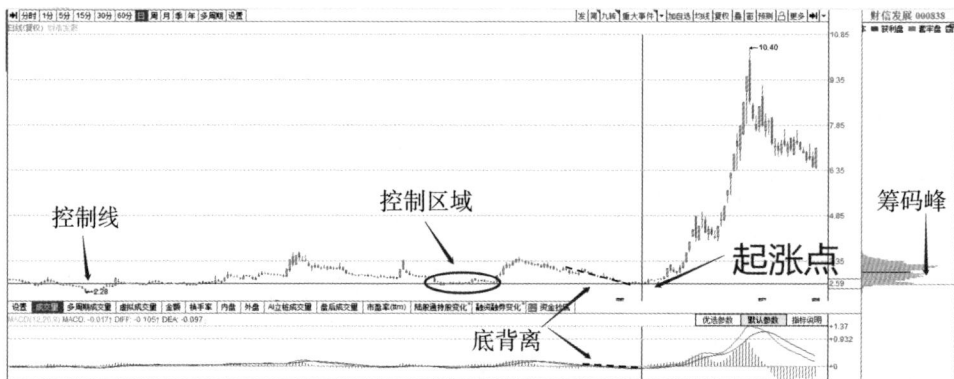

图 6-32

图 6-33 为恒锋信息日线级别 K 线图，行情时间跨度为 2017 年 9 月 13 日至 2018 年 10 月 12 日。图中所示，恒锋信息股价回落首次触及布林下轨，与此同时股价发生了底背离，则可以大胆买入，往往都能大幅获利。图中可见，股价迅速脱离下轨，犹如拔地而起，不到一个月，上涨近 80%。

注意图中布林带并没有先进行缩口，而是强势上涨，形成 V 形底，直接将布林中轨和布林下轨拉起来，这时结合底背离时机因素一样可以买入。这样的情况比较少，一般出现在快速强势反转的行情上，布林下轨朝上的斜率极大，且股价是首次触及布林下轨，那么没有布林带缩口条件一样可以买入。

其实图中我们可以看到，在股价首次触及中轨的时候，一样可以买入，中轨起涨点迅速涨了近20%。

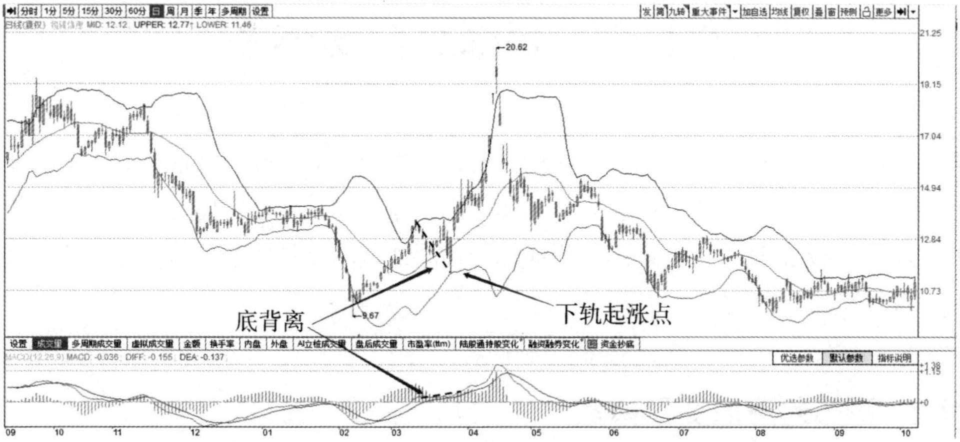

图 6-33

# 第七章 起涨点交易体系

本书中介绍的四大起涨点,在结合时机因素情况下,都可以各自成为系统性的交易体系,其中布林带起涨点交易体系的操作性和获利稳定性是最强的。读者也可以将四大起涨点一起运用,形成综合性起涨点的交易体系,但是建议开仓时以布林带起涨点为主。

## 7.1 形态起涨点交易体系

### 7.1.1 寻找底部形态

K 线形态有很多种,想要买在起涨点就不必去参与小型 K 线形态。比如早晨之星、曙光初现、上升三法、红三兵、好友反攻、锤头线等,这些小型 K 线形态一般只代表行情短期反转,而我们买在起涨点时更多要关注大型 K 线形态,因为这些大型 K 线形态,一旦形态突破成立,往往会带来一波中长线的牛市行情,获利会更加丰厚。

如图 7-1 所示,潞安环能在行情底部形成矩形。

图 7-1 为潞安环能日线级别 K 线图,行情时间跨度为 2020 年 12 月 23 日至 2022 年 1 月 18 日。

**图 7-1**

### 7.1.2 等待形态突破

虽然从形态学上讲，矩形往往会顺势突破，楔形一般会逆势突破，头肩底多数是逆势突破等，这些都属于主观意识，且概率也不是非常高，形态最终会朝哪个方向突破，是行情说了算。我们无法提前准确地猜到行情的突破方向，所以起涨点的交易方法是耐心等待，直到行情突破形态后再准备顺势跟进，绝不提前买入。市场怎么突破，我们就怎么买，永远以市场方向为准。

如图 7-2 所示，潞安环能股价向上突破矩形，此时可以准备买进股票。

图 7-2 为潞安环能日线级别 K 线图，行情时间跨度为 2020 年 12 月 23 日至 2022 年 1 月 18 日。

**图 7-2**

### 7.1.3 结合时机因素

时机因素是非常重要的，在错误的时机发生形态突破，往往会导致赔钱，甚至巨亏。所以分析形态突破的时候，需要结合跳空时机、收敛蓄势时机、成交量时机和指标背离时机中的一个或多个以验证形态起涨点的准确性。

如图 7-3 所示，潞安环能股价满足三个时机因素，分别是收敛蓄势时机、跳空时机和成交量时机，同时有三个时机因素的加持，表明矩形突破的成功率会非常高。

图 7-3 为潞安环能日线级别 K 线图，行情时间跨度为 2020 年 11 月 26 日至 2022 年 12 月 21 日。

图 7-3

## 7.1.4 买入方法

即使结合了时机因素，形态突破还是时常会发生失败。主力往往会通过虚假突破诱骗散户，所以在盘整刚刚突破的时候，不要着急入场，而应该等第二天行情开盘。如果股价次日开盘高于形态的颈线，则买入；否则，继续观望。因为前一日多空交战的最终结果会体现在次日开盘上，如果次日开盘确认多头突破，说明后市上涨的概率更高，这样可以规避盘中的虚假信号。

还有一种情况是，股价当日开盘的时候，就运行在颈线附近，表现为对颈线压力跃跃欲试的状态，价格稍微上涨就突破了颈线，那么这种情况，只要股价突破颈线 5%，即可当天开仓买入。因为股价靠近颈线，就表明市场在颈线关口已经犹豫很久了，一旦强势突破颈线，往往都是真实突破，若等第二天开盘再买入，就太晚了。更重要的是，如果第二天直接跳空一字涨停，就会丧失上车的机会，错失一波巨大的利润。

如图 7-4 所示，股价当日虚破矩形颈线（即矩形的上轨），收盘的时候位于矩形颈线之下，则当天不可买入，但次日开盘股价直接跳空高开，运行至矩形颈线之上，形成真实突破，则应在开盘 6.45 元时，立即买入。图中可见，买入后，股价立刻开始上升，买点即是行情的起涨点。

图 7-4 为潞安环能日线级别 K 线图，行情时间跨度为 2020 年 12 月 23 日至 2022 年 1 月 18 日。

只在一个价位建仓是错误的，也是非常危险的，相反，你应该先决定到底要交易多少股票。比方说，如果你总共想买 1 000 股，你可以这样建仓：先在一个关键价位买进 200 股；如果价格上涨就在关键价位附近再买 200 股；如果价格还在上涨就继续买 200 股；然后你看一下市场的反应是怎样的，如果价格继续上涨，或者回调之后继续往上走，那么就放开手把最后 400 股买进。

——利弗莫尔

从上面利弗莫尔的话中，我们可以知道它的仓位模型是 20%、20%、20%、40% 分批加仓，所以我们可以借鉴利弗莫尔的仓位模型，在首次开仓的时候买入 20% 仓位。

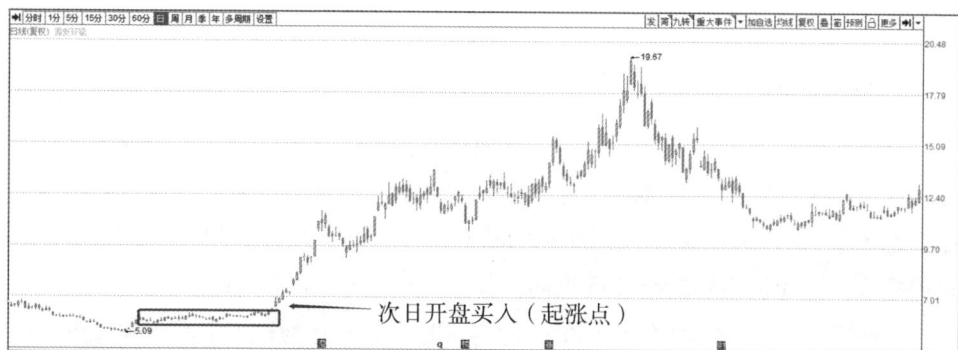

次日开盘买入（起涨点）

图 7-4

## 7.1.5 原始止损

止损是最不能忽视的环节，从盈亏同源的角度讲，你获得的所有盈利都来源于你对止损的处理。如果不严格遵守止损机制，最终都将是竹篮打水一场空。错误是客观存在的，只有当错误造成的损失，小于盈利带来的利润，才会获得成功，所以在出错的时候，拥有限制亏损的能力是成功的钥匙之一。

形态起涨点原始止损的依据是前期低点和颈线，并且要遵循合理性原则。

如图 7-5 所示，矩形的颈线是 6.21 元，前期低点是 5.89 元。如果以颈线作为止损依据，则止损幅度为 3.9% 左右；如果以前期低点作为止损依据，则止损幅度为 8.7% 左右。很明显颈线作为止损依据，幅度太小，很容易被市场的杂波扫除，因此根据止损的合理性原则，应该将止损设置在 5.89 元之下，即初始止损 8.7% 左右。

图 7-5 为潞安环能日线级别 K 线图，行情时间跨度为 2020 年 12 月 23 日至 2022 年 1 月 18 日。

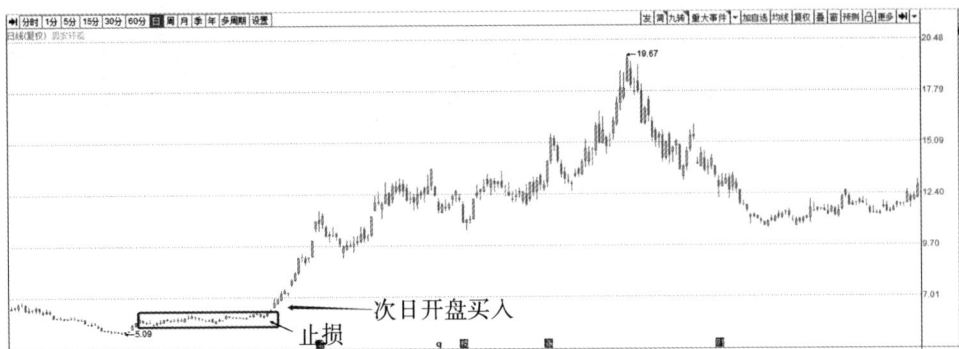

图 7-5

### 7.1.6 移动止损

其实一般在股价大幅获利后，就应该移动止损，不过移动止损不需要太过紧凑，应该尽量放宽松（具体执行标准是设置在前两波低点的下方，或者是两档支撑位的下方），因为已经是大幅获利的状态，不担心会出现亏损，应该尽量放大止损幅度，以免被市场的杂波震出局。

如图 7-6 所示，当股价涨至第一轮高点时，下方有两档关键的支撑位置，第一档是跳空缺口，第二档是小幅震荡的低点，根据移动止损原则，止损应该设置为第二档关键支撑位 8.63 元下方。图中可见，股价下跌回调，但并没有触发止损，所以当出现较大的浮盈后，将止损设置到市场第二档支撑位是相对合理的。

图 7-6 为潞安环能日线级别 K 线图，行情时间跨度为 2020 年 12 月 23 日至 2022 年 1 月 18 日。

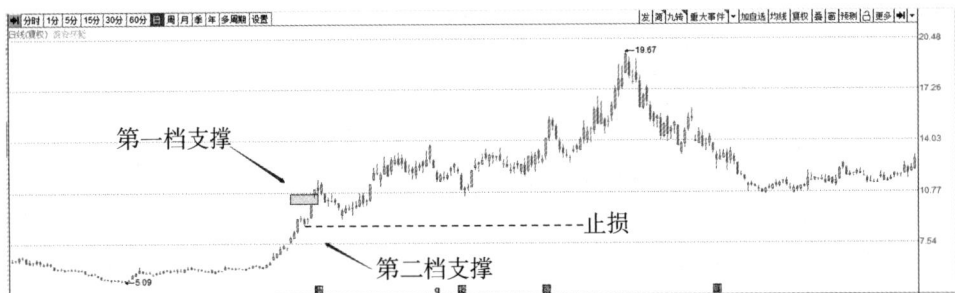

图 7-6

## 7.1.7　突破新的形态加仓

加仓可以放大利润，尤其是在盈利的时候，加大筹码往往会让利润快速翻滚。最重要的事情是，万万不能在亏损时加仓，这样会让你越陷越深。

加仓有以下四个原则：

第一个是必须盈利一大波后，才可以加仓。

第二个是必须依据新的起涨点进行加仓。

第三个是必须结合时机因素。

第四个是借鉴利弗莫尔 20%、20%、20%、40% 分批建仓的模型。

如图 7-7 所示，股价大涨之后，在行情中部出现了菱形，随后股价强势击穿菱形，且从行情上看，价格一直在震荡，但 MACD 指标却一直在创新低，表明 MACD 指标有向上修复的可能，突破的时机正好，可以准备买入。

图中可见，股价次日开盘在菱形上方，所以根据次日开盘确认原理，应当在股价突破后的第二天开盘 14.1 元时加仓 20%。

图 7-7 为潞安环能日线级别 K 线图，行情时间跨度为 2020 年 12 月 23 日至 2022 年 1 月 18 日。

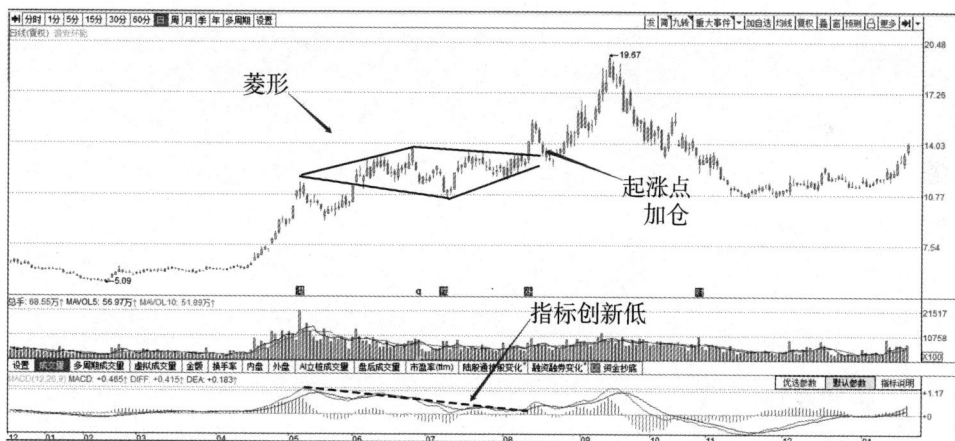

图 7-7

## 7.1.8　追踪止损

加仓后必须移动止损，以抵消加仓新增的风险。

追踪止损有以下两个原则：

第一个是不能扩大风险。

第二是不能过于紧凑，即只要风险没有扩大，主要还是以第二档支撑作为止损依据。

如图 7-8 所示，第一单是在 6.45 元买进 20%，第二单是在 14.2 元买进 20%。第一档支撑是菱形的颈线，第二档支撑是前一轮行情的低点 11.7 元。

我们可以算一算，股价在 11.7 元时持仓的风险。

第一单：（11.7-6.45）/6.45×100%≈81.4%

第二单：（11.7-14.1）/14.1×100%≈-17%

综合：81.4%-17%=64.4%

通过计算可以知道，如果以 11.7 元作为止损依据，可以锁定获利 64.4%，风险并没有扩大，所以合理的追踪止损，应该设置在 11.7 元下方。图中可见，股价虽然向下回撤，但并未触发追踪止损，随后继续大幅上升。

图 7-8 为潞安环能日线级别 K 线图，行情时间跨度为 2020 年 12 月 23 日至 2022 年 1 月 18 日。

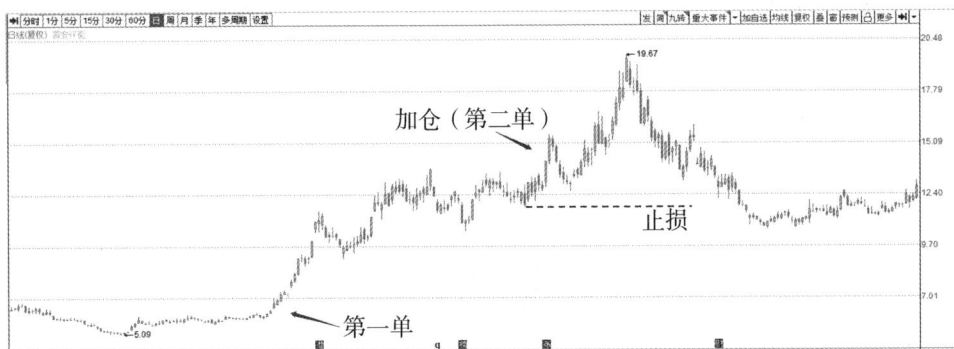

图 7-8

### 7.1.9 出场方式

形态起涨点的出场方式有以下三种。

第一种是可以参考形态自身的预测涨幅作为出场依据，这也是形态起涨点主要的出场方式。

第二种是追踪前期低点被动止损出场，这种方式可以提高获利幅度，可以抓到大牛股，缺点是有时候会丧失一段较大的利润。

第三种是以上方原始控制点作为出场依据，因为上方的原始控制点是股价内在最强大的压力，所以一般回档的概率相当高，甚至在触及上方原始控制点后，会直接发生反转。

①形态预测涨幅出场。

如图7-9所示，菱形为中继菱形，而中继菱形是以其宽度作为起涨点的第一轮上升预测目标的，所以最终出场是在D点，其中AB为菱形的宽度，C点是菱形颈线的价格，图中可见D点刚好是市场的最高点。所以采用形态预测涨幅出场，能够成功逃在顶部位置。两单最终的获利如下：

第一单：（19.67-6.45）/6.45×100%≈205%

第二单：（19.67-14.1）/14.1×100%≈39.5%

综合：205%+39.5%=244.5%

图7-9为潞安环能日线级别K线图，行情时间跨度为2020年12月23日至2022年1月18日。

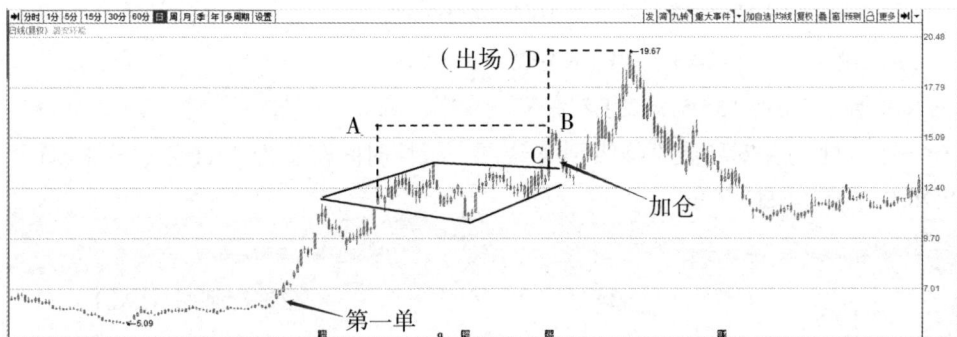

**图7-9**

②追踪前期低点出场。

如图7-10所示，当股价涨到最高点19.67元后，下方第一档支撑是跳空缺口，第二档支撑是前一轮低点14.5元。根据追踪止损原则，股价应该移动止损在14.5元。图中可见，行情最后跌破14.5元止损出场（此时是获利状态）。

两单最终的获利如下：

第一单：（14.5-6.45）/6.45×100%≈124.8%

第二单：（14.5-14.1）/14.1×100%≈2.8%

综合：124.8%+2.8%=127.6%

图7-10为潞安环能日线级别K线图，行情时间跨度为2020年12月23日至2022年1月18日。

图 7-10

③原始控制点出场。

如图 7-11 所示，我们将行情缩小，可以发现潞安环能股价上方的原始控制点是 19.11 元，因此可以选择在此价位离场，该价位也基本接近行情的最高点。

两单最终的获利如下：

第一单：（19.11-6.45）/6.45×100% ≈ 196.3%

第二单：（19.11-14.1）/14.1×100% ≈ 35.5%

综合：196.3%+35.5%=231.8%

图 7-11 为潞安环能日线级别 K 线图，行情时间跨度为 2011 年 3 月 18 日至 2020 年 1 月 14 日。

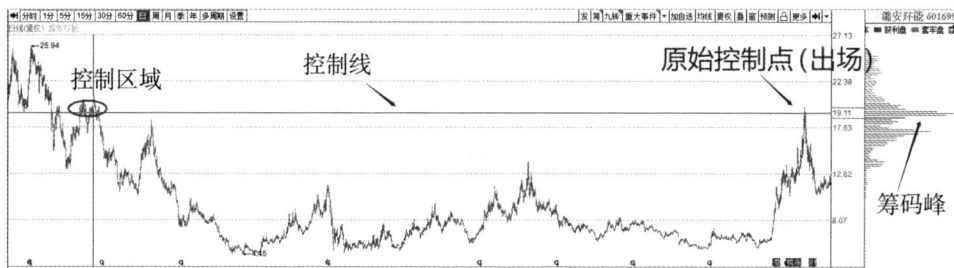

图 7-11

## 7.2 跳空起涨点交易体系

### 7.2.1 寻找行情跳空形态

跳空起涨点主要有四种，分别为跳空突破起涨点、一日反转起涨点、突破缺口起涨点和孤岛反转起涨点。现在选取一日反转起涨点股票的例子详细介绍跳空起涨点交易体系，其他三个跳空起涨点的交易体系，读者可以根据相同的原理进行推导。

如图 7-12 所示，成都银行的股价在行情底部形成了衰竭跳空。

图 7-12 为成都银行日线级别 K 线图，行情时间跨度为 2018 年 11 月 8 日至 2019 年 5 月 23 日。

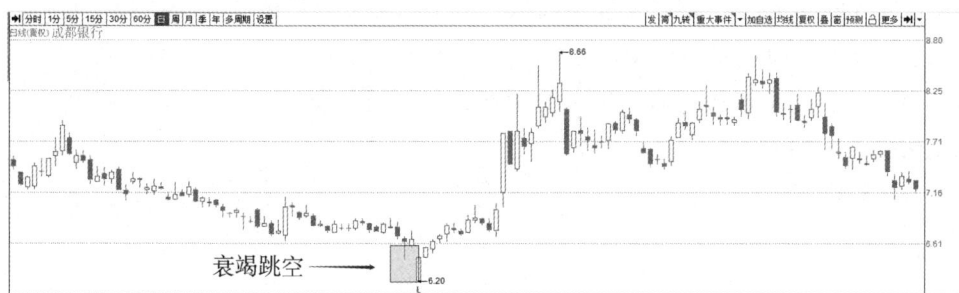

图 7-12

## 7.2.2 等待出现跳空起涨点

跳空缺口出现后，我们不需要预测行情会朝哪个方向运行，而是耐心等待市场告诉我们答案。市场最终会形成四个跳空起涨点的其中一个，我们再根据对应的交易原则，入场买进即可。

向下跳空的起始位置，我们可以看作是颈线，当股价突破颈线时，跳空起涨点就成立。如图 7-13 所示，虚线为跳空缺口的颈线，当股价突破衰竭跳空缺口的颈线位置时，可以准备进场。

图 7-13 为成都银行日线级别 K 线图，行情时间跨度为 2018 年 11 月 8 日至 2019 年 5 月 23 日。

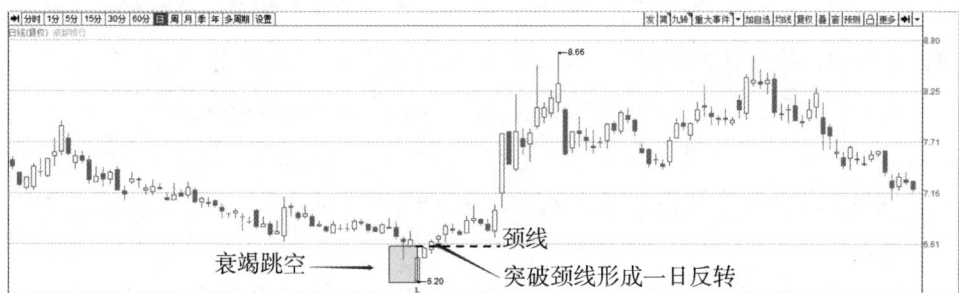

图 7-13

### 7.2.3　结合时机因素

出现缺口起涨点，也不能完全说明形态一定正确，还需要结合跳空时机、收敛蓄势时机、成交量时机和指标背离时机中的一个或多个验证缺口起涨点的准确性。

如图 7-14 所示，股价不断创新低，但是指标未创新低，表明股价产生了底背离，结合这个时机因素，股价形成一日反转跳空起涨点的成功率会更高。

图 7-14 为成都银行日线级别 K 线图，行情时间跨度为 2018 年 11 月 8 日至 2019 年 5 月 23 日。

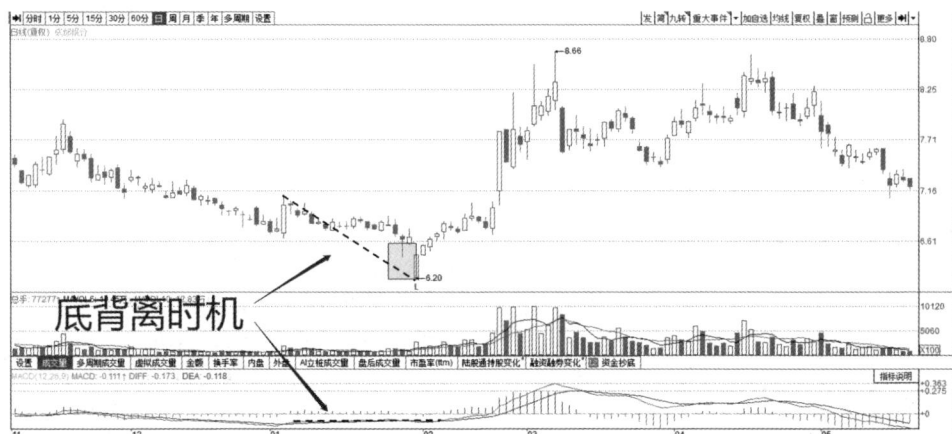

图 7-14

### 7.2.4　买入方法

一日反转起涨点和突破缺口起涨点的具体买入信号是等次日开盘高于缺口。另一种情况是，股价当日开盘的时候，就运行在颈线缺口附近，价格稍微上涨就突破了缺口，那么这种情况下，只要股价突破缺口 5%，即可当天开仓买入。

跳空突破起涨点和孤岛反转起涨点是当日跳空突破时开盘即买入。

如图 7-15 所示，股价次日开盘高于颈线缺口，此时应当立刻在开盘价 6.65 元买入 20%（此处借鉴利弗莫尔的仓位模型）。图中可见，第一次买点就是市场的最低点。

图 7-15 为成都银行日线级别 K 线图，行情时间跨度为 2018 年 11 月 8 日至 2019 年 5 月 23 日。

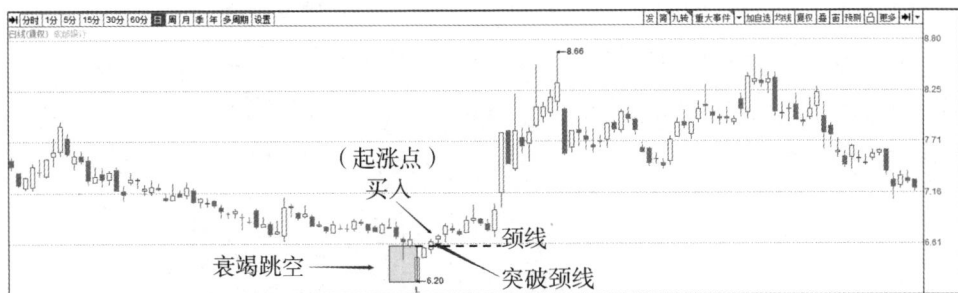

图 7–15

## 7.2.5　原始止损

缺口起涨点的原始止损的依据是前期低点和颈线，并且要遵循合理性原则。

如图 7–16 所示，颈线时股价为 6.59 元，最低点时股价为 6.2 元，根据止损的合理性，应该将止损设置在 6.2 元下方，也就是止损风险约为 6.8%。

图 7–16 为成都银行日线级别 K 线图，行情时间跨度为 2018 年 11 月 8 日至 2019 年 5 月 23 日。

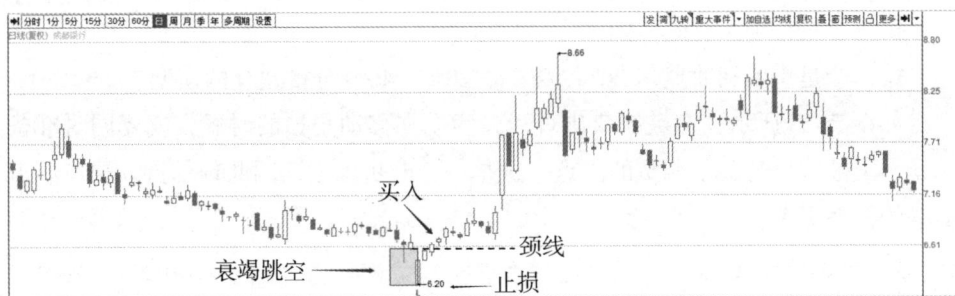

图 7–16

## 7.2.6　移动止损

当持仓出现比较大的盈利后，就要开始移动止损，以锁定利润。

移动止损需要遵循以下两个原则：

第一单要有较大的盈利。

第二移动止损不能太紧凑，以市场第二档支撑作为止损依据。

如图 7–17 所示，当股价冲高后，下方有两档关键的支撑位置，第一档是跳空缺口，第二档是回调的低点，根据移动止损原则，止损应该设置为第二档关键支撑位 6.67 元下方。图中可见，股价继续上升，并未触发止损。

图 7-17 为成都银行日线级别 K 线图，行情时间跨度为 2018 年 11 月 8 日至 2019 年 5 月 23 日。

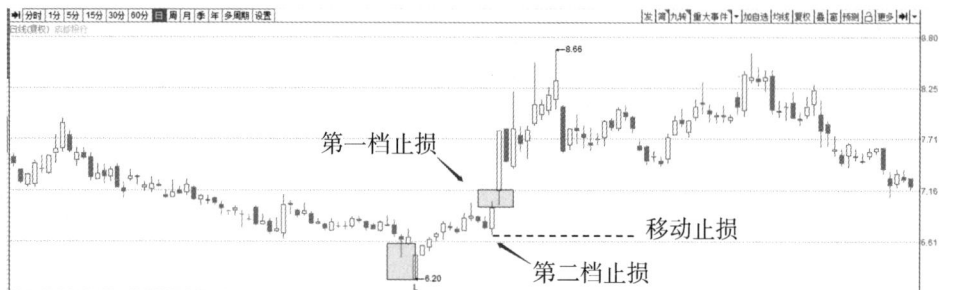

图 7-17

### 7.2.7　突破缺口加仓

突破缺口加仓有以下四个原则：

第一个是必须盈利一大波后，才可以加仓。

第二个是必须依据新的起涨点进行加仓。

第三个是必须结合时机因素。

第四个是借鉴利弗莫尔 20%、20%、20%、40% 分批建仓的模型。

如图 7-18 所示，突破缺口出现后，我们在移动止损的时候，就要同时准备加仓。突破缺口突破了调整的高点，这是一个时机因素，因此预示持续缺口后市上涨的概率更大。

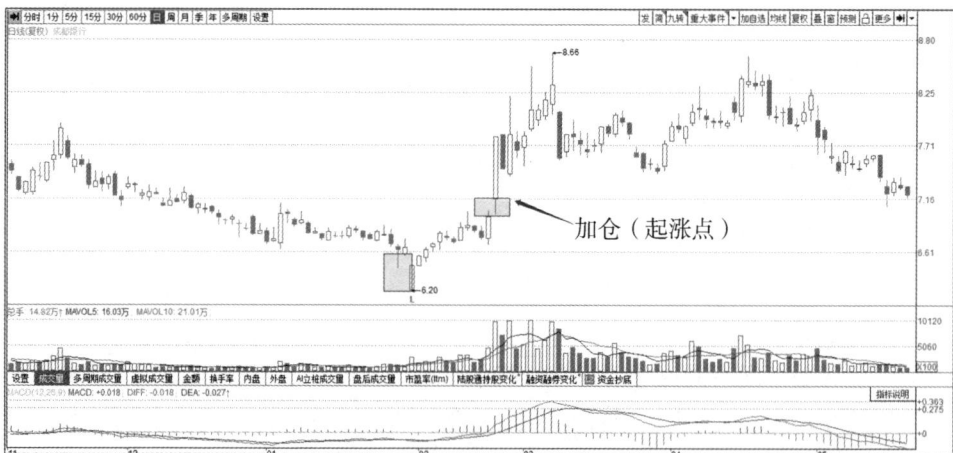

图 7-18

因为突破缺口开盘的时候，就突破了前期调整的高点，所以应该直接在开盘7.14元买入20%。图中可见，加仓之后，行情立刻开始强势起涨。

图7-18为成都银行日线级别K线图，行情时间跨度为2018年11月8日至2019年5月23日。

### 7.2.8 追踪止损

跳空起涨点的追踪止损有以下两个原则：

第一是不能扩大风险。

第二是不能过于紧凑，即只要风险没有扩大，主要还是以第二档支撑作为止损依据。

如图7-19所示，因为移动止损和加仓是同时进行的，所以保持移动止损不变。

图7-19为成都银行日线级别K线图，行情时间跨度为2018年11月8日至2019年5月23日。

我们可以算一算股价在6.67元时持仓的风险。

第一单：（6.67-6.65）/6.65×100%≈0.3%

第二单：（6.67-7.14）/7.14×100%≈-6.6%

综合：0.3%-6.6%=-6.3%

通过计算可以知道，保持移动止损不变，风险并没有扩大，所以是合理的。

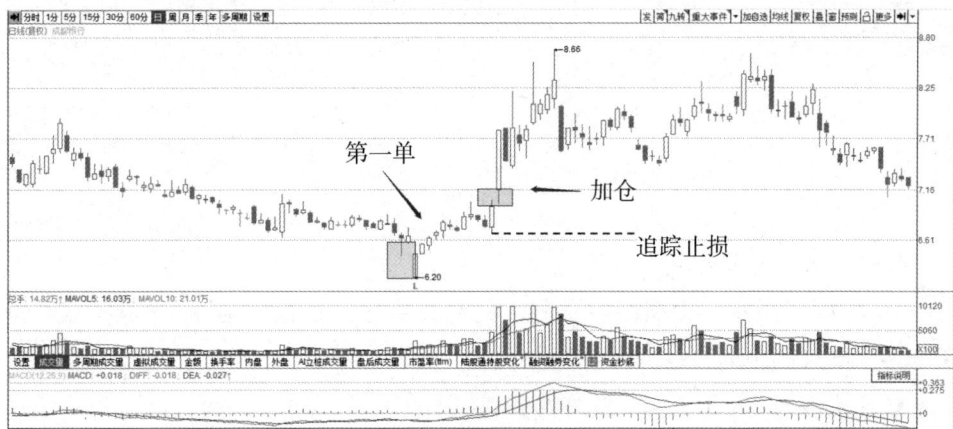

图 7-19

### 7.2.9　出场方式

缺口起涨点的出场方式有以下三种。

第一种是追踪前期低点被动止损出场，这是缺口起涨点主要的出场方式。

第二种是以市场下方两个缺口的距离，预测后市升幅。

第三种是以上方原始控制点作为出场依据。

①追踪前期低点出场。

如图 7-20 所示，当股价涨至最高点 8.66 元后，下方第一档支撑是跳空缺口，第二档支撑是前一轮低点 7.48 元。根据追踪止损原则，股价应该移动止损在 7.48 元。图中可见，行情最后跌破 7.48 元止损出场（此时是获利状态）。

两单最终的获利如下：

第一单：（7.48-6.65）/6.65×100%≈12.5%

第二单：（7.48-7.14）/7.14×100%≈4.8%

综合：12.5%+4.8%=17.3%

图 7-20 为成都银行日线级别 K 线图，行情时间跨度为 2018 年 11 月 8 日至 2019 年 5 月 23 日。

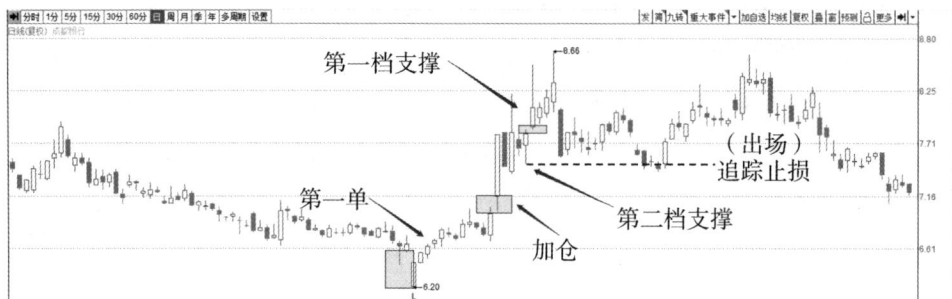

**图 7-20**

②缺口预测涨幅出场。

如图 7-21 所示，根据缺口预测，最终两单是在 C 点出场，其中 AB 是市场下方两个缺口的距离，且 AB=CD。

C 点价格为 7.8 元，两单最终的获利如下：

第一单：（7.8-6.65）/6.65×100%≈17.3%

第二单：（7.8-7.14）/7.14×100%≈9.2%

综合：17.3%+9.2%=26.5%

图 7-21 为成都银行日线级别 K 线图，行情时间跨度为 2018 年 11 月 8 日至 2019 年 5 月 23 日。

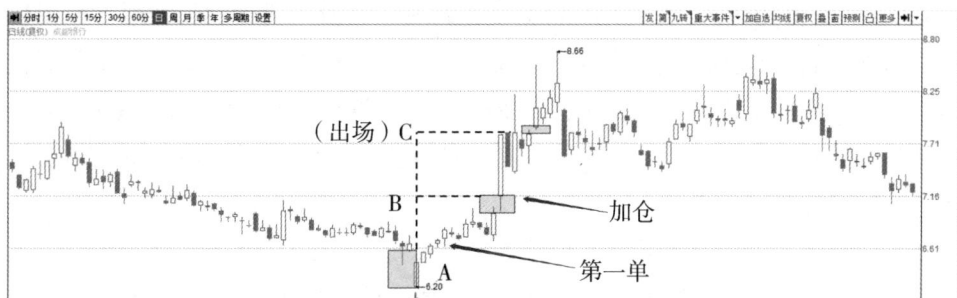

图 7-21

③原始控制点出场。

如图 7-22 所示，我们将行情缩小，可以发现成都银行股价上方的原始控制点是 7.75 元，因此可以选择在此价位获利离场。

两单最终的获利如下：

第一单：（7.75-6.65）/6.65×100% ≈ 16.5%

第二单：（7.75-7.14）/7.14×100% ≈ 8.5%

综合：16.5%+8.5%=25%

图 7-22 为成都银行日线级别 K 线图，行情时间跨度为 2018 年 2 月 6 日至 2020 年 1 月 23 日。

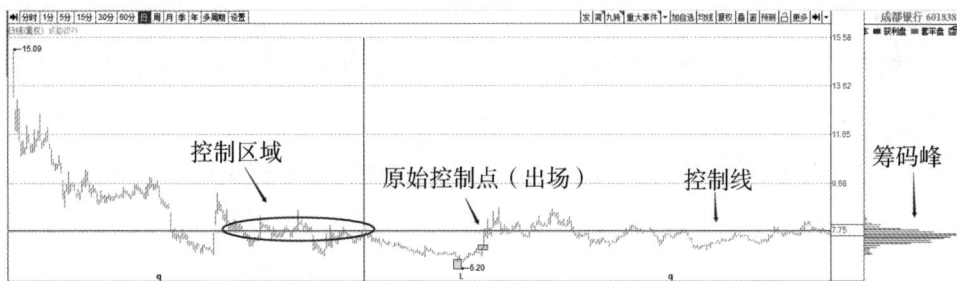

图 7-22

## 7.3 原始控制点交易体系

### 7.3.1 寻找原始控制点

注意原始控制点并非普通控制点，结合筹码峰寻找市场从来未被触及的控制点，控制区域越收敛越好，原始控制点形成的时间越长越好。

如图 7-23 所示，我们可以看到，股价在下跌过程中，控制线触及了原始控制点 A，A 点的价格为 5.13 元；价格随之反弹，最高上涨 19.5% 左右，但很快掉头继续下行，当第二次触及 5.13 元时，先前的原始控制点 A 就变成了普通控制点，所以我们不能买入。如图 7-24 所示，我们继续向下寻找新的原始控制点，就可以发现股价在 4.64 元形成了另一个原始控制点 B，这就是我们下一步要等待买入的价位。

需要强调的是，即使第一次在原始控制点买入，也不会亏损，因为价格是立刻反弹上涨了 19.5%，短线操作者则可以小幅获利，中长线操作者也最多是移动止损出局，平进平出。

图 7-23 为兰花科创日线级别 K 线图，行情时间跨度为 2019 年 12 月 11 日至 2021 年 9 月 23 日。

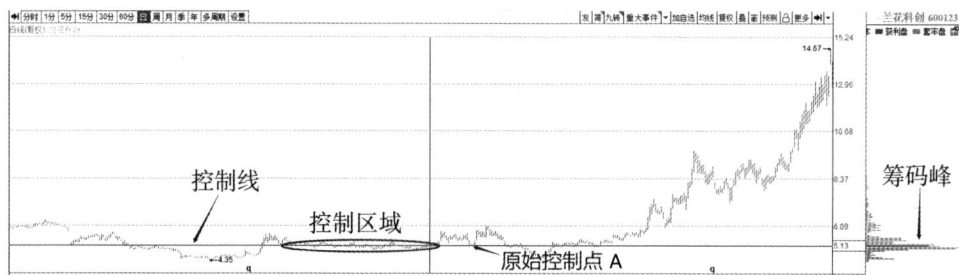

图 7-23

图 7-24 为兰花科创日线级别 K 线图，行情时间跨度为 2020 年 3 月 12 日至 2021 年 12 月 21 日。

图 7-24

### 7.3.2 等待股价调整触及原始控制点

控制点理论告诉我们，原始控制点对股价具有极其强大的吸引力，如果行情在下跌，那么几乎不可避免地价格会跌至下方靠近的原始控制点，所以我们要有耐心，一定不要着急入场，耐心等股价被原始控制点"吸"下来。

如图 7-25 所示，虽然股价下跌得极其缓慢，但最终还是跌到了原始控制点 B 的位置。

图 7-25 为兰花科创日线级别 K 线图，行情时间跨度为 2020 年 3 月 12 日至 2021 年 12 月 21 日。

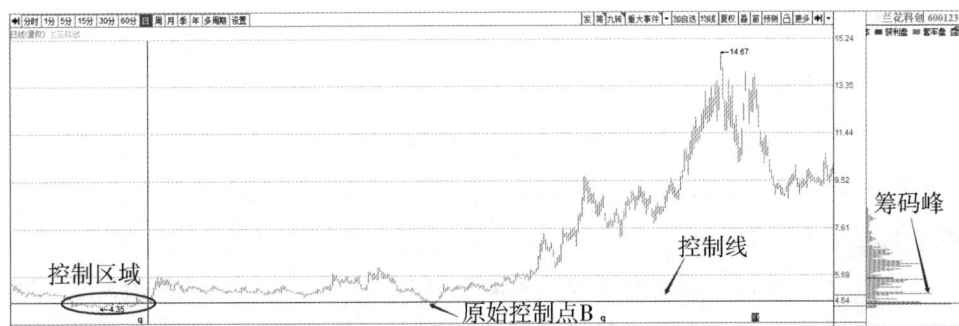

**图 7-25**

### 7.3.3 结合时机因素

股价在原始控制点 B 处有时候会快速回升，大多数时候会徘徊一段时间，然后才选择上攻，这时需要结合时机因素，即跳空时机、收敛蓄势时机、成交量时机和指标背离时机中的一个或多个，进一步强化后市上涨的信号。

如图 7-26 所示，兰花科创在控制区域进行了长时间的收敛蓄势，且在下跌过程中成交量不断缩小，有这两个时机因素的加持，相信股价在原始控制点 B 极有可能见底反转。

图 7-26 为兰花科创日线级别 K 线图，行情时间跨度为 2020 年 3 月 12 日至 2021 年 12 月 21 日。

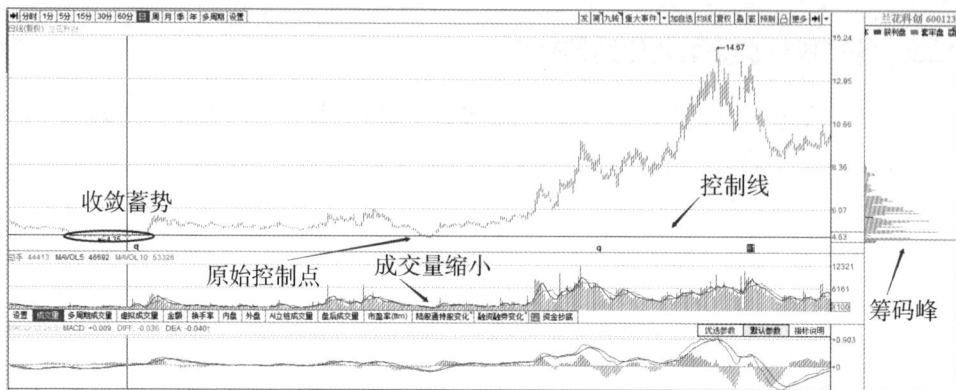

图 7-26

### 7.3.4 买入方法

原始控制点的买入方法是等股价触及原始控制点那一刻就买入，在买入后，可以继续关注时机因素提升持股信心。比如，买入后市场出现了上升突破缺口、放量上涨等时机因素。

如图 7-27 所示，股价触及原始控制点 B（4.64 元）时就应该直接买入 20%（同样借鉴利弗莫尔的仓位模型）；随后股价开始慢慢爬升，如图 7-28 所示，我们将行情放大，可以发现价格跳空上涨且继续放量上升，这表明市场开始变得活跃了，跳空上涨和放量上升这两个时机因素一扫市场之前的萎靡之气，预示后市将会有更多的多头参与进来，股价将会有一轮牛市行情。

图 7-27 为兰花科创日线级别 K 线图，行情时间跨度为 2020 年 3 月 12 日至 2021 年 12 月 21 日。

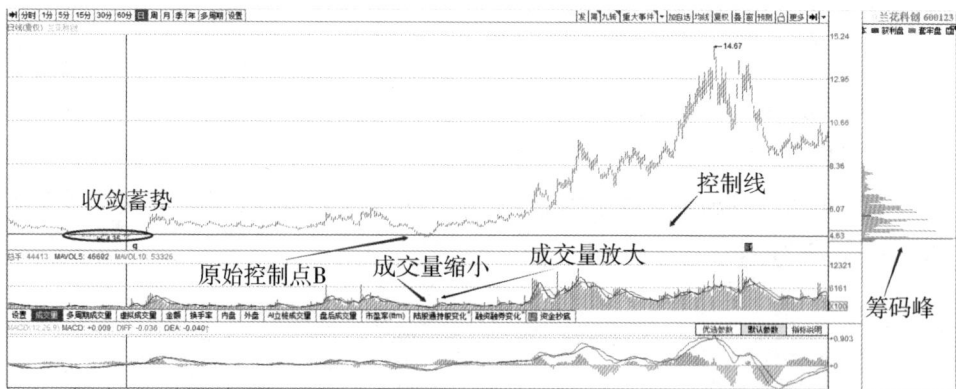

图 7-27

图 7-28 为兰花科创日线级别 K 线图，行情时间跨度为 2020 年 11 月 27 日至 2021 年 5 月 12 日。

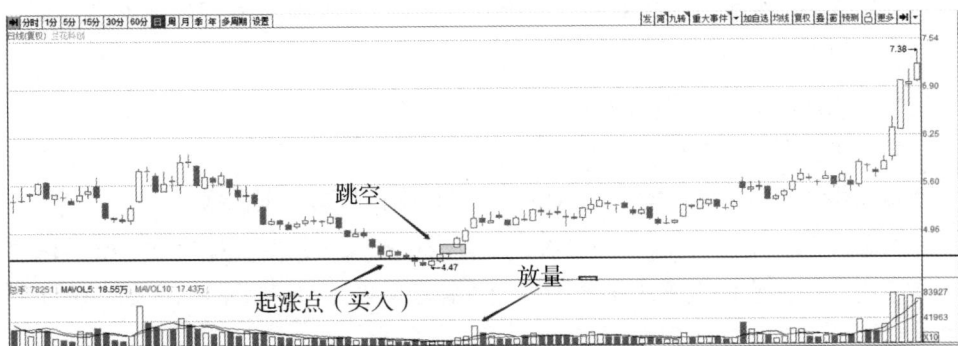

图 7-28

### 7.3.5 原始止损

原始控制点的原始止损依据是控制区域的最低点，并且要遵循合理性原则。合理原则具体是指当控制区域的最低点距离入场点太近时，则应该以控制区域最低点的前一轮行情低点作为止损依据。

如图 7-29 所示，控制区域的最低点是 4.35 元，所以应该将止损设置在 4.35 元下方，就是初始风险为 6.25%。

图 7-29 为兰花科创日线级别 K 线图，行情时间跨度为 2020 年 3 月 12 日至 2021 年 12 月 21 日。

图 7-29

### 7.3.6 移动止损

当股价脱离原始控制点较远时，表明原始控制点的强大支撑已经起了作用，一旦股价再度回撤触及原始控制点，则之前的原始控制点将变为普通控制点。由于普通控制点对股价的支撑力度远小于原始控制点，所以强劲的原始控制点一般不会二次甚至多次触及，因此一旦股价开始回撤，我们应该立即移动止损，减小不必要的损失。

移动止损需要遵循以下两个原则：

第一单要有较大的盈利。

第二移动止损不能太紧凑，以市场第二档支撑作为止损依据。

如图 7-30 所示，当股价冲高后，下方有两档关键跳空支撑位置，根据移动止损原则，止损应该设置为第二档关键支撑位 4.73 元下方。图中可见，股价调整至第一个跳空缺口时受到支撑继续上攻。

图 7-30 为兰花科创日线级别 K 线图，行情时间跨度为 2020 年 12 月 24 日至 2021 年 4 月 19 日。

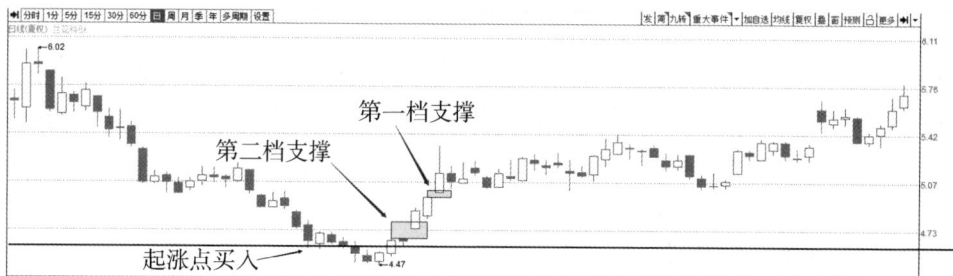

图 7-30

### 7.3.7 突破原始控制点加仓

股价上方的原始控制点作为最强大的阻力，一旦被突破往往会转换成为最强大的支撑，所以当股价突破上方原始控制点后，可以选择加仓。

原始控制点加仓有以下四个原则：

第一个是必须有较大的盈利后，才可以加仓。

第二个是股价必须突破上方原始控制点或回撤至市场新形成的原始控制点方可进行加仓。

第三个是必须结合时机因素。

第四个是借鉴利弗莫尔 20%、20%、20%、40% 分批建仓的模型。

兰花科创在上涨的过程中，一共有两次加仓机会，我们分别对其进行讲解分析。

①突破上方原始控制点加仓。

如图 7-31 所示，股价上方的原始控制点是 C 点，股价在突破 C 点之前，成交量不断缩小，待股价突破 C 点时，成交量急剧放大，这就是重要的入场时机。根据次日开盘确认原则，我们应该在突破后的第二天（也就是 2021 年 5 月 10 日）开盘价 6.3 元加仓买入 30%。

图 7-31 为兰花科创日线级别 K 线图，行情时间跨度为 2020 年 3 月 12 日至 2021 年 12 月 21 日。

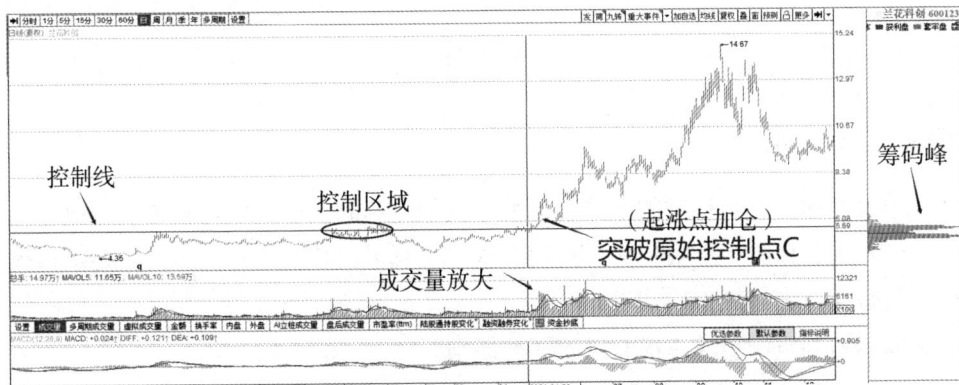

图 7-31

②回撤至市场新形成的原始控制点加仓。

如图 7-32 所示，买入第二单后，价格先小幅上冲，然后向下回撤，但在原始控制点 C 附近，受到强大的支撑，快速拉升，表明原本是股价上方强压力的原始控制点 C 被突破后，转换成强劲的支撑；但股价在涨至 7.3 元后，持续受阻，在 7.3 元附近密集成交形成控制区域，随后股价快速拉升向上突破控制区域，这样股价就在下方形成了新的原始控制点，我们称为原始控制点 D。图中可见，股价在触及 9.69 元高位后，再次向下调整，当股价快要接近原始控制点 D 时，成交量急剧缩小，因此这又是一次加仓的良机，此时应该继续按照利弗莫尔的仓位模型买入 20%。图中可见，加仓之后，股价立刻大涨，最高升至 14.67 元，是一个绝佳的起涨点位置。

图 7-32 为兰花科创日线级别 K 线图，行情时间跨度为 2020 年 3 月 12 日至 2021 年 12 月 21 日。

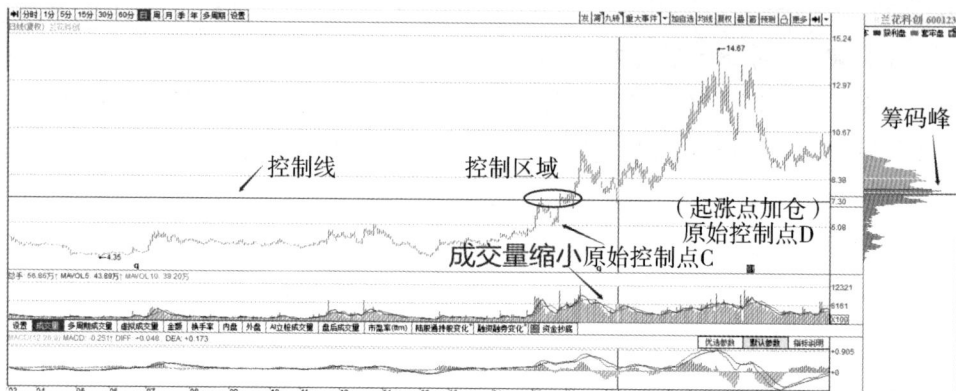

图 7-32

## 7.3.8 追踪止损

追踪止损是一个很好的工具,不但可以锁定利润,还可以限制风险,保证在加仓的时候,风险不会被扩大。运用好这个工具可以持续加仓,否则,要承担仓位过重带来巨大的风险。

原始控制点的追踪止损有以下两个原则:

第一个是不能扩大风险。

第二是不能过于紧凑,即只要风险没有扩大,主要还是以第二档支撑作为止损依据。

由于兰花科创一共有两次加仓,所以同时也会有两次追踪止损的动作。

①第一次加仓追踪止损。

如图 7-33 所示,第一次加仓后,股价直接拉升涨停,大阳线的最低点 6.3 元构成股价的第一档支撑(大阳线提供支撑性);第二档支撑是前期低点,刚好在原始控制点 C 的下方,根据止损原则,应该将追踪止损设置为 5.46 元下方。

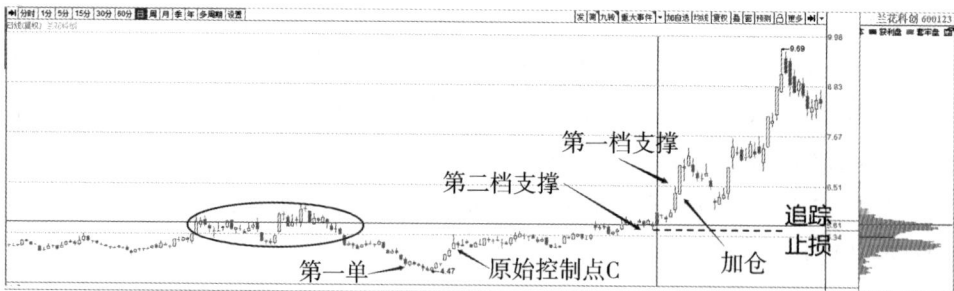

图 7-33

图 7-33 为兰花科创日线级别 K 线图，行情时间跨度为 2020 年 9 月 15 日至 2021 年 6 月 24 日。

我们可以算一算，股价在 5.46 元时持仓的风险。

第一单：（5.46-4.64）/4.64×100% ≈ 17.7%

第二单：（5.46-6.3）/6.3×100% ≈ -13.3%

综合：17.7%-13.3%=4.4%

通过计算可以知道，第一次加仓后，将止损设置在前一波行情低点，风险并没有扩大，所以是合理的。

②第二次加仓追踪止损。

如图 7-34 所示，股价向下回撤时，并没有跌破 5.46 元，随后再次强势拉升。第二次加仓后，前两个低点支撑分别为 6.84 元和 5.95 元，根据止损原则，应该将追踪止损设置为 5.95 元下方。

图 7-34 为兰花科创日线级别 K 线图，行情时间跨度为 2021 年 1 月 28 日至 2021 年 11 月 8 日。

我们可以测算，股价在 5.95 元时持仓的风险。

第一单：（5.95-4.64）/4.64×100% ≈ 28.2%

第二单：（5.95-6.3）/6.3×100% ≈ -5.6%

第三单：（5.95-7.3）/7.3×100% ≈ -18.5%

综合：28.2%-5.6%-18.5=4.1%

通过计算可以知道，第一次加仓后，将止损设置在前一波行情低点，风险并没有扩大，所以是合理的。图中可见，股价在原始控制点 D 处直接起涨，根本就没有止损机会。

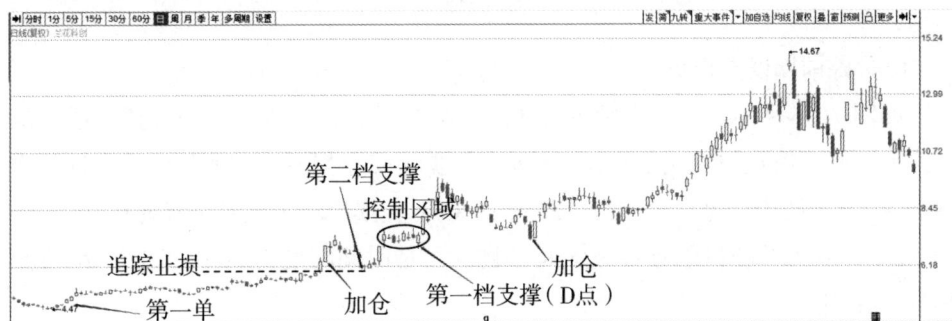

**图 7-34**

### 7.3.9　出场方式

原始控制点的出场方式有以下两种：

第一种是依据上方原始控制点出场，这是原始控制点主要的出场方式。

第二种是追踪前期低点，被动出场。

①原始控制点出场。

如图 7-35 所示，我们将行情缩小，可以发现兰花科创股价上方的原始控制点 E 是 8.57 元，因此可以选择在此价位获利离场，这样就只有第一次加仓，因为当第二个加仓时机出现的时候，我们已经离场了。

图 7-35 为兰花科创日线级别 K 线图，行情时间跨度为 2010 年 6 月 13 日至 2022 年 1 月 24 日。

两单最终的获利如下：

第一单：（8.57-4.64）/4.64×100% ≈ 84.7%

第二单：（8.57-6.3）/6.3×100% ≈ 36%

综合：84.7%+36%=120.7%

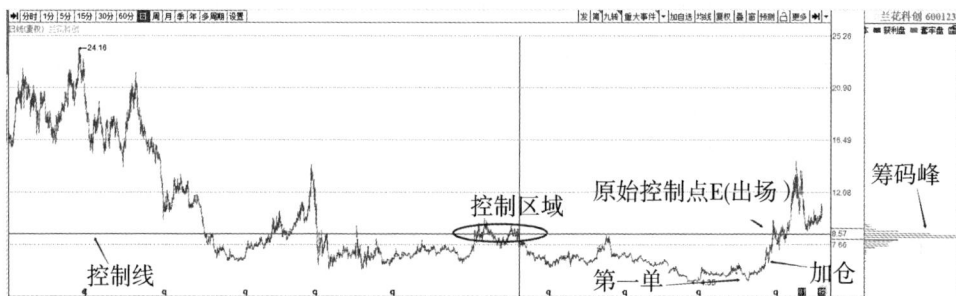

图 7-35

②追踪前期低点出场。

如图 7-36 所示，当股价涨至最高点 14.67 元后，下方第一档支撑是跳空缺口，第二档支撑是前一轮低点 11.85 元，根据追踪止损原则，股价应该移动止损在 11.85 元。图中可见，行情最后跌破 11.85 元止损出场（此时是获利状态）。

图 7-36 为兰花科创日线级别 K 线图，行情时间跨度为 2021 年 1 月 28 日至 2021 年 11 月 8 日。

三单最终的获利为：

第一单：（11.85-4.64）/4.64×100% ≈ 155.4%

第二单:（11.85-6.3）/6.3×100%≈88.1%

第三单:（11.85-7.3）/7.3×100%≈62.3%

综合：155.4%+88.1%+62.3%=305.8%

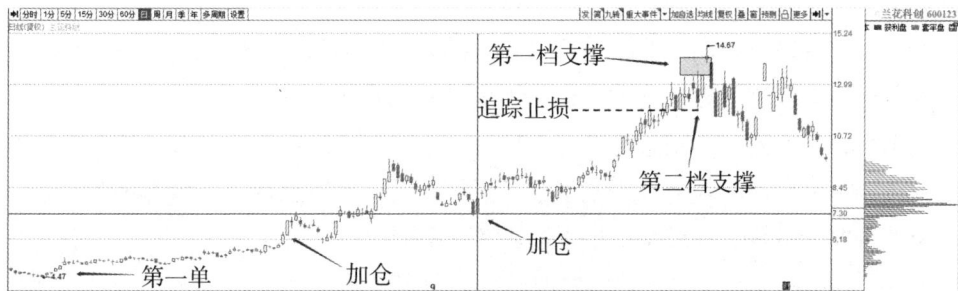

图 7-36

## 7.4 布林带起涨点交易体系

### 7.4.1 关注布林带缩口机会

布林带起涨点交易体系的使用前提是行情必须先经过布林带缩口阶段。布林带缩口后，一般是重大行情的起点，一旦缩口布林带被冲开，行情往往会爆发巨大的能量，要么是引领一波下跌行情，要么是铸就一波上涨行情。缩口布林带可能出现在行情的中部，也会出现在行情的底部，而我们要重点关注底部布林带缩口的机会，因为上涨潜力可能更加巨大。

如图 7-37 所示，凯恩股份的股价在行情底部形成缩口布林带。

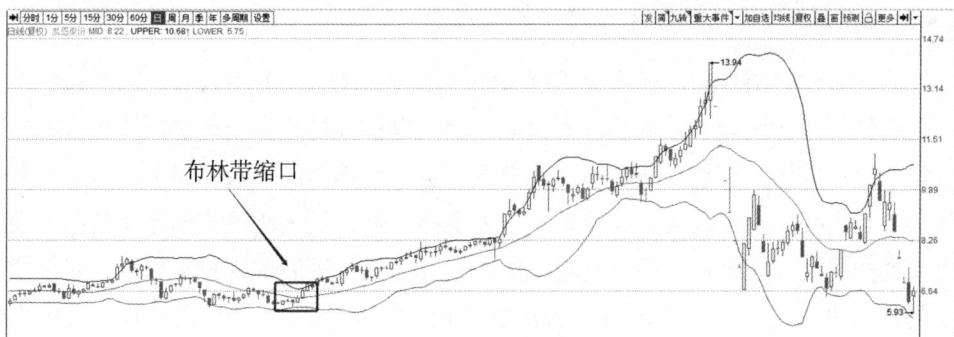

图 7-37

图 7-37 为凯恩股份日线级别 K 线图，行情时间跨度为 2014 年 10 月 27 日
至 2015 年 8 月 27 日。

### 7.4.2　等待行情向上突破缩口布林带

缩口布林带可以向下突破也可以向上突破，但是和形态起涨点一样，不要提
前预测行情会朝哪个方向突破，即使预测也只能放在心里，千万不要根据自己的
预测来交易，这是一个很危险的习惯！一旦你锚定自己预测的方向，那么当市场
与你预期不一样的时候，你可能很容易固执己见，不愿意认输。你要始终牢记一
件至关重要的事情，那就是市场永远比你"聪明"！

如图 7-38 所示，凯恩股份的股价经过缩口布林带后，直接选择向上突破，
冲开布林带，使得布林带开始朝上运行。

图 7-38 为凯恩股份日线级别 K 线图，行情时间跨度为 2014 年 10 月 27 日
至 2015 年 8 月 27 日。

图 7-38

### 7.4.3　继续等待行情回撤至布林中轨起涨点

当股价以肉眼可见的速度突破缩口布林带后，请不要着急入场，因为布林上
轨是提供压力的区域，即使股价不大幅下跌，也很容易发生短期回调。虽然有些
时候，会遇上强势行情，在布林上轨追涨，也会有不错的收益，但重点是止损风
险大，且止损点很难设置，往往距离下方支撑太远，设太小的止损容易被扫，设
太大的止损又让人很难承受，这是不能在布林上轨买进股票的根本原因。对于成
功的投资者来说，大多数时候，进场的依据并不是因为对行情上涨有多大的把
握，而是重点看风险会有多大。我们应该耐心等待行情调整至布林中轨再考虑
进场。

需要注意的是中轨起涨点必须满足布林中轨的斜率是明显朝上的，因为朝上的布林中轨才有成本推动效应，才有可能推动股价上升，这样可以过滤虚假信号，因为很多时候，股价突破缩口布林带，欺骗投资者进场后，又立刻掉头大幅跌。

如图 7-39 所示，股价第一次回调触及布林中轨时，斜率明显朝上，满足中轨起涨点的条件，所以应当准备买入股票。

图 7-39 为凯恩股份日线级别 K 线图，行情时间跨度为 2014 年 10 月 27 日至 2015 年 8 月 27 日。

注意第一次很重要，当股价第二次回调触及中轨时，无论中轨斜率是否朝上，都不算是标准的中轨起涨点。事实上，当股价多次回落触及布林中轨时，根据均线的平均原理，布林中轨朝上的斜率会变小，往往趋于水平甚至开始朝下。

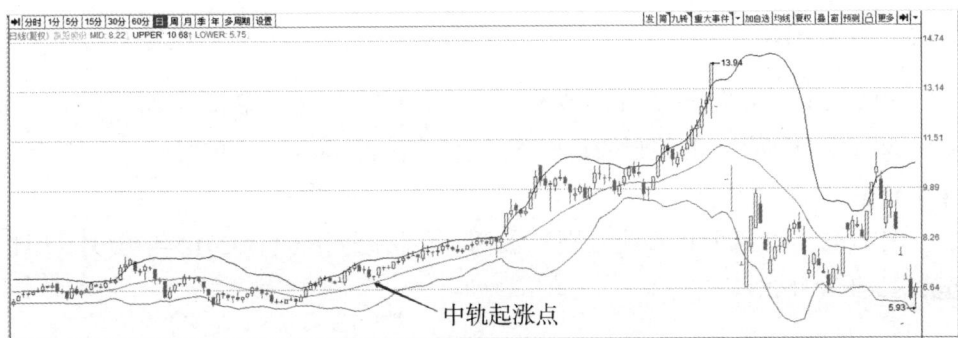

图 7-39

### 7.4.4 结合时机因素

股价突破缩口布林带，首次回撤至向上的布林中轨时，需要结合时机因素，才能真正实施买入计划，即结合跳空时机、收敛蓄势时机、成交量时机和指标背离时机中的一个或多个，以佐证中轨起涨点的正确性。

如图 7-40 所示，将中轨起涨点的局部行情放大，可以发现股价在回调中，产生了底背离，这预示价格上涨的可能性更大。

图 7-40 为凯恩股份日线级别 K 线图，行情时间跨度为 2014 年 10 月 27 日至 2015 年 8 月 27 日。

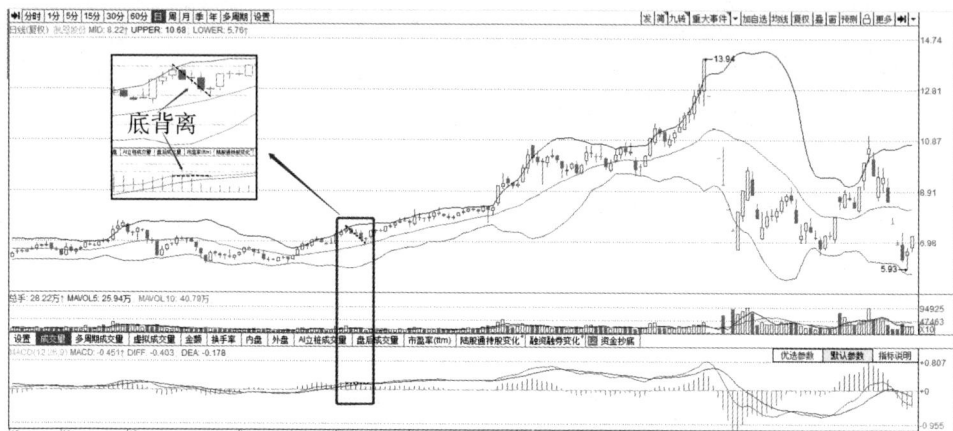

图 7-40

### 7.4.5 买入方法

中轨起涨点的买入方法是当股价首次触及朝上的布林中轨那一刻。

如图 7-41 所示,在凯恩股份回落触及中轨起涨点 6.91 元的时候,立刻买进 20% 仓位。

图 7-41 为凯恩股份日线级别 K 线图,行情时间跨度为 2014 年 10 月 27 日 至 2015 年 8 月 27 日。

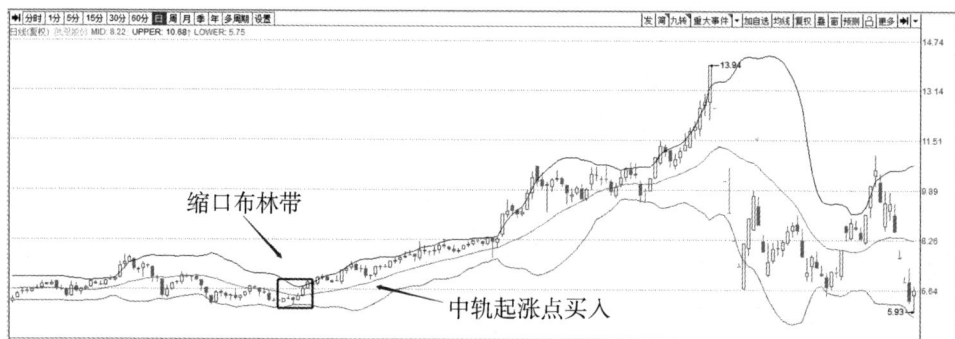

图 7-41

### 7.4.6 原始止损

布林带起涨点的原始止损依据是前一波行情低点和布林下轨,并且要遵循合理性原则。

如图 7-42 所示，前一波行情的低点是 6.74 元，布林下轨是 6.09 元，根据止损的合理性原则，应该将止损设置在布林下轨 6.09 元下方（刚好也低于布林带缩口区域行情的最低点），也就是初始风险为 11.9%。

图 7-42 为凯恩股份日线级别 K 线图，行情时间跨度为 2014 年 10 月 27 日至 2015 年 8 月 27 日。

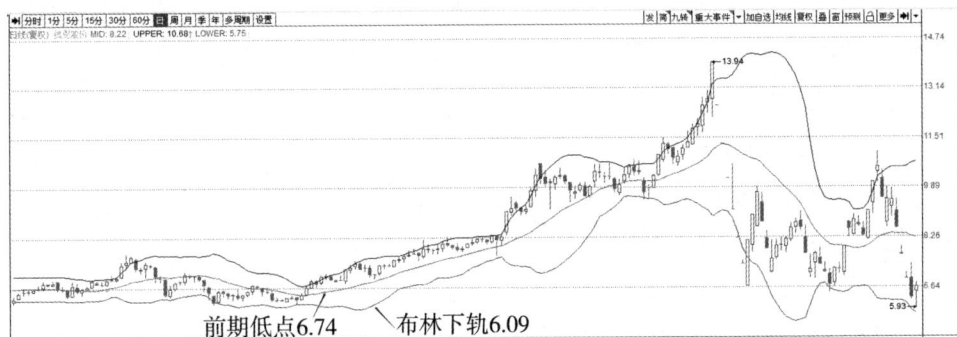

图 7-42

### 7.4.7 移动止损

股价从中轨起涨点启动，出现较大的利润之后，就要开始移动止损，保护既得的利润。

移动止损需要遵循以下两个原则：

第一，要产生较大的账面盈利。

第二，移动止损不能太紧凑，以市场第二档支撑作为止损依据。

如图 7-43 所示，行情涨至 8.3 元时，下方两个最低点支撑分别为 7.77 元和 7.48 元，根据移动止损原则，止损应该设置为第二档支撑位 7.48 元下方。

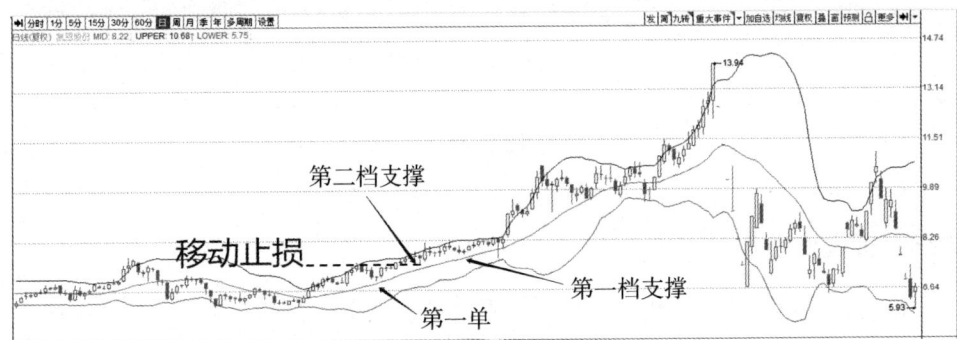

图 7-43

图 7-43 为凯恩股份日线级别 K 线图，行情时间跨度为 2014 年 10 月 27 日至 2015 年 8 月 27 日。

### 7.4.8 布林下轨起涨点加仓

中轨起涨点和下轨起涨点往往是配合使用的，先在中轨起涨点坚持，获利后，一旦行情出现下轨起涨点，则加仓买入。加仓可以放大利润，在行情表现的与预判一致时，我们要抓住机会，扩大头寸，以赚取更多的利润。

布林带起涨点加仓有以下四个原则：

第一个是必须有较大的盈利后，才可以加仓。

第二个是必须符合中轨起涨点条件才可以加仓。

第三个是必须结合时机因素。

第四个是借鉴利弗莫尔 20%、20%、20%、40% 分批建仓的模型。

如图 7-44 所示，将下轨起涨点的局部行情放大，可以发现行情产生底背离，结合这一时机因素，我们就可以在下轨 7.64 元附近果断加仓 20%。

图 7-44 为凯恩股份日线级别 K 线图，行情时间跨度为 2014 年 10 月 27 日至 2015 年 8 月 27 日。

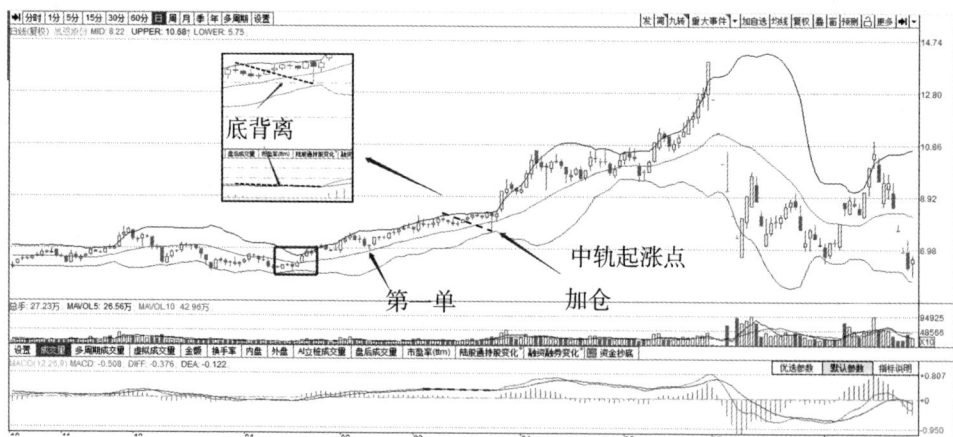

图 7-44

### 7.4.9 推进止损

推进止损也是追踪止损的一种，是在行情有多个加仓机会时，在加仓途中推动止损的过程。推进止损主要有两个作用，一方面可以抵消加仓新增的风险，另一方面可以为继续加仓预留风险空间。

推动止损和追踪止损一样，有以下两个原则：

第一是不能扩大风险。

第二是不能过于紧凑，即只要风险没有扩大，还是以第二档支撑作为止损依据。

如图 7-45 所示，第一次加仓的点位和移动止损的点位相近，所以止损应该保持 7.48 元不变。

我们可以算一下，股价在 5.46 元时持仓的风险。

第一单：（7.48-6.91）/6.91 ≈ 8.2%

第二单：（7.48-7.64）/7.64 ≈ -2.1%

综合：8.2%-2.1%=6.1%

通过计算可以知道，第一次加仓后，止损维持不变，与初始风险相比并没有扩大，所以是合理的。

图 7-45 为凯恩股份日线级别 K 线图，行情时间跨度为 2014 年 10 月 27 日至 2015 年 8 月 27 日。

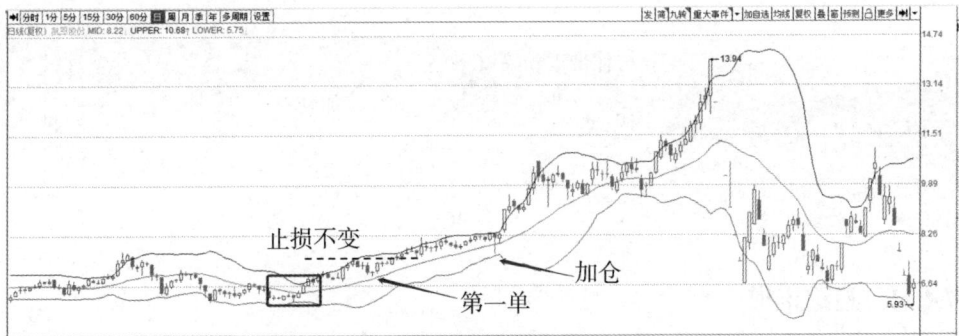

图 7-45

## 7.4.10　新一轮布林带缩口周期加仓

正常情况下，布林带起涨点交易体系，只有下轨起涨点一次加仓机会，但在行情极度强势的时候，布林带可能在上涨途中多次进行缩口动作。布林带的重新缩口，势必会出现新的中轨起涨点和下轨起涨点，所以按照相同的原理，可以继续进行持续加仓操作。

持续加仓需要遵循以下四个原则：

第一个是必须有较大的盈利后，才可以加仓。

第二个是出现新一轮布林带缩口周期才可以加仓。

第三个是不需要结合时机因素，注意在进行持续加仓时，往往已经大幅获利，账面取得了较高的利润，所以可以激进加仓。

第四个是借鉴利弗莫尔20%、20%、20%、40%分批建仓的模型。

如图7-46所示，凯恩股份布林带重新缩口后，只有一次中轨起涨点9.38元附近的加仓机会。

需要注意的是，股价在中轨再次加仓后，并没有涨多少，随后击穿回落至下轨，此时不能继续加仓，因为前面中轨起涨点新加仓的单子并没有获取多少利润。

图7-46为凯恩股份日线级别K线图，行情时间跨度为2014年10月27日至2015年8月27日。

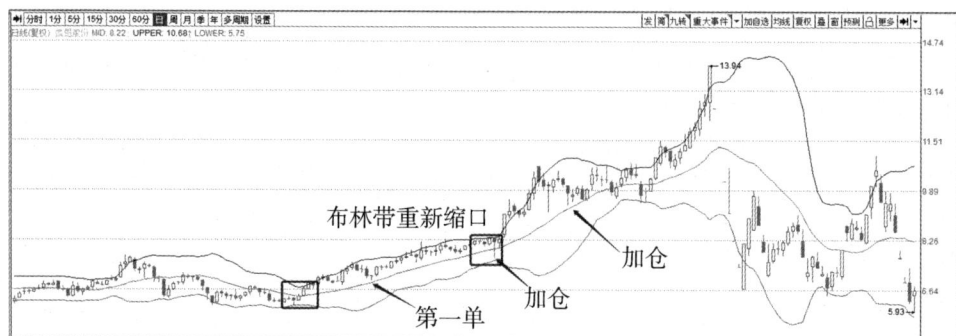

图 7-46

## 7.4.11　追踪止损

布林带起涨点的追踪止损有以下两个原则：

第一是不能扩大风险。

第二是不能过于紧凑，即只要风险没有扩大，主要还是以第二档支撑作为止损依据。

如图7-47所示，第二次加仓时，下方第一档支撑是前期低点9.12元，第二档支撑是布林带下轨7.62元，很显然7.62元距离当前股价太远，因此应该将止损设置为前期低点9.12下方。

图7-47为凯恩股份日线级别K线图，行情时间跨度为2014年10月27日至2015年8月27日。

我们可以算一算，股价在 9.12 元时持仓的风险。

第一单：（9.12-6.91）/6.91×100% ≈ 32%

第二单：（9.12-7.64）/7.64×100% ≈ 19.4%

第三单：（9.12-9.38）/9.38×100% ≈ -2.8%

综合：32%+19.4%-2.8%=48.6%

通过计算可以知道，并没有扩大风险，所以是合理的。

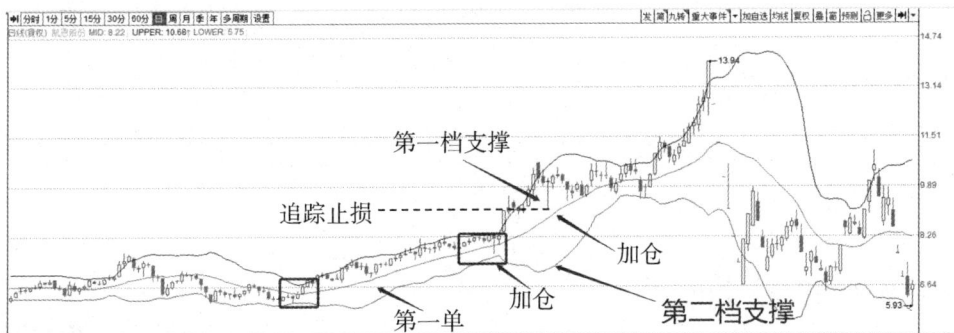

图 7-47

## 7.4.12 出场方式

布林带起涨点的出场方式有三种。

第一种是以两阶段缩口布林带的距离作为后市预测涨幅，且涨幅等于两阶段缩口布林带的距离，这是布林带起涨点的主要出场方式（原理是趋势的重复性和持续性缺口预测涨幅的原理相似，详细理论阐述可以参考《股票大作手·买在关键点》中的映射理论）。

第二种是原始控制点出场。

①缩口布林带预测涨幅出场。

如图 7-48 所示，股价在上涨过程中形成了 3 个缩口区域，根据第二和第三个缩口区域的距离预测，加仓后行情可能上涨的幅度为 A' 点，其中 AB=BA'，AB 为后两个布林带缩口区域的距离。图中可见，如果在 A' 点（13.3 元）出场，基本是出在了行情的最高点。

图 7-48 为凯恩股份日线级别 K 线图，行情时间跨度为 2014 年 10 月 27 日至 2015 年 8 月 27 日。

三单最终的获利如下：

第一单：（13.3-6.91）/6.91×100% ≈ 92.5%

第二单：（13.3-7.64）/7.64×100%≈74.1%

第三单：（13.3-9.38）/9.38×100%≈41.8%

综合：92.5%+74.1%+41.8%=208.4%

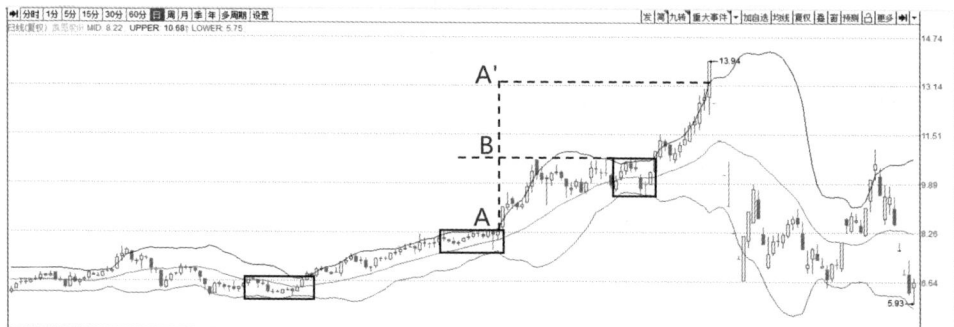

图 7-48

②原始控制点出场。

如图 7-49 所示，将凯恩股份的行情缩小，可以发现前期上方的原始控制点在 9.68 元附近，所以可以在股价达到这一位置的时候全部出场。

需要注意的是，因为 9.68 元和第三单加仓的 9.38 元距离很近，如果采取原始控制点出场，则不会进行第三单加仓。

两单最终的获利如下：

第一单：（9.68-6.91）/6.91×100%≈40.1%

第二单：（9.68-7.64）/7.64×100%≈26.7%

综合：40.1%+26.7%=66.8%

图 7-49 为凯恩股份日线级别 K 线图，行情时间跨度为 2008 年 1 月 15 日至 2020 年 3 月 24 日。

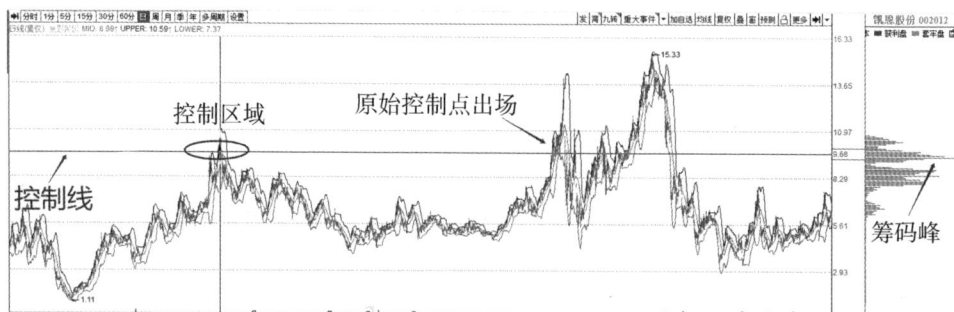

图 7-49

# 第八章　买在起涨点的十大原则

## 8.1　勤奋学习

心态对投资极其重要，学习是可以提升心态的。技术不行的人，根本不用谈心态。你技术不行，你敢承接一个浩大的工程吗？就像上台演讲，能力不行，不知道说啥，能不怯场吗？你清楚地知道市场未来怎么发展，能分析出风险在哪里，心态就不会太差。当你看不清楚市场不知道该干什么的时候，心态怎么会好呢？

人天生对未知是恐惧的，这是人性之一，所以多学习，学到极致，一定可以在一定程度上优化心态。成功赚钱，不是一味做单做出来的。多学习，懂的多了，自然明白风险在哪里，就不会自己傻乎乎的，在一次必然亏损的行情中死扛。因为你对未来行情异常迷茫，不知道大概率行情会大幅下跌，所以你才会死扛。如果你知道 80% 概率你会扛成巨亏，你还会继续加仓，死扛吗？自然不会！

## 8.2　接受亏损，把止损当作好友

投资也是一种事业，在投资过程中，由于方向判断错误而产生的正常的亏损，是一种必须付出的成本，这就好比我们开一家服装店或珠宝店一样，前期的投入是不可避免的。有些人的确是带着资金进入市场的，但是在他的内心从没把账户的资金看作是成本，压根不想亏一分钱，这样就会造成一旦方向判断错误，无所不用其极地想挽回损失，就会死扛，进行亏损补仓等一系列错误的操作，致使一次小小的方向判断错误，就造成万劫不复。

所以，一定要接受亏损，账户里的钱要当作是投资这项事业的成本，在买卖之前就要当作一部分钱已经损失了，那一部分已经不属于你了，这样你才能在出错的时候，很客观地撤退，截住亏损。

要明白止损是你的好友，它可以帮助你赚更多钱，千万不要把它当作敌人，越不想亏钱，最后反而亏得越多。资本市场往往总是这么神奇，事情的结果总会与投资者想的相反。

## 8.3 重视盈亏比

如果剔除我投资生涯中几笔十分成功的交易，我的投资成绩很一般。——巴菲特

盈亏比和胜率是交易策略非常重要的两个方面，大多数投资者都是喜欢追求高胜率，而忽略盈亏比，这主要还是因为人们的风险厌恶心理导致的，因为高胜率，资金回撤的次数会少很多。但其实盈亏比更重要，过分地追求高胜率会让你陷入超短线之中，变得鼠目寸光，为了扩大获利，你就不得不重仓，但重仓会让人心理紧张，心态变差，反而会干扰你判断行情的能力，导致犯原则性的错误，变得更容易赔大钱。

交易的不确定因素太多，所以过高的胜率往往是不可持续的，并且胜率只有在统计数据足够多的情况下才有价值，也就表示时间越长，交易的单量越多，你的盈利结果才越接近胜率。但如果不重视盈亏比，很可能一次错误就亏完了，没有机会再继续交易了。

起涨点往往是市场最强大的支撑阻力，因此止损很好设置，所以亏损一般较小，但向上运行的空间很多，所以我们买在起涨点，在自己不乱操作的情况下，一般都较容易做高盈亏比。

## 8.4 不去预测形态突破的方向

从传统形态理论讲，每个形态都有其最有可能突破的方向，比如 W 形往往向上突破，楔形往往逆势突破等。但实际过程中形态突破并没有明确的规律性，任何一个形态都可能向上突破，也可能向下突破，因此提前预测形态会朝哪个方向突破，往往是做无用功，更不能在形态突破之前就着急进场。我们应该不持有任何观点，只关注市场的表现，耐心等待，如果市场向上突破形态，那我们就做空；市场向下突破形态，我们就离场。因为形态经常会有失败出错的时候，而市场永远不会出错，跟随市场才是最好的选择。

## 8.5　不要见向上跳空就买入

跳空往往会带来一段强势单边行情，但一定要注意不能一见到跳空大幅上涨就急于冲进市场，很多跳空是无意义的。比如普通缺口，并且很多跳空是很危险的，比如衰竭跳空。跳空起涨点只做具有突破性质的跳空，也就是说，必须突破市场关键的阻力位置，无论是形态阻力、缺口阻力、原始控制点阻力等，出现以缺口形势突破才能进场。需要注意的是，股价以正常方式突破前期重要缺口阻力，也应当视为买入信号，因为缺口本身就具有极强的支撑阻力。

## 8.6　弱原始控制点小买，强原始控制点强卖

一般而言，市场下方可能并不止一个原始控制点，每个原始控制点强弱不同。判断原始控制点强弱是以收敛蓄势判断的，收敛蓄势程度越大，原始控制点支撑阻力性质就越强。

在具体操作中，下方弱原始控制点应该小买，强原始控制点应该强卖，如果有足够的耐心，笔者建议每次只等最强的那个原始控制点买入。

## 8.7　布林带的斜率比缩口更重要

在布林带起涨点中，前期的缩口是必备的重要条件之一。缩口时间越长，中轨起涨点和下轨起涨点的赚钱效应越强；缩口越窄，中轨起涨点和下轨起涨点的赚钱效应也越强。第一次触及中轨起涨点和第一次触及下轨起涨点是你应该牢记的重要原则，但还有更加重要的一点是中轨和下轨的斜率必须明显朝上，这一点重要程度甚至超过布林带缩口。所以在一些极度强势反转的行情中，行情可能直接从底部快速击穿中轨，且迅速将中轨和下轨的斜率拉起来，中轨和下轨的斜率会呈现极端朝上的情况，此时布林带是直接从开口向下，极速变成开口向上，虽然缺少布林缩口动作，但一样应该买入。

## 8.8　时机因素不可或缺

在第六章中，除了止损时机，我们介绍了四种起涨点买入时机，可以结合时

机因素。

时机因素是起涨点不可或缺的条件，可以不需要四个时机因素同时出现，但最起码需要出现一种时机因素，才能入场。最重要的是，在起涨点买入的时候，一定不能出现不利的时机因素。

## 8.9　一定要去放大获利

在你学会放大获利之前，你永远只是一个普通的交易员。成熟的投资者都能较有把握地判断市场的方向，这并没有什么值得骄傲的，在对的时候，你能赚多少才是最重要的。一旦出现起涨点加仓的时候，可以增加筹码，在对的时间，对的点位，对的趋势上，往往会获利更多。

## 8.10　避免做错事

交易方向是对是错并不重要，因为没人可以永远保持正确。判断错误是一件必然发生的事情，那么在判断错误时，会给你带来什么样的后果，才是成败的关键。成功的投资者都善于降低判断错误时产生的损失，而失败的投资者总是胡乱操作，放大在判断错误时产生的损失，往往可能仅此一次，就会造成巨大的损失。

所有落败的投资者其失败的原因，不一定是行情方向判断错了，而是做了错事。比如不止损、亏损加仓、重仓等。

如果不做错事，行情方向判断错了，最多带来投资成本的损失，而不会出现灾难性的后果。